"十三五"江苏省高等学校重点教材(编号：2020-1-086)

ERP原理及应用

（第二版）

主　编　蒋苏娅　皮一芒
副主编　丁爱青　张前前

微信扫码
申请课件等相关资源

南京大学出版社

前　言

物联网、云计算等新技术及新的管理模式已引起 ERP 理论及应用的巨大变革,企业资源计划(Enterprise Resource Planning，ERP)体现了当今世界最先进的企业管理理论,提供了企业信息化集成的最佳方案。它将企业的物流、资金流和信息流统一起来进行管理,对企业所拥有的人力、资金、材料、设备、方法(生产技术)、信息和时间等各项资源进行综合平衡和充分考虑,从而最大限度地利用企业现有资源取得更大的效益。

企业应用 ERP 的关键在于培养一大批既懂技术又懂管理的 ERP 应用人才。高校 ERP 教学的目标便是培训 ERP 应用人才。ERP 已成为经济管理类各专业、各层次学生学习的重要内容。帮助学生快速掌握和理解 ERP 原理的各方面理论知识和实践操作,是 ERP 教学实践研究和本教材编写的宗旨。在本教材编写体系的设计和内容的安排上,重点放在理论知识与实践运用的结合点上。首先通过对 ERP 理论的介绍,分析 ERP 所蕴含的管理思想以及用到的信息技术,使初学者对 ERP 的理论有一个清晰的思路。之后在每章阐述各子系统内容时,均是按企业财务管理内容与 ERP 软件如何改进和实现业务流程管理进行的。

本书配有大量的图表,内容通俗易懂,架构清晰,尤其在内容安排上按照循序渐近、由浅入深、举一反三、理论与实践相结合的规律,设置了理论知识、案例分析、问题探讨、思考题、选择题等内容,全书理论与实践操作环节紧扣,既便于教师教学,又便于学生学习。

本书根据 ERP 原理及实施特点编写,在修订过程中,我们根据第一版发行以来的教学实践、读者意见和建议以及 ERP 的一些新发展,力求新版突显以下特色:第一,预设场景。设计理念架构清晰,通俗易懂。第二,假设流程。编排层次和顺序适合学生线上、线下学习,内容由浅入深,配有大量的图解。第三,可期成果。强化个性化设计,检验学生基本原理掌握情况的同时,也可提升教师的教学能力与科研能力。第四,新增案例分析节次供学术研究之用。第五,权限设置。从第二章到第七章均按工作岗位需要对操作员进行了相应的分工,在实训中加深学生对管理学内部控制原则的理解。第六,新增问题探讨节次。补充在课堂实践、实训过程中,以及和企业、工商界人士业务交流中遇到的难点和重点。第七,增加知识点和备注,力求对案例和基础原理做出合理、科学的诠释。

本书从逻辑性出发,构建了一个完整的知识体系。全书内容共分为七章,第一章介绍了 ERP 背景、ERP 的作用、ERP 的发展历程等方面的基础知识;第二至第三章讲述了 ERP 系统的公司账套建立、操作员管理和账套管理等系统管理知识,以及公司基本信息、基础档案、业务参数等的设置;第四章期初管理,系统性规划了应收款管理、应付款管理、固定资产、薪资管理、采购管理、销售管理等系统的期初档案,研究了总账系统与各系统之间期初金额的勾稽关系;第五章业务管理,研究了企业主要业务,将业务之间逻辑性关系以案例形式进行论证;第六章分配管理,研究了折旧分配和薪资分配,以及对企业绩效的影响等内容;第七章期末管理,从结账和未结账两个视角,研究了总账、固定资产、应收款管理、应付款管理、薪资管理、采购管理、销售管理、库存管理和存货核算等系统的期末业务处理。

本书由淮阴师范学院蒋苏娅、皮一芒担任主编,负责大纲制定、总纂和指导修改工作。具体编写分工如下:蒋苏娅负责编写第一章、第二章;皮一芒负责编写第三章、第七章;丁爱青、皮一芒、张前前共同负责编写第四章、第五章、第六章;思考题与选择题由皮一芒、张前前和丁爱青共同负责编写;皮一芒绘制和制作书中全部的插图。

本书可作为经济类、管理类、计算机应用类的本科生教材,也可作为企业 ERP 培训教材,对从事企业 ERP 研究开发与应用的人员也有重要的参考价值。在编写过程中,编者参阅了同行的研究成果,借鉴了宝贵的经验,同时得到南京大学出版社编辑的精心指导,在此表示衷心感谢。

由于时间的仓促和作者水平所限,修订过程中难免存在不足之处,敬请广大同仁及读者批评指正。

编 者

2022 年 2 月

目 录

第一章 总 论 ... 1
第一节 ERP 概述 ... 1
第二节 ERP 的主要特点 ... 3
第三节 ERP 系统的管理理念 ... 4
第四节 ERP 的主要内容和作用 ... 5
第五节 ERP 能够做什么 ... 6

第二章 系统管理 ... 9
第一节 系统概述 ... 9
第二节 操作员管理 ... 11
第三节 账套管理 ... 15
第四节 案例分析 ... 25
第五节 问题探讨 ... 28

第三章 平台管理 ... 36
第一节 平台概述 ... 36
第二节 基础权限设置 ... 37
第三节 基础档案设置 ... 40
第四节 案例分析 ... 62
第五节 问题探讨 ... 67

第四章 期初管理 ... 76
第一节 期初概述 ... 76
第二节 初始权限 ... 78
第三节 期初设置 ... 84
第四节 案例分析 ... 125
第五节 问题探讨 ... 136

第五章　业务管理 ·· 147
第一节　业务概述 ·· 147
第二节　业务权限 ·· 149
第三节　日常业务 ·· 156
第四节　案例分析 ·· 193
第五节　问题探讨 ·· 200

第六章　分配管理 ·· 212
第一节　分配概述 ·· 212
第二节　制单权限 ·· 214
第三节　费用分配 ·· 219
第四节　案例分析 ·· 243
第五节　问题探讨 ·· 254

第七章　期末管理 ·· 262
第一节　期末概述 ·· 262
第二节　期末权限 ·· 263
第三节　期末处理 ·· 266
第四节　案例分析 ·· 297
第五节　问题探讨 ·· 307

第一章 总 论

随着世界经济一体化进程的加快,全球经济得到了飞速的发展,为了降低产品的价格,企业通过有效的管理手段,削减其采购成本、库存成本、制造成本和销售成本等。而另一方面,世界范围内与信息处理相关的计算机技术发展十分迅速。ERP 系统作为一种有效的企业信息化管理工具在全球范围内得到广泛的应用。ERP 是当今国际先进的企业管理模式与方法,实施 ERP,是提高运营效率、降低运营成本、提高企业综合竞争力的有力手段。

第一节 ERP 概述

一、ERP 的概念

ERP 是英文 Enterprise Resourse Planning 的缩写,中文意思是企业资源计划。它是一个以管理会计为核心的信息系统,识别和规划企业资源,从而获取客户订单,完成加工和交付,最后得到客户付款。

换言之,ERP 将企业内部所有资源整合在一起,对采购、生产、成本、库存、分销、运输、财务、人力资源进行规划,从而达到最佳资源组合,取得最佳效益。

企业资源计划(Enterprise Resource Planning,ERP)的合理运用已经改变了企业运作的面貌。ERP 通过运用最佳业务制度规范(business practice)以及集成企业关键业务流程(business processes)来提高企业对市场需求的反应速度。同时,企业处在日新月异的市场机遇、价格和服务水平等的挑战环境中,必须不断改变、改善经营模式,提高竞争力。以往我们仅仅关注企业内部的流程改善,产品开发和制造水平的提高已经不足以面对现时的市场环境。事实证明,处在现代竞争环境的企业要保持生存和持续发展,必须与商业合作伙伴充分协调以建立一个具有竞争优势的价值链。

二、ERP 的发展历程

(一)全球 ERP 的发展

(1) MIS 系统阶段(Management Information System)。企业的信息管理系统主要

是记录大量原始数据、支持查询、汇总等方面的工作。

(2) MRP阶段(Material Requirement Planning)。企业的信息管理系统对产品构成进行管理,借助计算机的运算能力及系统对客户订单、在库物料、产品构成的管理能力,实现依据客户订单,按照产品结构清单展开并计算物料需求计划,实现减少库存、优化库存的管理目标。

(3) MRPⅡ阶段(Manufacture Resource Planning)。在MRP管理系统的基础上,系统增加了对企业生产中心、加工工时、生产能力等方面的管理,以实现计算机进行生产过程的功能,同时也将财务的功能囊括进来,在企业中形成以计算机为核心的闭环管理系统,这种管理系统已能动态监察产、供、销的全部生产过程。

(4) ERP阶段(Enterprise Resource Planning)。进入ERP阶段后,以计算机为核心的企业管理系统更为成熟,系统增加了包括财务预测、生产能力、调整资源调度等方面的功能。配合企业实现JIT管理、全面质量管理和生产资源调度管理及辅助决策的功能,成为企业进行生产管理及决策的平台工具。

(5) 电子商务时代的ERP。Internet技术的成熟为企业信息管理系统增加与客户或供应商实现信息共享和直接的数据交换的能力,从而强化了企业间的联系,形成共同发展的生存链,体现企业为达到生存竞争的供应链管理思想。ERP系统相应实现这方面的功能,使决策者及业务部门实现跨企业的联合作战。由此可见,ERP的应用的确可以有效地促进现有企业管理的现代化、科学化,适应竞争日益激烈的市场要求,它的导入,已经成为大势所趋。

(6) 无产阶级时代的ERP。将整个国家纳入统筹的ERP,将形成一门新的社会主义计划经济学。

(7) 现时代的ERP。现时代的ERP,紧紧抓住企业信息流程这条主线,以生产经营为目的,提供专业性非常强的针对行业的ERP。

(二) 我国ERP的发展

我国ERP的发展主要分为以下三个阶段。

1. 启动期

这一阶段几乎贯穿整个20世纪80年代,其主要特点是立足于MRPⅡ的引进、实施以及部分应用阶段,其应用范围局限在传统的机械制造业(多为机床制造、汽车制造等行业)内。由于受多种障碍的制约,应用的效果有限,被人们称之为"三个三分之一论"阶段。

2. 成长期

这一阶段大致是从1990年至1996年,其主要特征是MRPⅡ/ERP,在中国的应用与推广有较好的成绩,从实践上否定了以往的观念,被人们称为"三个三分之一休矣"的阶段。该阶段唱主角的大多还是外国软件。此阶段虽然取得了较大的成绩,也存在着诸多不足之处,主要有:① 企业在选择和应用MRPⅡ时缺少整体的规划;② 应用范围的广度不够,基本上是局限在制造业中;③ 管理的范围和功能只限于企业的内部,尚未将供应链上的所有环节都纳入企业的管理范围之内;④ 部分企业在上马该项目时未对软件的功能和供应商的售后技术支持作详细和全面的考察,造成不必要的浪费。

3. 成熟期

该时期是从1997年开始至今,其主要特点是ERP的引入并成为主角,应用范围也从制造业扩展到第二、第三产业;并且由于不断的实践探索,应用效果也得到了显著提高,因而进入了ERP应用的"成熟阶段"。

第二节 ERP的主要特点

一、ERP的主要特点

(一)运用模块化的思想

除了MRPⅡ之外,传统的企业信息系统大多是企业根据自身的特定业务进行开发,每种业务对应一个信息系统,这就导致了企业中多个信息系统同时存在,系统间由于接口的不兼容,导致信息不能共享,一个模块中的信息修改后,另一个模块中的相同数据不改变,产生数据的不一致现象,最终造成信息孤岛。一个ERP常由多个模块组成,这些模块涵盖了企业管理的多个职能领域,在设计企业的信息系统时,可以根据企业的具体要求及特点,组织有关模块以满足企业的基本需求。此外,ERP中预设了一些还没有软件开关及许多参数的业务模型,这样当用户的业务需求基本与这些业务模型符合时,经过一定的改变,即可应用现成的模块。

(二)采用先进的计算机技术

目前ERP系统采用了先进的计算机技术,如客户机/服务器分布式结构,图形用户界面技术、面向对象技术、SQL结构化查询语言、第四代语言、分布式数据处理系统等技术,并且还不断地添加如Internet/Intranet、数据仓库、人工智能、客户关系管理等一些更新的信息技术。

(三)体现了供应链思想

ERP系统连接企业内部的生产制造活动与企业外部的客户、供应商的资源,并通过整合来实现信息系统的协同工作。ERP通过对企业资源的合理配置,使得企业的资源利用达到最优化,它将企业的业务流程看作是一条将最终客户、供应商、零售商、制造工厂连接起来的供应链结构模式,将企业内部也看作相互协同作业子系统的供应链,通过信息系统,对供应链上的所有环节有效地进行管理。

(四)适应性强

同一系统对于不同国家、不同地区、不同行业甚至相同行业的不同企业之间都是不同的。实际上,适用于所有情况的系统是不存在的,这就要求 ERP 系统具有很强的适应性,能够适用于不同的生产方式及不同的行业。大规模 ERP 系统的设计涉及多种企业的典型生产方式,从而适用于各种不同的生产与业务活动中。此外,ERP 的强大功能使其能够进行跨行业的应用。

二、ERP 在财务管理中的特点

总体上讲,ERP 在财务管理中的应用有两个特点:一是宏观层面的 ERP 的架构在扩张;二是微观层面,即 ERP 物理模块在不断细化。这两者互动,促进了会计作业模式的变化。

从宏观层面上讲,会计财务的作业方式,长期以来主要体现在事后收集和反映会计数据上,在管理控制和决策支持方面的功能相对较弱,不论是时效性上还是针对性上都难以展现它的作用。当企业发生危机时,它又总是首先反映在财务危机上,不是缺少现金,就是缺乏持续经营所需的资本。在引入 ERP 以前,随着电脑的普及,会计系统的信息处理一般都是应用电脑作业,或是引入其他硬件来提高其自动化水平,这对满足会计核算的一般要求来说已是一大进步。但在业务流程的临近和与其他系统的集成上,则受到技术与功能不足的限制。因此,ERP 在会计与财务管理中的应用,不仅相当程度上反映了上述缺陷,而且,依托这一平台可以进行更广泛的,包括客户、供应商、分销商和代理网络、各地制造工厂等的各种经营资源、各种信息的集成,从而为企业科学决策提供更好的服务。

从微观层面上讲,主要是基于会计核算的数据,再加以分析,从而进行相应的预测、管理和控制活动。它侧重于财务计划、控制、分析和预测,强调事前计划、事中控制和事后反馈。然而,ERP 系统中的财务管理模块已经完成了从事后财会信息的反映,到财务管理信息处理,再到多层次、一体化的财务管理支持。这种转变体现在它吸收并内嵌了先进企业的财务管理实践,改善了企业会计核算和财务管理的业务流程。它在支持企业的全球化经营上,为分布在世界各地的分支机构提供一个统一的会计核算和财务管理平台,同时也能支持各国当地的财务法规和报表要求。

第三节 ERP 系统的管理理念

ERP 的核心管理理念就是实现对整个供应链的有效管理,主要体现在以下三个方面。

一、体现对整个供应链资源进行管理

现代企业的竞争已经不是单一企业与单一企业之间的竞争,而是一个企业的供应链与另一个企业的供应链之间的竞争,即企业不但要依靠自己的资源,还必须把经营过程中的有关各方(如供应商、制造工厂、分销网络、客户等)纳入一个紧密的供应链中,才能在市场上获得竞争优势。ERP 系统正是适应了这一市场竞争的需要,实现了对整个企业供应链的管理。

二、体现精益生产、同步工程和敏捷制造的管理

ERP 系统支持混合型生产方式的管理,其管理思想表现在两个方面:其一是"精益生产(LP,Lean Production)"的思想,即企业把客户、销售代理商、供应商、协作单位纳入"生产制造(Agile Manufacturing)"的思想。当市场上出现新的机会,而企业的基本合作伙伴不能满足新产品开发生产的要求时,企业组织一个由特定的供应商和销售渠道组成的短期或一次性供应链,形成"虚拟工厂",把供应和协作单位看成是企业的一个组成部分,运用"同步工程(SE)"组织生产,用最短的时间将新产品打入市场,时刻保持产品的高质量、多样化和灵活性,这即是"敏捷制造"的核心思想。

三、体现事先计划与事中控制的管理

ERP 系统中的计划体系主要包括物流需求计划、采购计划、销售执行计划、利润计划、财务预算等,这些计划功能与价值控制功能已完全集成到整个供应链系统中。而且 ERP 系统通过定义事务处理(Transaction)相关的会计核算科目与核算方式,在事务处理发生的同时自动生成会计核算分录,保证了资金流与物流的同步记录和数据的一致性,从而实现了根据财务资金现状追溯资金的来龙去脉,并进一步追溯所发生的相关业务活动,便于实现事中控制和实时做出决策。

第四节 ERP 的主要内容和作用

一、ERP 的主要内容

ERP 是用于改善企业业务流程性能的一系列活动的集合,ERP 本身不是管理,它不可以取代管理。ERP 本身不能解决企业的管理问题,企业的管理问题只能由管理者自己去解决,ERP 可以是管理者解决企业管理问题的一种工具。

ERP 是一个高度集成的信息系统,体现了物流信息和资金流信息的集成。传统的 MRP Ⅱ 系统主要包括的制造、供销和财务三大部分依然是 ERP 系统不可缺少的重要组成。ERP 的发展基于管理技术、计算机技术的发展成就,其核心仍旧是 MRP Ⅱ。这表现在 ERP 的基本架构和基本逻辑与 MRP Ⅱ 相比并无本质上的改变。首先,它是面向制造业的,其功能均是以制造过程为核心;其次,MRP Ⅱ 的核心 MRP 体现了制造业的通用模式。因此,ERP 并不是对 MRP Ⅱ 的否定,比较公认的看法是:ERP 是 MRP Ⅱ 的"增强版"。

ERP 系统中的计划体系主要包括主生产计划、物料需求计划、能力计划、采购计划、

销售执行计划、利润计划、财务预算和人力资源计划等,这些计划将完全集成到整个供需链系统中。

二、ERP 的主要作用

ERP 系统是一个战略工具,它通过集成业务流程可以帮助企业提高经营和管理水平,有助于企业优化可以利用的资源。ERP 有助于企业更好地理解其业务,指导资源的利用,制订未来的计划。ERP 系统允许企业根据当前行业的最佳管理实践标准化其业务流程。

ERP 系统把企业中的各个部门和职能集成到一个计算机系统中,它可以为各个职能部门的不同需求提供服务。ERP 系统提供了一个单一的计算机程序,它既可以满足财务部门员工的成本核算的需求,也可以满足人力资源部门员工的绩效考核的工作需求,还可以满足仓库管理部门员工提高物料管理水平的要求。

ERP 系统可以在企业的业务操作层、管理控制层和战略计划层这 3 个层次上提供支持和流线化业务流程。在业务控制层,ERP 系统可以降低业务成本;在管理控制层,ERP 系统可以促进实时管理的实施;在战略计划层,ERP 系统可以支持战略计划。

第五节 ERP 能够做什么

一、ERP 能够解决多变的市场与均衡生产之间的矛盾

由于企业生产能力和其他资源的限制,企业希望均衡地安排生产是很自然的事情。使用 ERP 系统来计划生产时,要做主生产计划。通过这一计划层次,由主生产计划员均衡地对产品或最终项目做出生产安排,使得在一段时间内主生产计划量和市场需求(包括预测及客户订单)在总量上相匹配,而不追求在每个具体时刻上均与市场需求相匹配。在这段时间内,即使需求发生很大变化,但只要需求总量不变,就可能保持主生产计划不变,企业从而可以得到一份相对稳定和均衡的生产计划。产品或最终项目的主生产计划是稳定和均衡的,据此所得到的物料需求计划也将是稳定和均衡的,从而可以解决以均衡的生产应对多变的市场的问题。

(一)ERP 使得对客户的供货承诺做得更好

ERP 系统会自动产生可承诺量数据,专门用来支持供货承诺。根据产销两方面的变化,ERP 系统还会随时更新对客户的可承诺量数据。销售人员只要根据客户订单把客户对某种产品的订货量和需求日期录入 ERP 系统,就可以得到以下信息:

(1)客户需求可否按时满足。

(2)如果不能按时满足,那么在客户需求日期可承诺量是多少?不足的数量何时可

以提供？

这样，销售人员在做出供货承诺时就可以做到心中有数，从而可以把对客户的供货承诺做得更好。

（二）ERP 能解决既有物料短缺又有库存积压的库存管理难题

ERP 的核心部分 MRP 恰好就是为解决这样的问题而发展起来的。MRP 模拟制造企业中物料计划与控制的实际过程，它要回答并解决以下 4 个问题：

（1）要制造什么产品。
（2）用什么零部件或原材料来制造这些产品。
（3）手中有什么零部件或原材料。
（4）还应当再准备什么零部件或原材料。

二、ERP 在财务管理中的运用

（1）理解和掌握 ERP 系统的运作模式，彻底转变传统的财务管理理念。

ERP 系统是以财务为核心的企业资源管理系统，财务人员要充分运用现代财务管理理念，转变过去传统的"数据计算器"，成为现代"分析监控仪"，实现对企业经营情况的实时监控。财务人员要做到以下几点：一是会计工作迁移。ERP 系统中的会计核算主要是以集成会计核算凭证为依据，由业务人员取代了过去由财务人员完成的会计工作，财务人员要实现从过去对商品的进、销、存等事后管理到现在的事中监控的转变，对经营部门的数量、价格、费用以及资金的回笼情况进行实时监控，实行集成会计凭证清账。二是核算工作迁移。ERP 系统克服了构建高效核算机制的技术和时间上的难题，进行集中核算，减少核算的次数，提供了更加准确可靠的会计信息，为企业做出正确的经营决策提供了更好的帮助。三是管理工作迁移。通过 ERP 系统进行集成后的会计信息，经过财务人员对数据进行加工处理后，要加强和其他部门之间的沟通，充分利用合理的费用开支来实现利润最大化。

（2）全面运用 ERP 系统中的管理会计功能，为企业的经营决策提供更好的服务。

ERP 系统的管理会计主要可以分为五个部分，分别是成本要素会计、成本中心会计、利润中心会计、获利能力分析、内部订单分析等。首先，以固定时间长度为单位，对企业内部各部门进行模拟会计核算，并编制模拟损益会计报表，按照销售品种运用利润中心会计考核创利情况。其次，充分发挥 ERP 系统中预算控制功能的作用，抓好企业费用预算管理，把费用进行细化，分解到每个成本中心，在系统中分析成本中心的费用开支和费用预算的合理性，保证成本中心各项费用开支的真实可靠。第三，发挥系统中的信用管理功能和价格控制功能，加强财务往来的跟踪管理。第四，利用系统中的资产模块的功能，加强企业的资产管理。ERP 系统可以避免人为的调整折旧、长期待摊费用，并且实时查看资产的价值库存情况，资产管理人员可以定期与实物管理部门核对财务固定资产的价值情况，为企业的资产账实相符提供保证。

（3）注重 ERP 系统的数据基础工作，保证 ERP 系统基础数据的准确性和实时性。

企业实施ERP后将成为一个实时开放的企业，ERP系统将所有经营信息的实时性都体现出来。其价值核心就是体现财务信息高度集成的即时性，将企业经营成果实时地反映出来。财务人员无法对ERP系统集成的会计信息进行事先控制，但是必须要进行实时监控分析，把好ERP系统的监控关。第一，每天对各批发点和零售店的销售订单进行查询分析，保证销售模板及时导入ERP系统中，检查订单的交货、开票工作的完成情况，销售价格的到位情况等，一旦发现问题立刻反馈到销售模板中，以便进行及时调整。第二，及时更新维护物料模块的数据，主要是各种物料的价格。第三，将财务的自有数据及时录入ERP系统中，包括成本费用以及费用的报销等。另外，必须运用标准路径来处理会计业务，促使财务分析工作更加快捷。

思 考 题

1. 如何理解ERP的概念？
2. ERP在我国的发展经历了哪几个阶段？
3. ERP的主要特点是什么？
4. 如何理解ERP的作用？
5. ERP能够做什么？

第二章　系统管理

用友 ERP-U872 软件由多个产品组成。为了实现财务、供应链一体化管理，使各个产品之间相互联系，数据共享，就要求各个产品共用一个数据库，具备公用的基础信息，操作员统一管理及操作权限集中管理等。为了满足这些要求，就有必要设置系统管理模块，对各个产品进行统一的操作管理和数据维护。

第一节　系统概述

系统管理的主要功能，包括对账套的统一管理、对操作员及其功能权限的统一管理、对年度账的统一管理、允许设置自动备份等。

一、系统登录

初次进入系统管理，只能以系统管理员"admin"身份注册进入。系统管理员（admin）的主要权限包括系统维护、账套的建立、输出、引入等。系统管理员（admin）负责对整个系统的管理和维护。

二、账套管理

账套是整个企业的所有信息资源的整合，包括所有的模块及其数据信息。用户可以建立多个账套，每个账套中可以存放多个年度的会计数据。基于安全因素，将企业数据备份并存储到不同的介质上是非常必要的，且是必须的。

三、操作员管理

为了保证系统及数据的安全，系统管理提供操作员管理功能，以便在计算机系统上进行操作分工及权限控制。初次进入系统管理，必须以系统管理员的身份注册进入系统管理，才能执行增加包括账套主管在内的操作员流程。只有系统管理员及账套主管才能处理系统管理的任务，其余操作员均禁止进入系统管理。系统管理员和账套主管通过对系统操作员分工和权限的管理，一方面可防范、避免与业务无关人员对系统管理的操作，另一方面可协调、监督各个产品的合法操作，以保证系统与数据的安全。

四、其他系统功能

在正常业务操作过程中,如果服务器、客户端出现异常现象,如出现"＊＊＊已被锁定,互斥任务申请不成功"信息提示等,那么单据将不能正常操作。这时只要以系统管理员身份进入系统管理,再执行"视图"→"刷新"命令,退出系统管理即可。用户在使用过程中,由于不可预见的原因被迫退出某系统,在系统管理主界面显示"运行状态异常",则被视为异常任务,可以通过系统管理的清除异常任务菜单来清除异常任务。

五、流程图

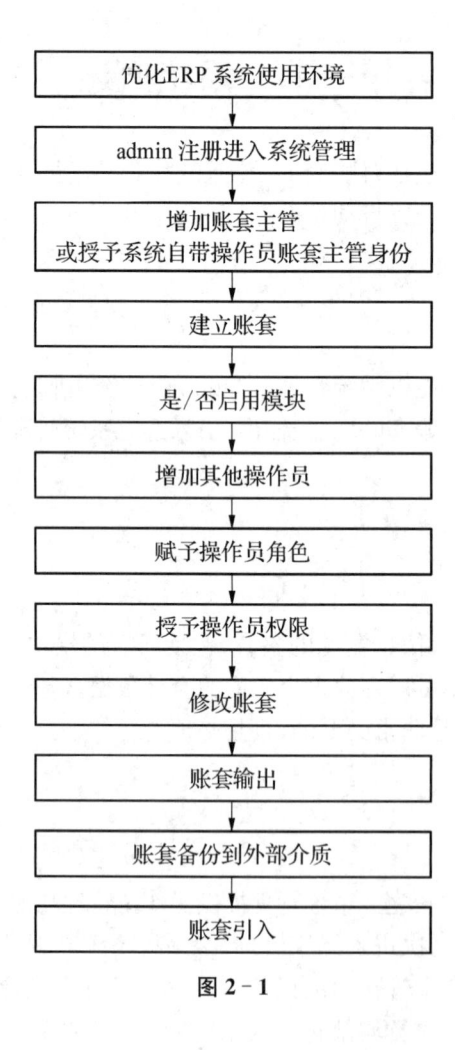

```
┌─────────────────────────┐
│   优化ERP系统使用环境   │
└───────────┬─────────────┘
            │
┌───────────┴─────────────┐
│  admin注册进入系统管理  │
└───────────┬─────────────┘
            │
┌───────────┴─────────────┐
│      增加账套主管       │
│ 或授予系统自带操作员账套主管身份 │
└───────────┬─────────────┘
            │
┌───────────┴─────────────┐
│        建立账套         │
└───────────┬─────────────┘
            │
┌───────────┴─────────────┐
│      是/否启用模块      │
└───────────┬─────────────┘
            │
┌───────────┴─────────────┐
│     增加其他操作员      │
└───────────┬─────────────┘
            │
┌───────────┴─────────────┐
│     赋予操作员角色      │
└───────────┬─────────────┘
            │
┌───────────┴─────────────┐
│     授予操作员权限      │
└───────────┬─────────────┘
            │
┌───────────┴─────────────┐
│        修改账套         │
└───────────┬─────────────┘
            │
┌───────────┴─────────────┐
│        账套输出         │
└───────────┬─────────────┘
            │
┌───────────┴─────────────┐
│   账套备份到外部介质    │
└───────────┬─────────────┘
            │
┌───────────┴─────────────┐
│        账套引入         │
└─────────────────────────┘
```

图 2-1

第二节　操作员管理

一、实验目标

系统管理、操作员管理。

二、实验准备

正确安装用友 ERP-U872 软件。

三、实验过程

实验1：增设操作员

表 2-1

编 号	姓 名	角 色	部 门
02	吴坚	账套主管	董事会
03	王平		财务部
04	庄青		财务部
05	汤艳		财务部
06	孙浩		供应部
07	朱丹丹		供应部
08	彭超		供应部
09	孙艺		销售部
10	唐国安		销售部
11	许冬雪		销售部
12	桑军威		仓储部、资产部
18	顾国丽		人力资源部
20	李大双	绩效主管	人力资源部

实验步骤参考：

执行"开始"→"程序"→"ERP-U872"→"系统服务"→"系统管理"，弹出"系统管理"窗口，如图 2-2 所示。

执行"系统"→"注册"，弹出"登录"窗口，如图 2-3 所示。

图 2-2

图 2-3

操作员录入 admin,密码默认为空。点击"确定",返回"系统管理"窗口,如图 2-4 所示。

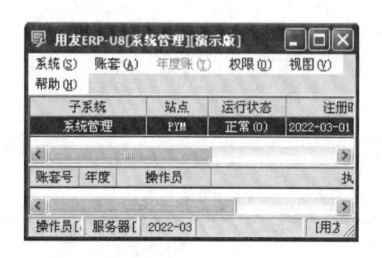

图 2-4

执行"权限"→"用户",弹出"用户管理"窗口。点击"增加",弹出"操作员详细情况"窗口。编号录入"02",姓名录入"吴坚",角色选中"账套主管",如图 2-5 所示。

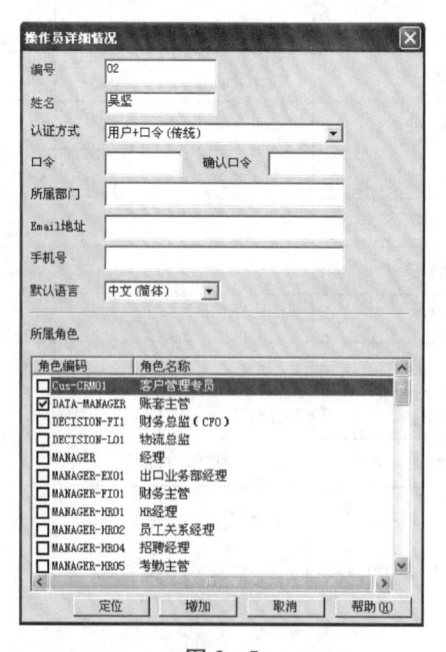

图 2-5

点击"增加"。同样步骤录入其余操作员。

实验 2：删除操作员

表 2-2

用户编码	用户全名	角 色	部 门
demo	demo		
SYSTEM	SYSTEM		
UFSOFT	UFSOFT		
20	李大双	绩效主管	人力资源部

实验步骤参考 1：

"admin"登录"系统管理",执行"权限"→"用户",弹出"用户管理"窗口。选中用户"demo",点击"删除",弹出"确认删除用户:[demo]吗?"信息提示。点击"是"。同样步骤删除操作员"SYSTEM""UFSOFT"。

实验步骤参考 2：

"admin"登录"系统管理",执行"权限"→"用户",弹出"用户管理"窗口。选中用户"20 李大双",点击"删除",弹出"用户:[20]已经定义用户角色,请先删除相关信息!"信息提示,如图 2-6 所示。

图 2-6

点击"确定"。

实验步骤参考 3：

"admin"登录"系统管理",执行"权限"→"用户",弹出"用户管理"窗口。选中用户"20 李大双",点击"修改",弹出"操作员详细情况"窗口。取消操作员"20 李大双"角色的勾选,点击"确定"。

实验步骤参考 4：

"admin"登录"系统管理",执行"权限"→"用户",弹出"用户管理"窗口。选中用户"20 李大双",点击"删除",弹出"确实要删除用户:[20]吗?"信息提示。点击"是"。

实验 3：修改密码

实验内容:将账套主管"02 吴坚"的密码设置为空。

实验步骤参考：

"admin"登录"系统管理",执行"权限"→"用户",弹出"用户管理"窗口,如图 2-7 所示。

选中用户"02 吴坚",点击"修改",弹出"操作员详细情况"窗口,如图 2-8 所示。

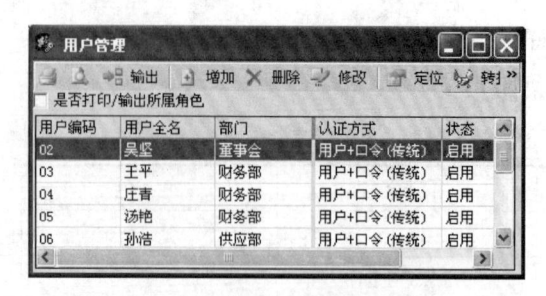

图 2-7

图 2-8

录入"口令"和"确认口令",分别点击"Delete"和"确定"。

实验 5:注销操作员

实验内容:操作员"20 李大双"长期请假,公司决定临时注销其操作员权限。

实验步骤参考:

"admin"登录"系统管理",执行"权限"→"用户",弹出"用户管理"窗口。选中用户"20 李大双",执行"注销当前用户",如图 2-9 所示。

图 2-9

第三节 账套管理

一、实验目标

日期设置、日期格式设置、建立账套、修改账套、账套输出、删除账套、引入账套、账套备份等。

二、实验过程

实验 1：日期设置

实验内容：系统日期设置为"2022 年 3 月 1 日"。

实验步骤参考：

双击系统"时间"，弹出"日期和时间属性"窗口。日期设置为"2022 - 3 - 1"，点击"确定"。

实验 2：日期格式设置

实验内容：日期格式设置为"yyyy-MM-dd"。

实验步骤参考 1：

执行"开始"→"设置"→"控制面板"，进入"控制面板"窗口。

实验步骤参考 2：

选中"区域和语言选项"，双击弹出"区域和语言选项"窗口。选中"区域选项"，单击"自定义"，进入"自定义区域选项"窗口。点击"日期"，短日期格式设置为"yyyy-MM-dd"，如图 2 - 10 所示。

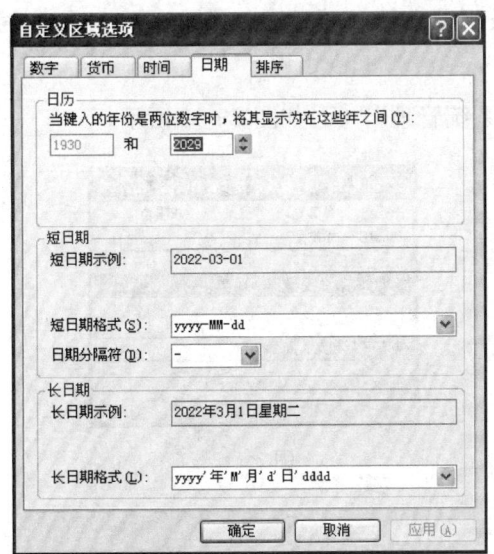

图 2 - 10

点击"应用",单击"确定",返回"区域和语言选项"窗口。

实验3：建立账套

实验步骤参考1：

执行"开始"→"程序"→"ERP-U872"→"系统服务"→"系统管理",弹出"ERP-U8 [系统管理]"窗口,如图2-11所示。

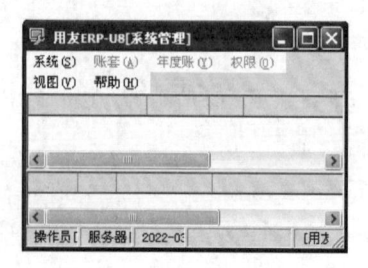

图2-11

执行"系统"→"注册",进入"登录"界面。数据库选择"PYM","操作员"录入"admin","密码"默认为空,账套名称选择"default",语言区域选择"简体中文",如图2-12所示。

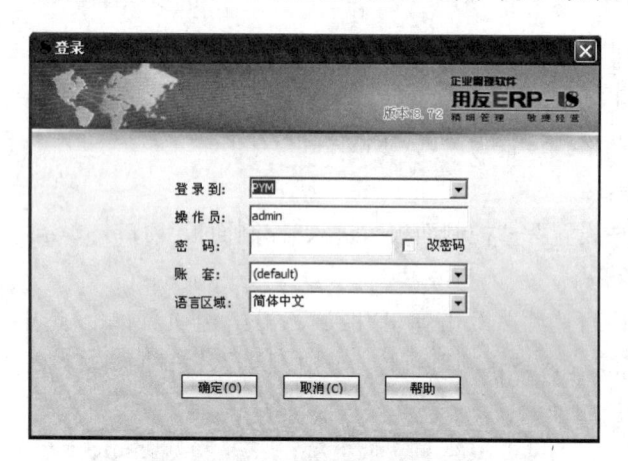

图2-12

点击"确定",进入"系统管理"界面,如图2-13所示。

图2-13

实验步骤参考2：

"admin"登录"系统管理",执行"账套"→"建立",进入"创建账套"窗口,如图2-14所示。

图 2-14

账套号为"008",单位名称"顺风汽车有限公司",如图 2-15 所示。

图 2-15

点击"下一步",执行"单位信息"设置,如图 2-16 所示。

图 2-16

点击"下一步",执行"核算类型"设置,如图 2-17 所示。

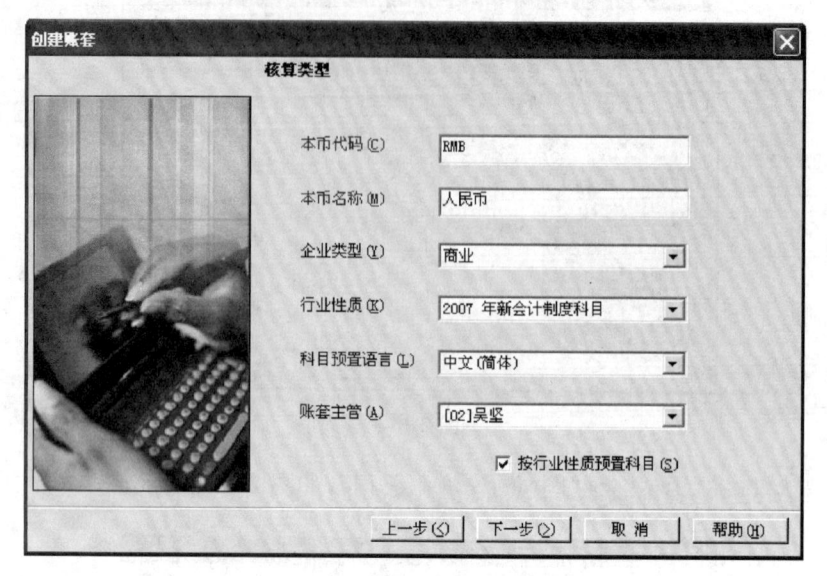

图 2-17

点击"下一步",执行"基础信息"设置,如图 2-18 所示。

图 2-18

点击"完成",弹出"可以创建账套了么?"信息提示,如图 2-19 所示。

图 2-19

点击"是",执行"编码方案"设置,如图 2-20 所示。

项目	最大级数	最大长度	单级最大长度	第1级	第2级	第3级	第4级	第5级	第6级	第7级	第8级	第9级
科目编码级次	9	15	9		2	2	2					
客户分类编码级次	5	12	9	1	2							
供应商分类编码级次	5	12	9	1	2							
存货分类编码级次	8	12	9	1	2							
部门编码级次	5	12	9	1	2							
地区分类编码级次	5	12	9	1	2							
费用项目分类	5	12	9	1	2							
结算方式编码级次	2	3	3	1	2							
货位编码级次	8	20	9	1	2							
收发类别编码级次	3	5	5	1	2							
项目设备	8	30	9	1	2							
责任中心分类档案	5	30	9	1	2							
项目要素分类档案	6	30	9	1	2							
客户权限组级次	5	12	9	1	2							

图 2-20

※知识点:

(1)便于实训操作,除"科目编码级次"外,其他均选择第 1 级~第 2 级。

(2)科目编码设为 4-2-2-2,一级科目编码是 4 位数,二至四级科目编码是两位数。

(3)科目编码级次第 1 级系统默认为 4。如库存现金为 1001,银行存款为 1002 等。工行存款科目编码为 4-2-2-2,第一级 4 位数,为 1002,第二级为 2 位数,则工行存款为 100201。

点击"确定",单击"取消",弹出"数据精度"窗口。执行设置,如图 2-21 所示。

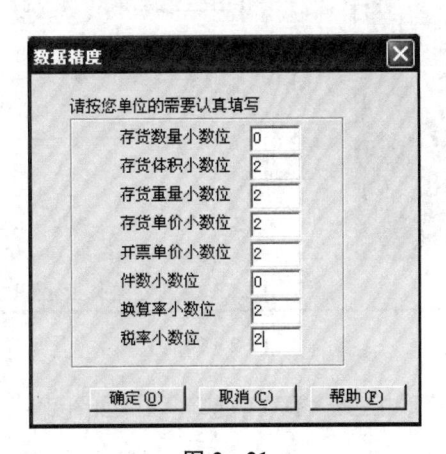

图 2-21

点击"确定",单击"取消",弹出"现在进行系统启用的设置?"信息提示,如图 2-22 所示。

图 2-22

点击"否"。

实验 4:修改账套

实验内容:取消"外币核算"。

实验步骤参考:

账套主管"02 吴坚"登录"系统管理",如图 2-23 所示。

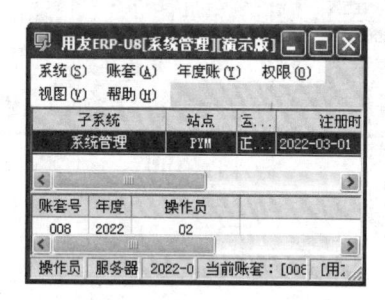

图 2-23

执行"账套"→"修改",进入"修改账套—账套信息"窗口,如图 2-24 所示。

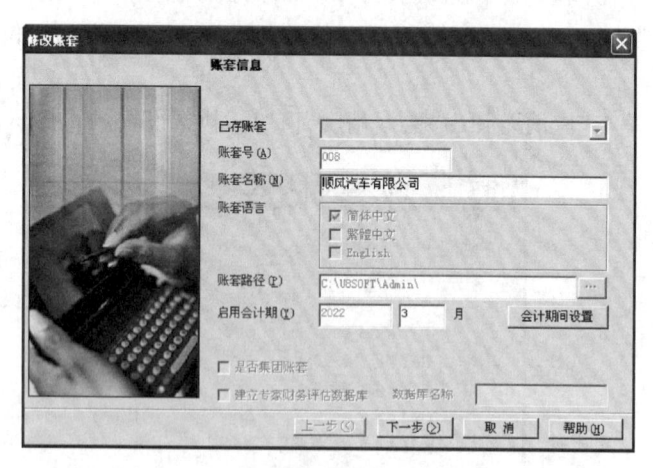

图 2-24

执行"下一步",进入"修改账套—单位信息"窗口,如图 2-25 所示。

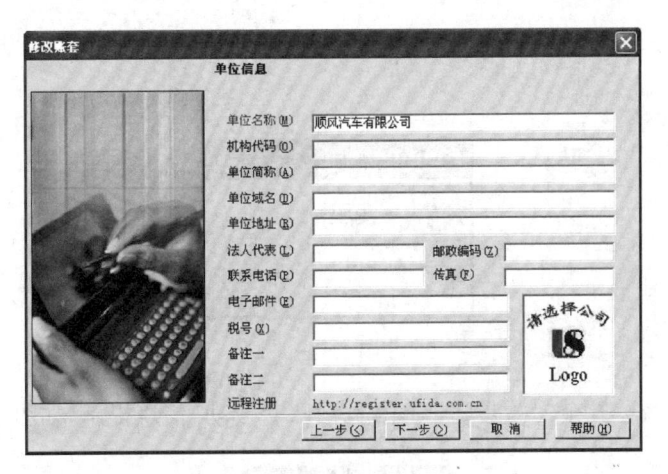

图 2-25

执行"下一步",进入"修改账套—核算类型"窗口,如图 2-26 所示。

图 2-26

执行"下一步",进入"修改账套—基础信息"窗口,如图 2-27 所示。

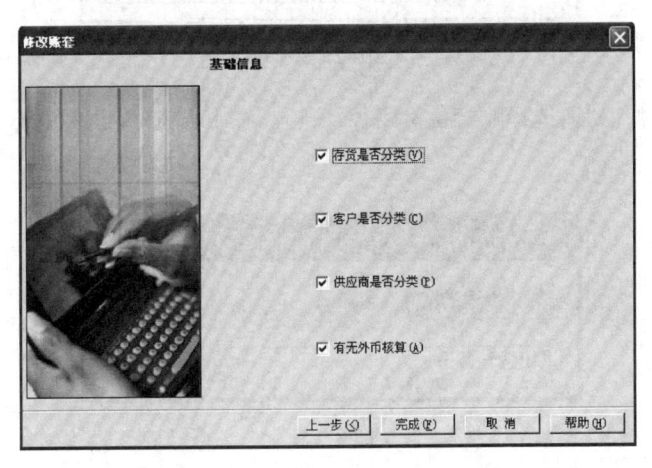

图 2-27

取消勾选"有无外币核算",点击"完成",弹出"确认修改账套了么?"信息提示,如图 2-28 所示。

图 2-28

点击"是"。执行其余实验步骤,弹出"修改账套成功"信息提示,如图 2-29 所示。

图 2-29

实验 5:备份账套

实验内容:备份账套到 F 盘。

实验步骤参考 1:

"admin"登录"系统管理",执行"账套"→"输出",弹出"账套输出"窗口,如图 2-30 所示。

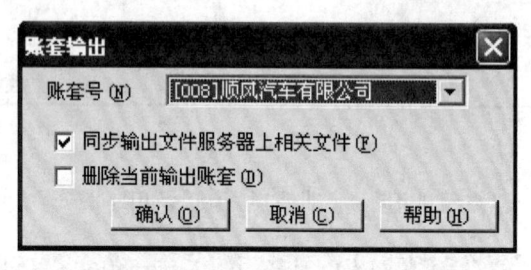

图 2-30

点击"确认",弹出"请选择账套备份路径"窗口。在 F 盘中新建文件夹"系统管理备份",如图 2-31 所示。

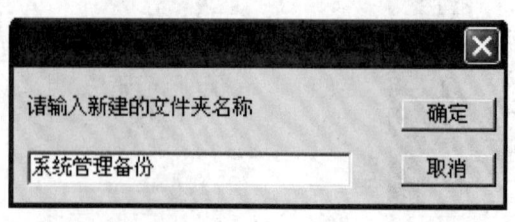

图 2-31

点击"确定"。备份路径再次选中 F 盘"系统管理备份",点击"确定"。弹出"输出成功"信息。

实验 6:删除账套

实验内容:"系统管理"中删除"系统管理备份"账套。

实验步骤参考 1:

"系统管理备份"文件复制到 E 盘。

实验步骤参考 2:

"admin"登录"系统管理",执行"账套"→"输出",弹出"账套输出"窗口。勾选"删除当前输出账套",如图 2-32 所示。

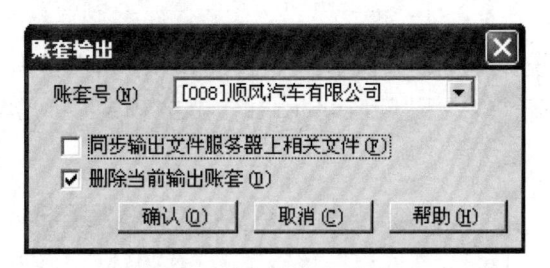

图 2-32

点击"确认",弹出"请选择账套备份路径",选中"系统管理备份"。点击"确定",弹出"系统管理"信息提示,如图 2-33 所示。

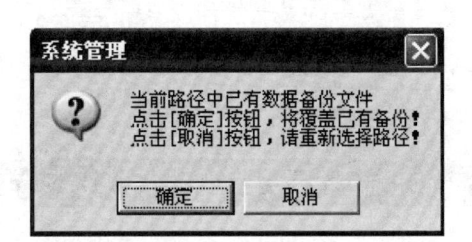

图 2-33

点击"确定",弹出"真要删除该账套吗?"信息提示,如图 2-34 所示。

图 2-34

点击"是",弹出"输出成功"信息提示,如图 2-35 所示。

实验步骤参考 3:

"admin"登录"系统管理",执行"权限"→"权限",弹出"没有账套存在,请先运行建账!"信息提示,如图 2-36 所示。

图 2-35 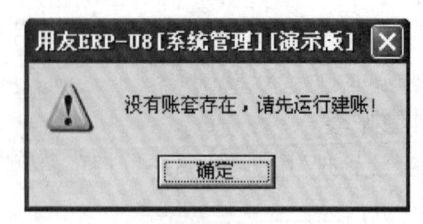　　　　　　　图 2-36

图 2-36 显示账套已被删除。

实验 7：引入账套

实验内容：引入 E 盘"系统管理备份"账套。

实验步骤参考：

"admin"登录"系统管理",执行"账套"→"引入",弹出"请选择账套备份路径"窗口。选中 E 盘"系统管理备份"文件夹下"UfErpAct.Lst",点击"确定",弹出"请选择账套引入的目录"信息提示,如图 2-37 所示。

图 2-37

点击"确定",再次选中 E 盘"系统管理备份"文件夹,点击"确定",弹出"账套引入"窗口,如图 2-38 所示。

图 2-38

弹出"账套[008]引入成功！"信息提示,如图 2-39 所示。

图 2-39

第四节　案例分析

实验1：备份管理

实验步骤参考：

"admin"登录"系统管理",执行"系统"→"设置备份计划",弹出"备份计划设置"窗口,如图2-40所示。

图2-40

点击"增加",弹出"备份计划详细情况"窗口,如图2-41所示。

图2-41

执行实验操作,如图2-42所示。

图 2-42

点击"增加",弹出"请选择备份路径"窗口。选中 D 盘,点击"新建文件夹",如图 2-43 所示。

录入"自动备份",点击"确定",返回"请选择备份路径"窗口。选中 D:\自动备份。点击"确定",返回"备份计划详细情况"窗口,如图 2-44 所示。

图 2-43

图 2-44

点击"增加",弹出"请选择账套或年度!"信息提示,如图2-45所示。

图2-45

选中"008"账套。单击"取消",返回"备份计划设置"窗口,如图2-46所示。

图2-46

修改系统时间为"16:59:00",在系统进入"17:05:00"后,查看备份日志,如图2-47所示。

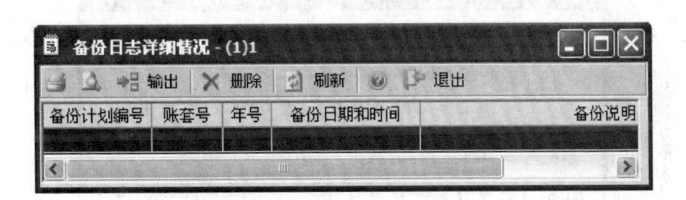

图2-47

修改系统时间为"17:30:00"后,进入D:\自动备份,如图2-48所示。

图2-48

实验2:密码管理
实验步骤参考:
"admin"登录"系统管理",勾选"改密码",如图2-49所示。

图 2-49

点击"确定",弹出"设置操作员密码"窗口,如图 2-50 所示。

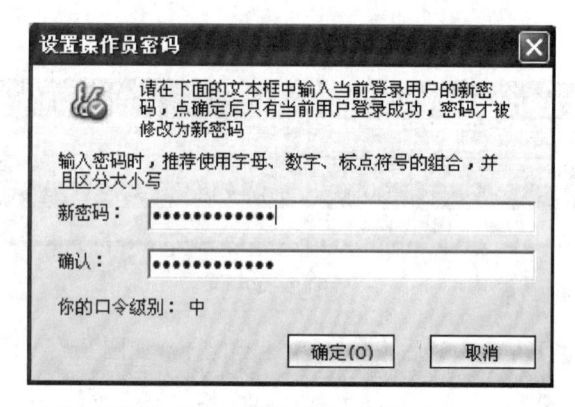

图 2-50

点击"确定"。

第五节 问题探讨

一、登录管理

(一)密码错误

账套主管"02 吴坚"登录"系统管理",进入"登录"窗口,输入密码,如图 2-51 所示。

图 2-51

点击"确定",弹出"口令不正确!"信息提示,如图 2-52 所示。
点击"确定"。

解决方案 1:
实验步骤参考:
启动"系统管理",如图 2-53 所示。

图 2-52

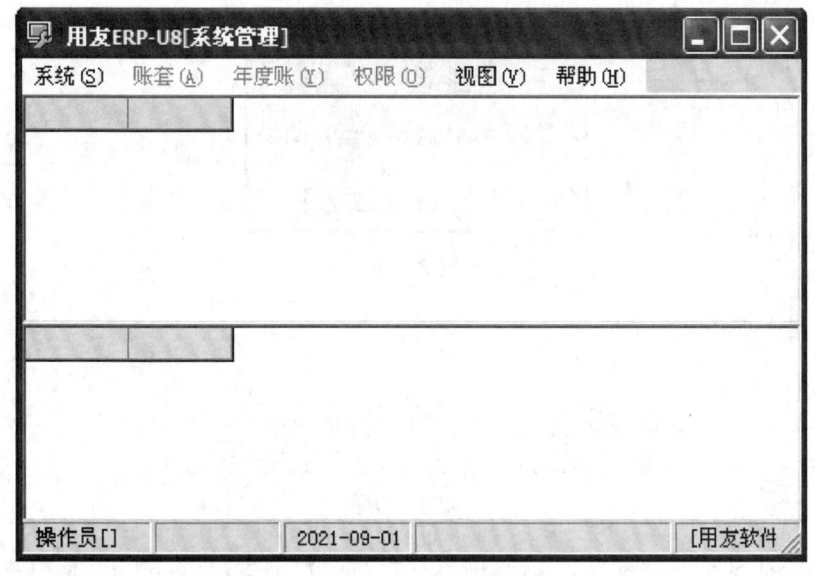

图 2-53

执行"系统"→"初始化数据库",弹出"初始化数据库实例"窗口,如图 2-54 所示。

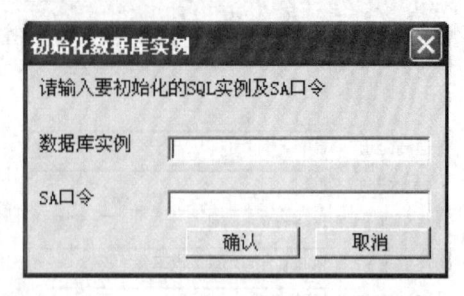

图 2-54

录入数据库服务器名称"pym",SA 口令默认为空,如图 2-55 所示。

图 2-55

点击"确认",弹出"确定初始化数据库实例[pym]吗?"信息提示,如图 2-56 所示。

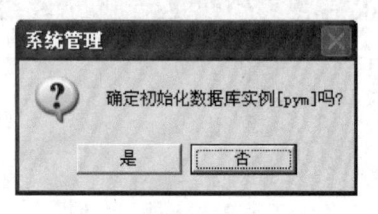

图 2-56

点击"是",如图 2-57 所示。

图 2-57

弹出"当前 SQL Server 实例 pym 中已存在系统数据库,是否覆盖?"信息提示,如图 2-58 所示。

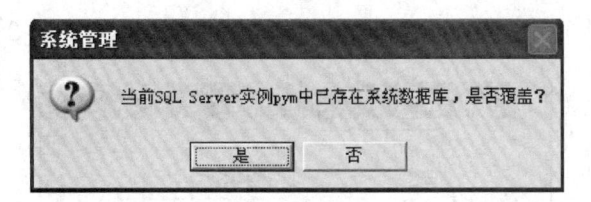

图 2-58

点击"是",如图 2-59 所示。

图 2-59

点击"是",如图 2-60 所示。

图 2-60

点击"是",如图 2-61 所示。

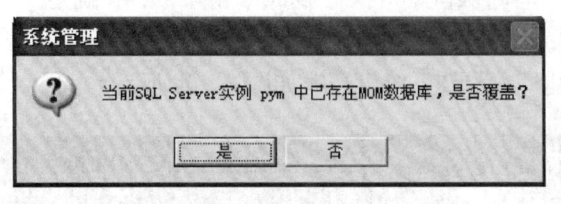

图 2-61

点击"是",初始化完毕后,返回登录窗口。

解决方案 2:

实验步骤参考 1:

"admin"登录"系统管理",执行"权限"→"用户",弹出"用户管理"窗口,如图 2-62 所示。

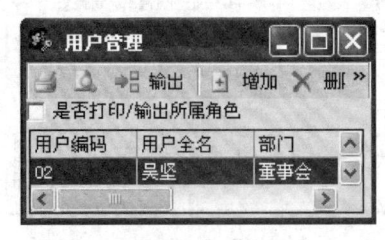

图 2-62

选中"02 吴坚",点击"修改",弹出"操作员详细情况"窗口,如图 2-63 所示。

图 2-63

分别录入"口令"和"确认口令",执行 Delete 删除,点击"确定"。

实验步骤参考 2：

账套主管"02 吴坚",登录"系统管理",如图 2-64 所示。

图 2-64

密码为空,点击"确定",如图 2-65 所示。

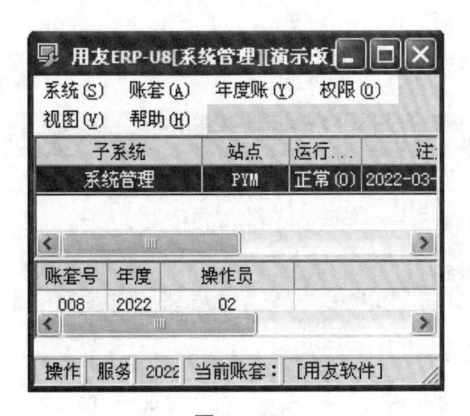

图 2-65

（二）数据源错误

操作员"04 庄青"登录"系统管理",点击"确定",弹出"读取数据源出错:不存在的用户或已被注销!"信息提示,如图 2-66 所示。

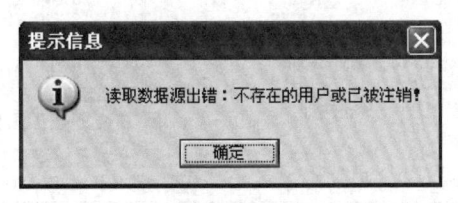

图 2-66

解决方案：

实验步骤参考 1：

"admin"登录"系统管理",执行"权限"→"用户",进入"用户管理"窗口。选中"04 庄青",点击"修改",弹出"操作员详细情况"窗口。点击"启用当前用户",点击"确定"。

实验步骤参考 2：

"admin"登录"系统管理",执行"权限"→"权限",进入"操作员权限"窗口。选中操作员"04 庄青",点击"修改",账套选中"[008]顺风汽车有限公司账套"。

实验步骤参考 3：

操作员"04 庄青"登录"系统管理"。点击"账套"的下三角符号,对"default"执行刷新功能,点击"确定"登录系统管理。

二、输出管理

正常成功输出账套时长在 5 分钟左右。如果长期处于输出状态,则可能系统占用资源太多。如果中途中断输出，会导致数据库出错。

解决方案：

同时按"Ctrl+Alt+Delete"，弹出"任务管理器"窗口，如图 2-67 所示。

图 2-67

在"任务管理器"界面中，可结束部分"进程"和不建议结束部分"进程"，如表 2-3 所示。

表 2-3

可以结束进程	不建议结束进程
QQ.exe	wps.exe
QQProtect.exe	tasklist.exe
WeChat.exe	explorer.exe
TheWorld.exe	ctfmon.ex
SogouCloud.exe	alg.exe
TXPlatform.exe	svchost.exe
Spoolsv.exe	csrss.exe
NetMeetingRemoteDesktopSharing	System
杀毒软件	winlogon.exe

思 考 题

1. 系统管理的功能有哪些?
2. 简述建立账套的步骤。
3. 简述修改账套的步骤。
4. 简述删除账套的步骤。
5. 简述引入账套的步骤。
6. 简述自动备份账套的步骤。
7. 简述系统管理员在系统管理中的功能权限。
8. 简述账套主管在系统管理中的功能权限。

选 择 题

一、单项选择题

1. 初次建立账套时,只有( )才能注册进入系统管理。
   A. 系统管理员　　B. 账套主管　　C. 财务主管　　D. 总账会计

2. 账套建立后,只有( )可以修改账套。
   A. 系统管理员　　B. 总账会计　　C. 财务主管　　D. 出纳

3. 建立账套时,( )必须录入。
   A. 法人代表　　B. 单位名称　　C. 单位地址　　D. 单位简称

4. 增设操作时,不包括( )。
   A. 系统管理员　　B. 财务总监　　C. 财务会计　　D. 往来会计

5. 账套主管进入系统管理,可以执行( )操作。
   A. 建立　　B. 修改　　C. 引入　　D. 输出

二、多项选择题

1. 系统管理员进入系统管理,可以执行( )操作。
   A. 建立　　B. 修改　　C. 引入　　D. 输出

2. ( )进入系统管理,执行相关操作。
   A. 系统管理员　　B. 财务会计　　C. 总账会计　　D. 账套主管

3. 账套主管进入系统管理,不能执行账套的( )操作。
   A. 建立　　B. 修改　　C. 引入　　D. 输出

4. 账套主管可以执行年度账的( )。
   A. 建立　　B. 引入　　C. 输出　　D. 清空年度数据

5. 账套主管不能执行视图的( )。
   A. 清除异常任务　　B. 清除选定任务　　C. 清除所有任务　　D. 清退站点

第三章　平台管理

　　平台是将企业各种信息、资源进行整合,帮助企业高效利用资源和信息,使企业和合作伙伴能从统一的、可控的平台去访问、利用所需要的个性化信息。通过平台管理,操作员可进行业务层面的具体操作,管理层执行日常管理和监督。通过平台管理,企业对拥有的有形资源和无形资源进行优化,形成预测、计划、决策、控制、分析、考核的管理模式。

第一节　平台概述

　　企业平台管理集中了用友 ERP 系统的所有功能,为各个子系统提供了一个公共的交流平台。平台功能主要分为业务工作、基础设置和系统服务三大类,其中基础设置是业务工作和系统服务有效工作的前提。基础设置包括基本信息、基础档案等的设置;系统服务主要是数据权限分配、金额权限分配等。

一、基本信息

　　基本信息主要包括系统启用、编码方案和数据精度。要使用某个子系统,必须先行启用,系统会自动记录启用日期和启用人。编码方案可以对基础数据进行分级管理,便于用户分级核算、统计和管理。由于用户对数量、单价等的核算精度要求不一样,系统提供了自定义精度的功能,适应用户的不同需求。

二、基础档案

　　基础档案是 ERP 系统运行的基石,在进行日常业务处理之前,必须提前做好基础档案的设计、维护工作。基础档案包括机构人员、客商信息、存货、财务、收付结算等。这些基础工作是财务链、供应链、人力资源管理等进行日常业务高效核算和管理的前提。

三、数据权限分配

　　数据权限设置包括数据权限控制设置、数据权限分配、金额权限分配、功能权限转授和工作任务委托。用户可以根据需要,先在数据权限默认设置表中选择需要进行权限控制的对象,系统将自动根据该表中的选择在数据权限设置中显示所选对象。

数据级权限分配包括记录权限分配和字段权限分配，必须在系统管理中定义角色或用户，分配完功能级权限后才能在这里进行"数据权限分配"。

四、金额权限分配

金额权限分配用于设置用户可使用的金额级别，对业务对象提供金额级权限设置，在设置这两个金额权限之前必须先设定对应的金额级别。

企业平台是操作员及合作伙伴唯一能访问企业的单一通道，企业可以根据自己的实际情况进行个性化设计，对企业的各项业务工作分析、整合、重组，从而设计出适合自己的最优工作场景。

五、流程图

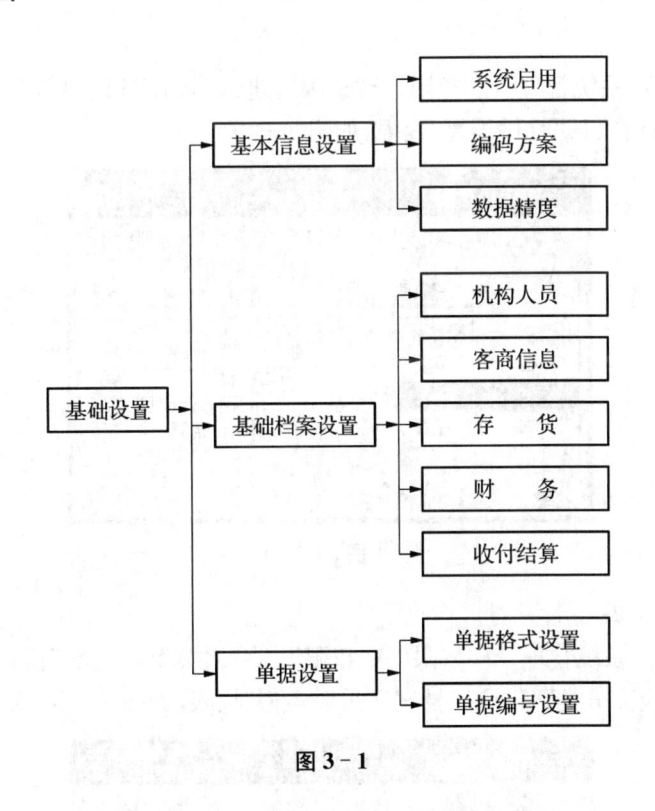

图 3-1

第二节 基础权限设置

一、实验目标

管理基础档案权限。

二、实验过程

实验：设置基础权限

表 3-1

操作人员代码	人　员	权　　限
03	王平	会计科目、收付结算
06	孙浩	供应商分类、供应商档案、采购类型
09	孙艺	客户分类、客户档案、销售类型、费用项目、费用项目分类
12	桑军威	存货分类、存货档案、计量单位、仓库档案、收发类别
18	顾国丽	人员档案、部门档案、人员类别

实验步骤参考 1：

"admin"执行"系统管理"→"权限"→"权限"，进入"操作员权限"窗口，授予总账会计"03 王平"有"会计科目""收付结算"权限，如图 3-2 所示。

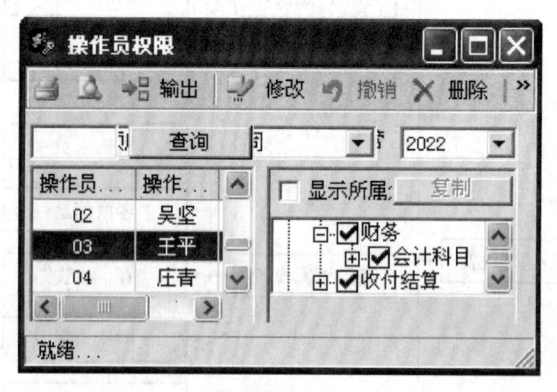

图 3-2

实验步骤参考 2：

"admin"执行"系统管理"→"权限"→"权限"，进入"操作员权限"窗口，授予采购主管"06 孙浩"有"供应商分类""供应商档案""采购类型"权限，如图 3-3 所示。

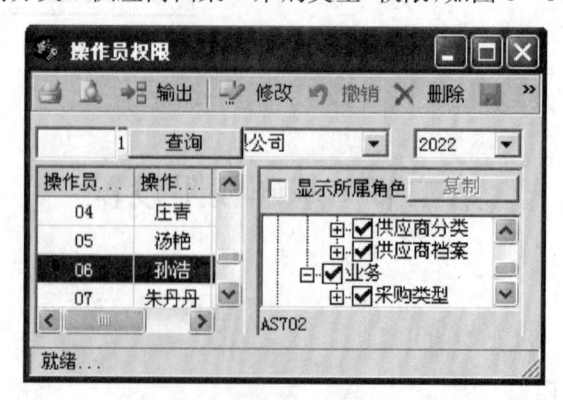

图 3-3

实验步骤参考 3：

"admin"执行"系统管理"→"权限"→"权限"，进入"操作员权限"窗口，授予销售主管"09 孙艺"有"客户分类""客户档案""销售类型""费用项目""费用项目分类"权限，如图3-4所示。

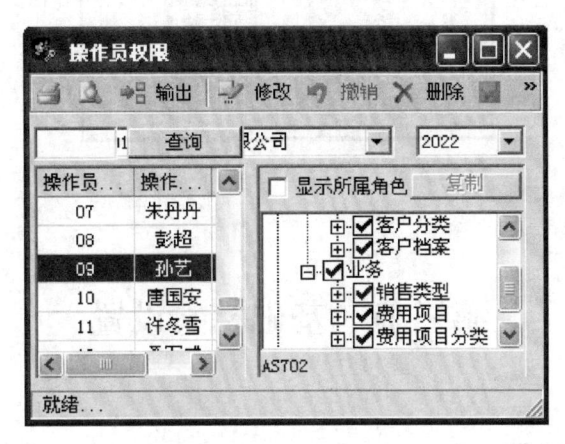

图 3-4

实验步骤参考 4：

"admin"执行"系统管理"→"权限"→"权限"，进入"操作员权限"窗口，授予仓库主管"12 桑军威"有"存货分类""存货档案""计量单位""仓库档案""收发类别"权限，如图3-5所示。

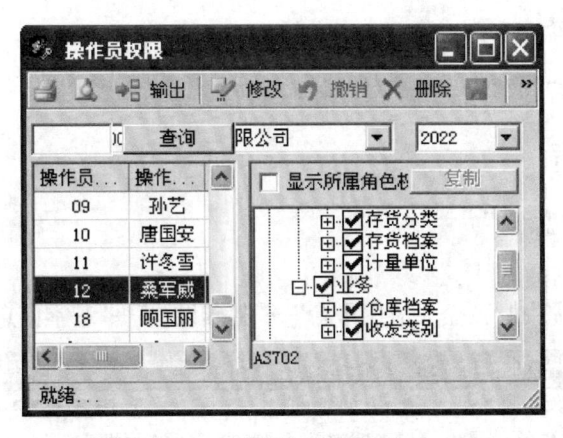

图 3-5

实验步骤参考 5：

"admin"执行"系统管理"→"权限"→"权限"，进入"操作员权限"窗口，授予人事主管"18 顾国丽"有"人员档案""部门档案""人员类别"权限，如图 3-6 所示。

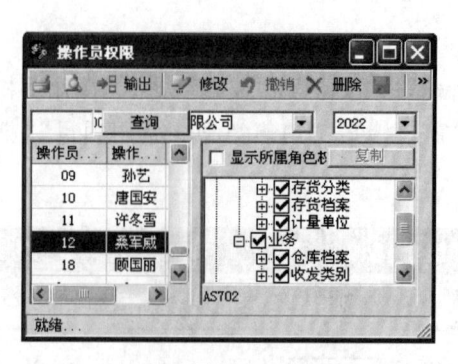

图 3-6

第三节　基础档案设置

一、基础档案设置一

（一）实验目标

启用"总账"；设置部门档案；设置人员类别；设置人员档案等。

（二）实验准备

系统日期设置为"2022 年 3 月 1 日"。

（三）实验过程

实验 1：启用"总账"
实验步骤参考：
账套主管"02 吴坚"执行"企业应用平台"→"基础设置"→"基本信息"，如图 3-7 所示。

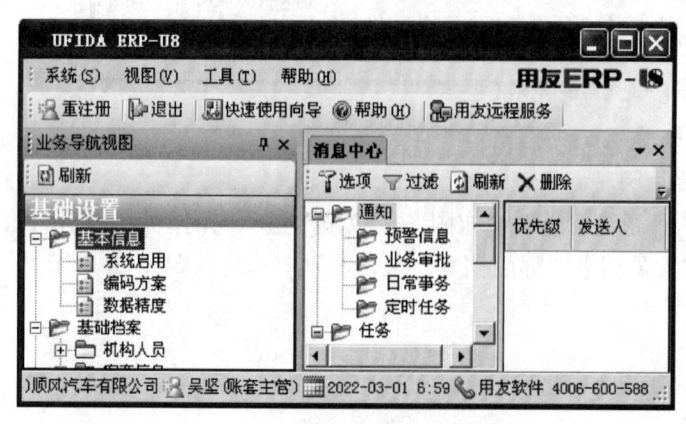

图 3-7

点击"系统启用",弹出"系统启用"窗口,选中"总账",弹出"日历"窗口,日期选择"2022-03-01",点击"确定",弹出"确实要启用当前系统吗?"信息提示,如图3-8所示。

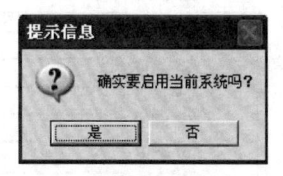

图3-8

点击"是"。

※知识点:

(1) 不启用总账系统,基础档案中缺失部门档案、人员档案、人员类别等基础功能。

(2) 启用总账系统后,在未进行一切业务操作前,可以取消总账系统的启用。

(3) 如果系统管理员启用系统,则启用人是admin。如果启用人是账套主管,则系统中启用人是"02 吴坚"。

(4) 在系统管理中建立账套后,禁止启用所有系统。一旦启用所有系统,那么到月底时,会导致无法顺利结账。

(5) 只有在建立账套后,账套主管才能在企业应用平台启用系统。

实验2:设置部门档案

表3-2

部门编码	一级部门名称	二级部门名称
1	总经理办公室	
2	财务部	
3	供应部	
301		清河区供应部
302		开发区供应部
4	销售部	
401		清河区销售部
402		开发区销售部
5	仓储部	
6	人力资源部	

实验步骤参考:

"18 顾国丽"执行"基础设置"→"基础档案"→"机构人员"→"部门档案",进入"部门档案"窗口,录入实验内容,如图3-9所示。

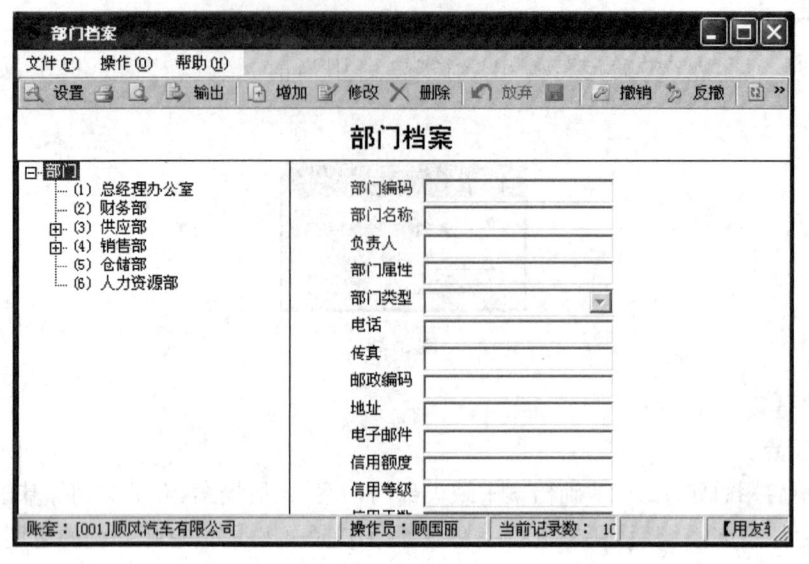

[图 3-9]

※**知识点：**
录入二级部门档案前,应先录入一级部门档案。

实验 3：设置人员类别

表 3-3

编　码	类　别	性　质
101	管理人员	在职
102	销售人员	在职

实验步骤参考：
"18 顾国丽"执行"基础设置"→"基础档案"→"机构人员"→"人员类别",进入"人员类别"窗口,录入实验内容,如图 3-10 所示。

图 3-10

实验 4：设置人员档案

表 3-4

职员编码	职员名称	性　别	人员类别	是否操作员	是否业务员
01	任韦	男	管理人员	否	是
02	吴坚	女	管理人员	是	否

续 表

职员编码	职员名称	性 别	人员类别	是否操作员	是否业务员
03	王平	女	管理人员	是	否
04	庄青	女	管理人员	是	否
05	汤艳	女	管理人员	是	否
06	孙浩	男	管理人员	是	是
07	朱丹丹	女	管理人员	是	是
08	彭超	男	管理人员	是	是
09	孙艺	女	销售人员	是	是
10	唐国安	男	销售人员	是	是
11	许冬雪	女	销售人员	是	是
12	桑军威	男	管理人员	是	否
18	顾国丽	女	管理人员	是	否

实验步骤参考：

"18 顾国丽"执行"基础设置"→"基础档案"→"机构人员"→"人员档案"，进入"人员列表"窗口，录入实验内容，如图 3-11 所示。

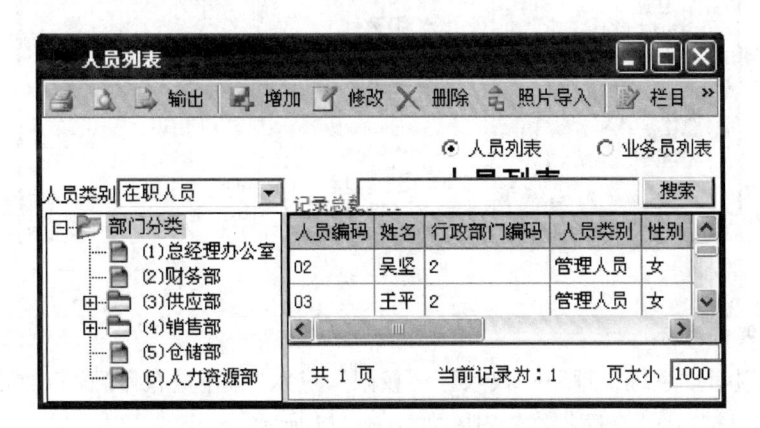

图 3-11

二、基础档案设置二

（一）实验目标

仓库档案、存货分类、计量单位组、计量单位、存货档案、收发类别等的设置。

（二）实验过程

实验 1：设置仓库档案

表 3-5

编 码	名 称	计价方式
1	汽车库	先进先出法
2	配件库	先进先出法
3	原料库	先进先出法

实验步骤参考 1：

"12 桑军威"执行"基础设置"→"基础档案"→"业务"→"仓库档案"，平台左下角出现信息提示，如图 3-12 所示。

网络无法访问或该操作员权限受限不能访问此结点

图 3-12

实验步骤参考 2：

"02 吴坚"执行"基础设置"→"基础档案"→"业务"→"仓库档案"，如图 3-13 所示。

图 3-13

实验步骤参考 3：

"admin"执行"系统管理"→"权限"→"权限"，进入"操作员权限"窗口。该窗口显示，"12 桑军威"已被授予"仓库档案"权限，如图 3-14 所示。

图 3-14

实验步骤参考 4：

"02 吴坚"执行"基础设置"→"基本信息"→"系统启用"，弹出"系统启用"窗口。启用

"采购管理",弹出"日历",如图3-15所示。

图 3-15

点击"确定",弹出"确实要启用当前系统吗?"信息提示,如图3-16所示。

图 3-16

点击"是",显示结果,如图3-17所示。

图 3-17

实验步骤参考 5：

"12 桑军威"执行"基础设置"→"基础档案"→"业务"→"仓库档案"，进入"仓库档案"窗口，录入实验内容，如图 3-18 所示。

图 3-18

※知识点：

(1) 计价方式有先进先出法、后进先出法、加权平均法、移动加权平均法等。

(2) 会计准则已经取消了后进先出法。采用后进先出法，分摊的销售成本会降低各期的当期利润，使企业应交所得税减少。

(3) 一旦选定某种计价法后就不得随意变更。

实验 2：设置存货分类

表 3-6

序 号	分类编码	分类名称
1	1	汽车
2	2	配件
3	3	原料
4	4	应税劳务

实验步骤参考：

"12 桑军威"执行"基础设置"→"基础档案"→"存货"→"存货分类"，进入"存货分类"窗口，录入实验内容，如图 3-19 所示。

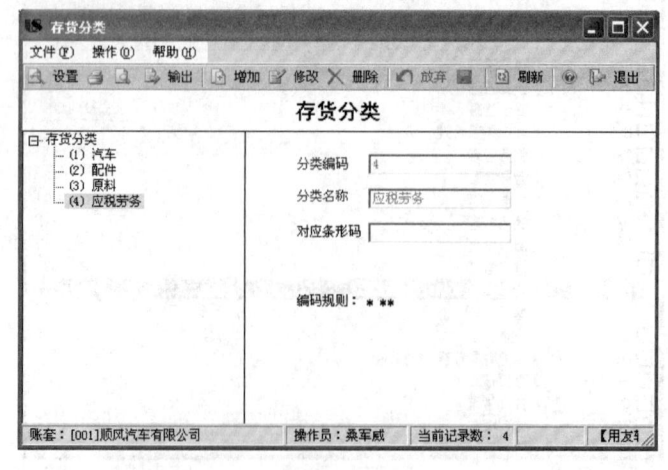

图 3-19

46

※知识点：
按照权限分工，桑军威负责仓储，应负责执行有关存货的基础设置工作。

实验3：设置计量单位组

表3-7

计量单位组编号	计量单位组名称	计量单位组类别
01	无换算关系	无换算率
02	固定换算关系	固定换算率

实验步骤参考：

"12桑军威"执行"基础设置"→"基础档案"→"存货"→"计量单位"，进入"计量单位"窗口。点击"分组"，进入"计量单位组"窗口，录入实验内容，如图3-20所示。

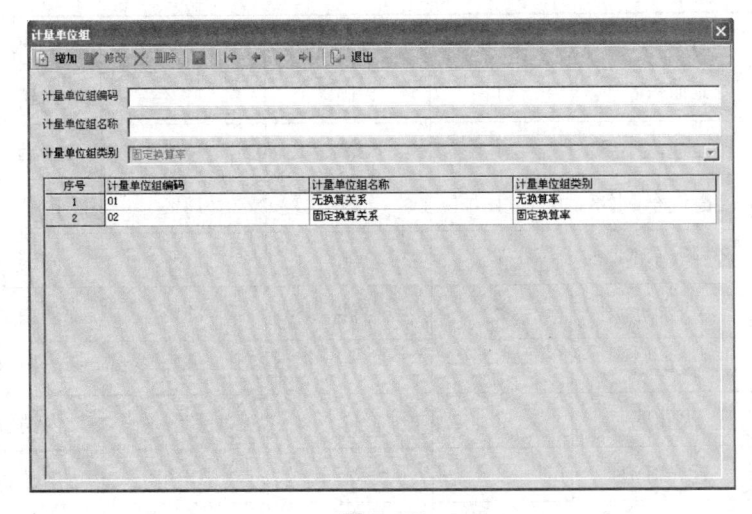

图3-20

实验4：设置计量单位

表3-8

计量单位编码	计量单位名称	所属计量单位组名称
01	辆	无换算关系
02	件	无换算关系
03	桶	无换算关系
04	W	无换算关系
05	公里	无换算关系

实验步骤参考：

"12桑军威"执行"基础设置"→"基础档案"→"存货"→"计量单位"，进入"计量单位"窗口，录入实验内容，如图3-21所示。

序号	计量单位编码	计量单位名称	计量单位组编码	计量单位组名称	计量单位组类别
1	01	辆	01	无换算关系	无换算率
2	02	件	01	无换算关系	无换算率
3	03	桶	01	无换算关系	无换算率
4	04	W	01	无换算关系	无换算率
5	05	公里	01	无换算关系	无换算率

图 3-21

※知识点：

无换算计量单位组：在该组下的所有计量单位都以单独形式存在，各计量单位之间不需要输入换算率，系统默认为主计量单位。

实验5：设置存货档案

表 3-9

存货编码	存货名称	所属类别	计量单位	税率	存货属性
1	比亚迪汽车 F3	1	辆	13%	内销、外购、外销
2	比亚迪汽车 S6	1	辆	13%	内销、外购、外销
3	名爵汽车 MG3	1	辆	13%	内销、外购、外销
4	名爵汽车 MGS	1	辆	13%	内销、外购、外销
5	机油滤	2	件	13%	内销、外购、外销
6	发电机	2	件	13%	内销、外购、外销
7	火花塞	2	件	13%	内销、外购、外销
8	近光灯泡	2	W	13%	内销、外购、外销
9	前保险杠	2	件	13%	内销、外购、外销
10	铝合金车轮	2	件	13%	内销、外购、外销
11	车架	2	件	13%	内销、外购、外销
12	机油滤清器	2	件	13%	内销、外购、外销
13	泰丰子午线轮胎	2	件	13%	内销、外购、外销
14	发动机机油	3	3.3L/桶	13%	内销、外购、外销
15	发动机机油	3	3.8L/桶	13%	内销、外购、外销
16	发动机机油	3	4L/桶	13%	内销、外购、外销

实验步骤参考：

"12 桑军威"执行"基础设置"→"基础档案"→"存货"→"存货档案"，进入"修改存货档案"窗口，录入实验内容，如图 3-22 所示。

图 3-22

※知识点：

换算率：录入辅计量单位和主计量单位之间的换算比，如一箱啤酒为 24 听，则 24 就是辅计量单位箱和主计量单位听之间的换算比。

同样步骤录入其余存货档案，结果如图 3-23 所示。

图 3-23

实验 6：设置收发类别

表 3-10

编码	名称	标志	编码	名称	标志
1	正常入库	收	3	正常出库	发
101	采购入库	收	301	销售出库	发
2	非正常入库	收	4	非正常出库	发
201	盘盈入库	收	401	盘亏出库	发
202	其他入库	收	402	其他出库	发

实验步骤参考：

"12 桑军威"执行"基础设置"→"基础档案"→"业务"→"收发类别"，进入"收发类别"窗口，录入实验内容，如图 3-24 所示。

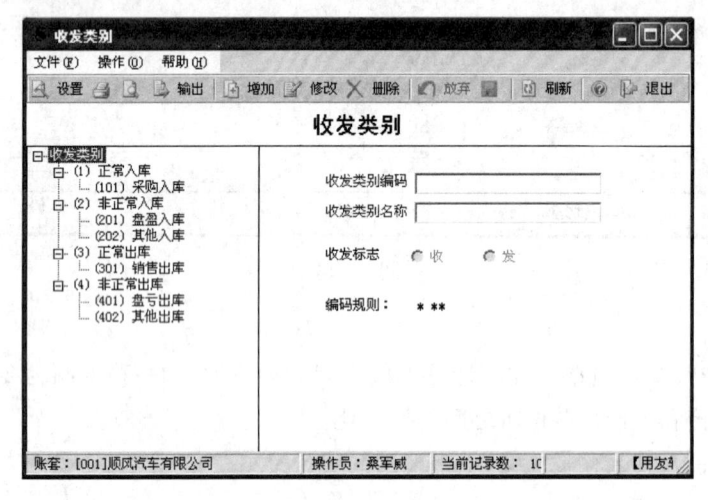

图 3-24

三、基础档案设置三

(一) 实验目标

客户分类、客户档案、费用项目分类、费用分类、销售类型等的设置。

(二) 实验过程

实验 1：设置客户分类

表 3-11

分类编码	分类名称
01	企业

续 表

分类编码	分类名称
02	政府机关
03	事业单位
04	社会团体
05	个人

实验步骤参考：

"09 孙艺"执行"基础设置"→"基础档案"→"客商信息"→"客户分类"，进入"客户分类"窗口。点击"增加"，录入实验内容，如图 3-25 所示。

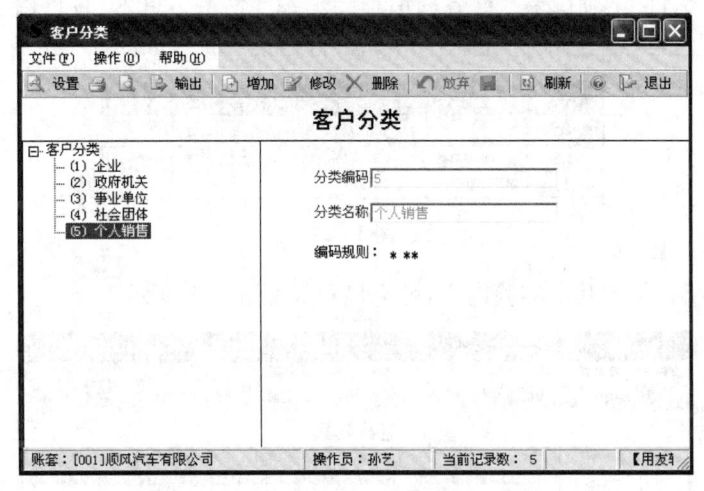

图 3-25

选中"(5)个人销售"，点击"修改"，更正错误内容。点击"保存"，如图 3-26 所示。

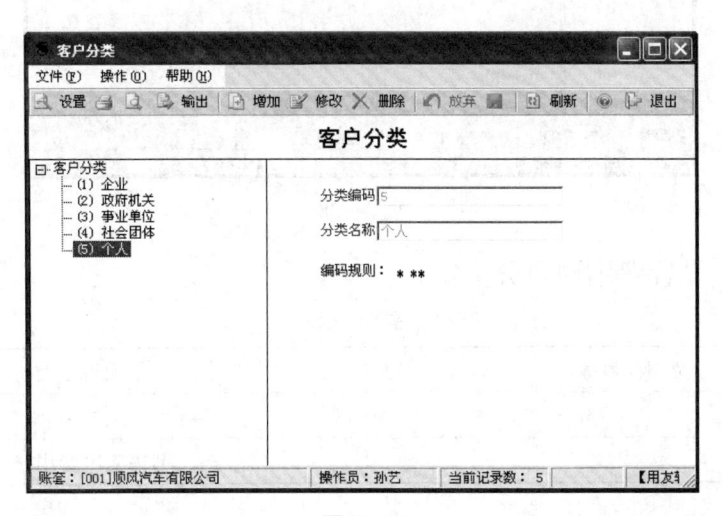

图 3-26

51

实验 2：设置客户档案

表 3-12

编　号	客户简称	开户银行	银行账号	税　号
01	淮师后勤	工行淮安分行	9000	3202001105361
02	淮工后勤	农行淮安分行	8000	3202001105362
03	江苏大昌	中银丹阳分行	7000	3202002105363
04	聊城五岳	工行聊城分行	6000	3202002105364
05	南通东方	建行南通分行	5000	3202002105365

实验步骤参考：

"09 孙艺"执行"基础档案"→"客商信息"→"客户档案"，进入"客户档案"窗口。录入"01 淮师后勤"内容，点击"银行"，弹出"客户银行档案"窗口，如图 3-27 所示。

图 3-27

点击"保存"。录入其余实验内容，结果显示如图 3-28 所示。

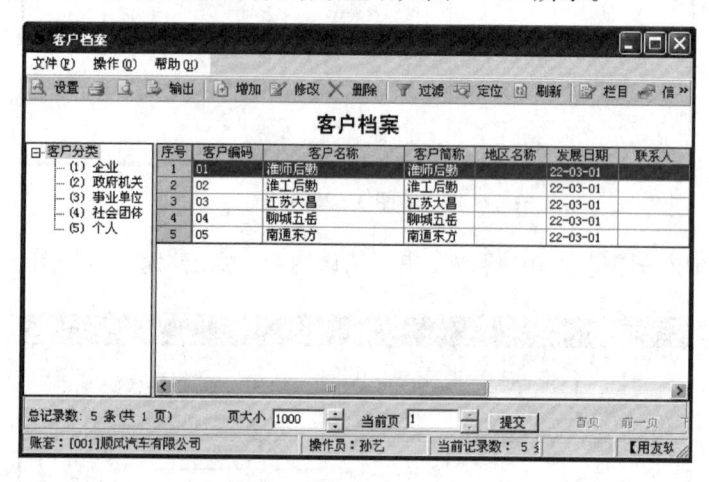

图 3-28

实验 3：设置费用项目分类

表 3-13

费用项目编码	费用项目分类
1	代垫费用
2	销售支出费用

实验步骤参考 1：

"09 孙艺"执行"基础设置"→"基础档案"→"业务"，显示无"费用项目分类"，如图 3-29

所示。

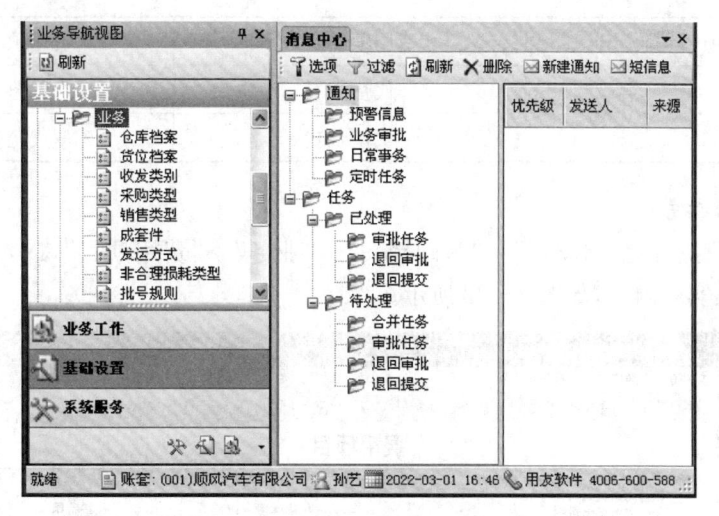

图 3-29

备注：

必须启用销售管理系统，才有费用项目分类功能。

实验步骤参考 2：

"02 吴坚"执行"基础设置"→"基本信息"→"系统启用"，弹出"系统启用"窗口。启用"销售管理"，弹出"日历"窗口，如图 3-30 所示。

点击"确定"。

实验步骤参考 3：

"09 孙艺"执行"基础设置"→"基础档案"→"业务"→"费用项目分类"，进入"费用项目分类"窗口，录入实验内容，点击"保存"，如图 3-31 所示。

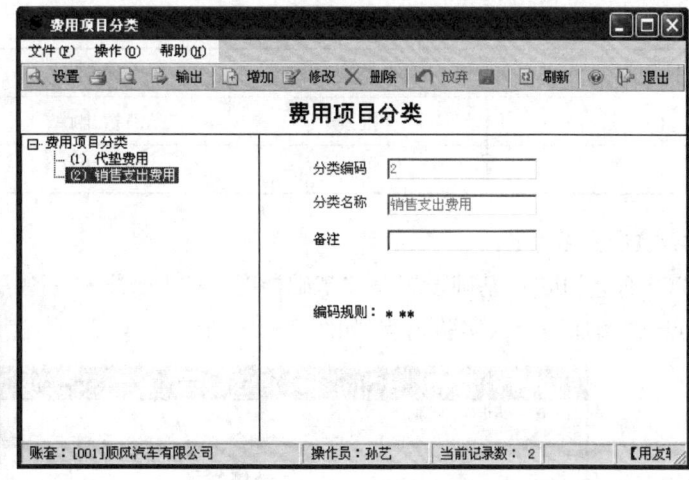

图 3-30   **图 3-31**

点击"退出"。

实验 4：设置费用分类

表 3-14

费用项目编码	费用项目名称	费用项目分类
1	代垫运费	代垫费用
2	代垫杂费	代垫费用

实验步骤参考：

"09 孙艺"执行"基础设置"→"基础档案"→"业务"→"费用项目"，进入"费用项目档案"窗口，录入实验内容，如图 3-32 所示。

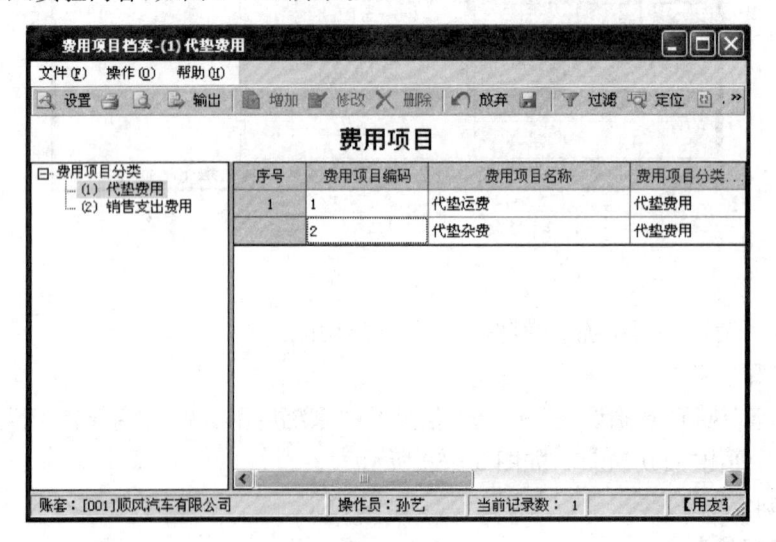

图 3-32

实验5：设置销售类型

表 3-15

销售类型编码	销售类型名称	出库类别	是否默认值
1	批发	销售出库	否
2	零售	销售出库	否

实验步骤参考：

"09 孙艺"执行"基础设置"→"基础档案"→"业务"→"销售类型"，弹出"销售类型"窗口。点击"增加"，录入实验内容，如图 3-33 所示。

图 3-33

四、基础档案设置四

(一) 实验目标

供应商分类、供应商档案、采购类型等的设置。

(二) 实验过程

实验1：设置供应商分类

表 3 - 16

分类编码	分类名称
1	汽车供应商
2	配件供应商
3	原料供应商

实验步骤参考：

"06 孙浩"执行"基础设置"→"基础档案"→"客商信息"→"供应商分类",进入"供应商分类"窗口,录入实验内容,如图 3-34 所示。

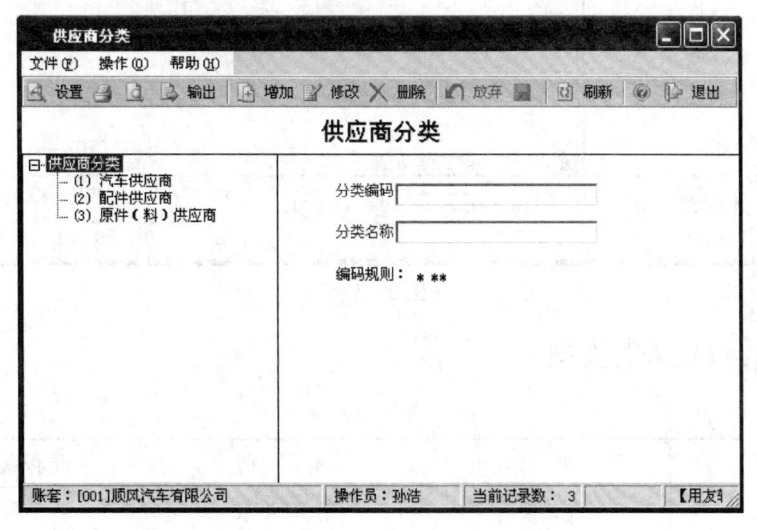

图 3 - 34

实验2：设置供应商档案

表 3 - 17

编号	供应商简称	开户银行	银行账号	所属分类
01	西安比亚迪	交通银行西安分行	219557	1
02	南京名爵	中行南京分行	571250	1

55

续表

编号	供应商简称	开户银行	银行账号	所属分类
03	上汽集团	工行上海分行	810370	2
04	淮安石油	农行清江分理处	055120	3

实验步骤参考：

"06 孙浩"执行"基础设置"→"基础档案"→"客商信息"→"供应商档案"，进入"供应商档案"窗口。选中"汽车供应商"，点击"增加"，弹出"增加供应商档案"窗口，录入实验内容，如图 3-35 所示。

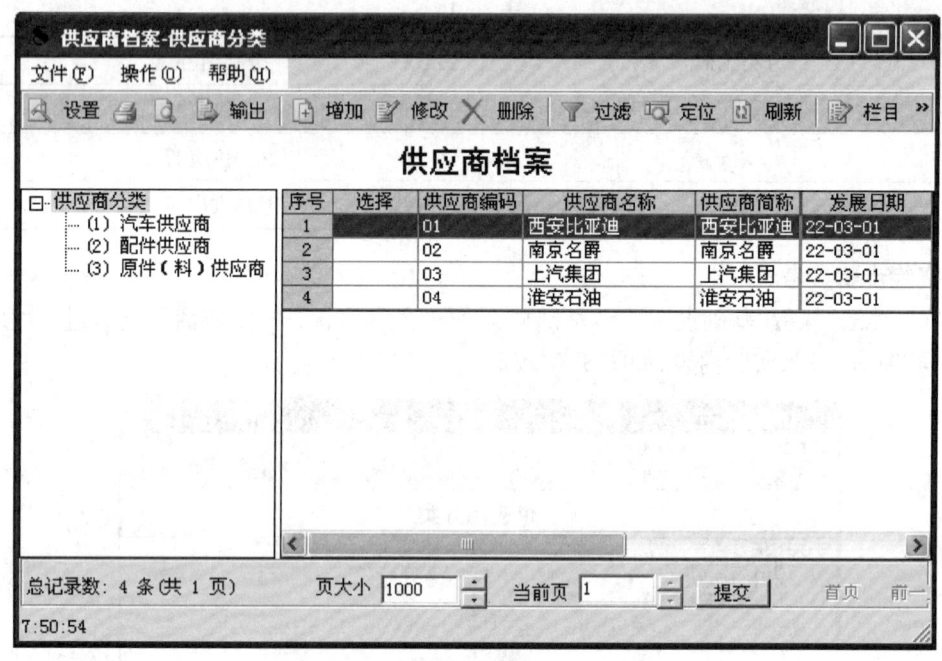

图 3-35

实验 3：设置采购类型

表 3-18

编码	名称	入库类别	是否默认值
1	汽车采购	采购入库	否
2	配件采购	采购入库	否
3	原料采购	采购入库	否

实验步骤参考：

"06 孙浩"执行"基础设置"→"基础档案"→"业务"→"采购类型"，进入"采购类型"窗口，录入实验内容，如图 3-36 所示。

序号	采购类型编码	采购类型名称	入库类别	是否默认值	是否委外默认值
1	1	汽车采购	采购入库	否	否
2	2	配件采购	采购入库	否	否
3	3	原料采购	采购入库	否	否

图 3-36

五、基础档案设置五

（一）实验目标

取消启用"采购管理""销售管理"系统的设置。

（二）实验过程

实验步骤参考：

"02 吴坚"执行"基础设置"→"基本信息"→"系统启用"，弹出"系统启用"窗口。取消启用"销售管理""采购管理"，弹出"提示信息"对话框，如图 3-37 所示。
点击"是"。

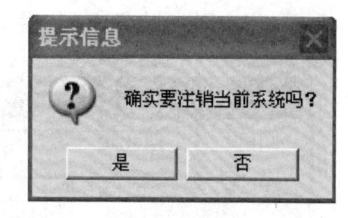

图 3-37

六、基础档案设置六

（一）实验目标

会计科目增加、会计科目删除、会计科目复制、修改会计科目属性、收付结算等。

（二）实验过程

实验1：增加会计科目

表 3-19

科目名称	科目编码	科目名称	科目编码
工行存款	100201	管理费用	6602
农行存款	100202	工资	660201
微信存款	101201	差旅费	660202
支付宝存款	101202	办公费	660203
差旅费借款	122101	折旧费	660204
私人借款	122102	养老保险	660205
汽车		福利费	660206

续 表

科目名称	科目编码	科目名称	科目编码
配件		工会经费	660207
原料		其他费用	660208
应交增值税	222101	财务费用	6603
进项税额	22210101	利息收入	660301
销项税额	22210102	利息支出	660302
进项税额转出	22210105	手续费	660304

实验步骤参考：

"03 王平"执行"基础设置"→"基础档案"→"财务"→"会计科目"，进入"会计科目"窗口。点击"增加"，弹出"新增会计科目"窗口，如图 3-38 所示。

图 3-38

点击"确定"。

同样步骤录入其余新增会计科目的科目名称和科目编码。

※知识点：

(1) 会计科目编码是 4-2-2-2，第 1 级为 4 位，第 2、3、4 级均为 2 位。例如，增加银行存款二级科目工行存款,由于第1级为4位(1002),二级科目编码可为100201;二级科目农行存款编码可为100202。如果再增加三级科目工行淮海东部分行,那么会计科目编码可为10020101。

(2) 汽车、配件和原料在该企业设置为一级科目,但对外报送报表时应统一汇总为存货。

(3) 汽车、配件和原料科目设置有两种方法:一是资产类不常用的会计科目编码不变,但科目改为汽车、配件等;另一种是利用资产类科目备用的编码增加。编码由操作员自定。

实验2: 删除会计科目

实验内容:删除会计科目"存放同业"。

实验步骤参考:

"03 王平"执行"基础设置"→"基础档案"→"财务"→"会计科目",进入"会计科目"窗口。选中"存放同业",点击"删除",弹出"删除记录"对话框,如图3-39所示。

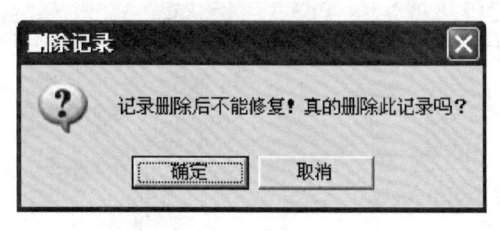

图 3-39

点击"确定"。

实验3: 复制会计科目

实验内容:通过复制增加"6601 销售费用"的二级科目。

实验步骤参考:

"03 王平"执行"基础设置"→"基础档案"→"财务"→"会计科目",进入"会计科目"窗口。执行"编辑"→"成批复制",弹出"成批复制"窗口,如图3-40所示。

图 3-40

点击"确定"。

实验4：修改会计科目属性

表 3－20

科目名称	修改内容
库存现金	日记账
银行存款	日记账、银行账
工行存款	日记账、银行账
农行存款	日记账、银行账

实验步骤参考：

"03 王平"执行"基础设置"→"基础档案"→"财务"→"会计科目"，进入"会计科目"窗口。点击会计科目"库存现金"，选中"日记账"，如图 3－41 所示。

图 3－41

点击会计科目"银行存款"，同时选中"日记账""银行账"，如图 3－42 所示。

图 3-42

点击"确定"。执行其余会计科目属性的修改。

实验 5：设置结算方式

表 3-21

结算方式编码	结算方式名称	是否票据管理
1	支票结算	否
101	现金支票	是
102	转账支票	是
103	普通支票	是
2	汇票结算	否
201	商业承兑汇票	是
202	银行承兑汇票	是
3	委托收款	否
4	托收承付	否

实验步骤参考：

"03 王平"执行"基础设置"→"基础档案"→"收付结算"→"结算方式"，进入"结算方式"窗口。点击"增加",录入实验内容,如图 3-43 所示。

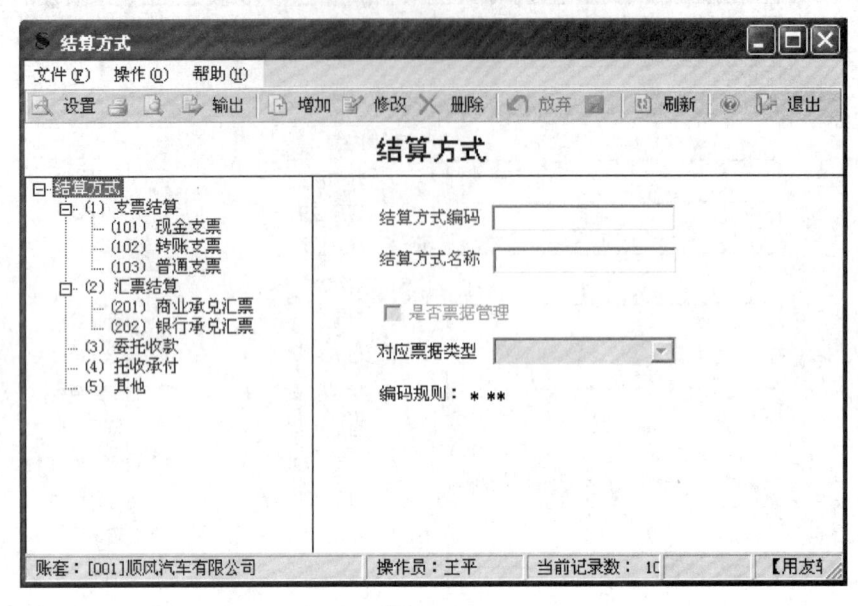

图 3-43

※知识点:

（1）现金支票只能支取现金,转账支票只能转账。

（2）普通支票可支取现金,也可转账。普通支票左上角划两条平行线的,只能转账。

（3）银行承兑汇票:出票人向出票方开户银行申请,经银行审查同意承兑后,保证在票据到期日无条件支付给收款人或持票人的票据。

（4）商业承兑汇票:由买方直接签发的,用于远期支付给卖方的资金的信用凭证。

第四节　案例分析

一、实验目标

数据权限控制、应用服务器配置等。

二、实验准备

引入"E:\2022 系统管理备份"。

三、实验过程

实验1:记录权限

实验内容：设置"03 王平"有对"05 汤艳"所制凭证"查询""审核""弃审"的权限。

实验步骤参考：

"02 吴坚"执行"系统服务"→"权限"→"数据权限分配"，进入"权限浏览"页签。用户选中"03 王平"，单击"授权"，弹出"记录权限设置"窗口。"业务对象"选择"用户"，禁用用户选中"05 汤艳"，取消"删改""撤销"前复选框后点击 ＞，如图 3－44 所示。

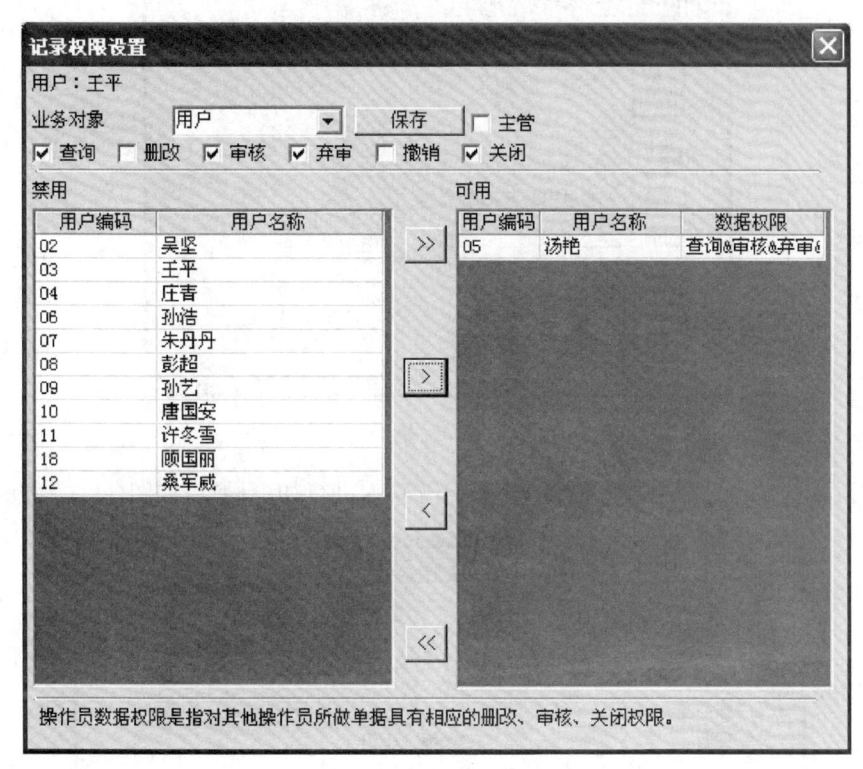

图 3－44

※知识点：

（1）删改权限：表示该用户可以修改、删除某些用户填制的凭证或单据。

（2）审核权限：表示该用户可以审核某些用户填制的凭证或单据。

（3）关闭权限：专门指销售/采购订单的关闭。

点击"保存"，弹出"保存成功，重新登录门户，此配置才能生效！"信息提示，如图3－45所示。

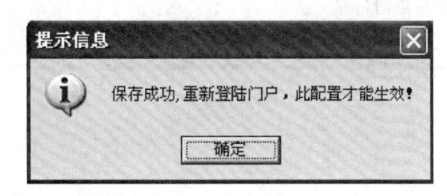

图 3－45

点击"确定"。

实验2：应用服务器配置

实验步骤参考 1：

"02 吴坚"执行"开始"→"程序"→"用友 ERP-U872"→"系统服务"→"应用服务器配置"，弹出"U8 应用服务器配置工具"窗口，如图 3-46 所示。

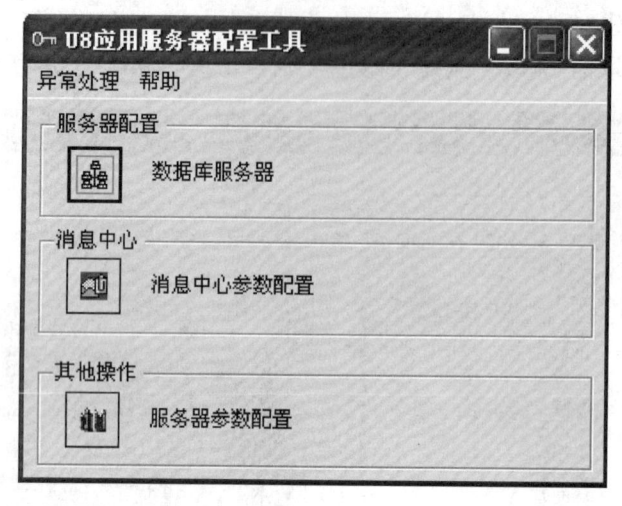

图 3-46

点击"其他操作""服务器参数配置"，打开窗口，进行如下设置，如图 3-47 所示。

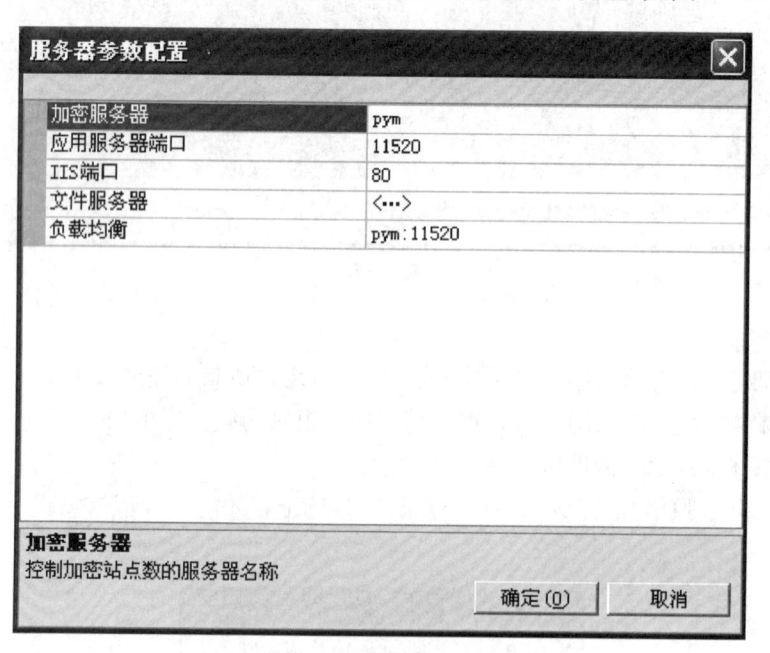

图 3-47

实验步骤参考 2：

"02 吴坚"执行"开始"→"程序"→"用友 ERP-U872"→"系统服务"→"应用服务器配置"，弹出"U8 应用服务器配置工具"窗口。点击服务器配置"数据库服务器"，弹出"数据源配置"窗口。选中数据源"(default)"，如图 3-48 所示。

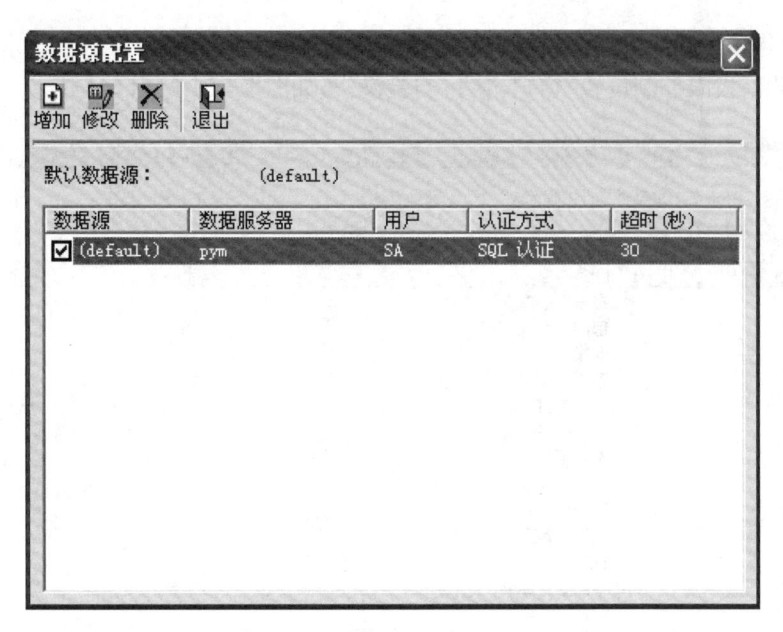

图 3-48

点击"修改",弹出"修改数据源"窗口,如图 3-49 所示。

图 3-49

密码设置为空。点击"测试连接",弹出"连接串测试成功"信息提示,如图 3-50 所示。

点击"确定",返回"数据源配置"窗口。点击"退出"。

实验 3:数据权限

实验内容:记录级业务对象数据权限选择"部门""仓库""存货档案""供应商档案""单据模板""单据设计""科目""客户档案""凭证类别""人员档案""业务员""用户"为权限控制的对象;字段级数据权限选中"存货""供应商""客户"为权限控制的对象。

图 3-50

实验步骤参考：

进入"数据权限控制设置"窗口，执行实验操作，如图 3-51 所示。

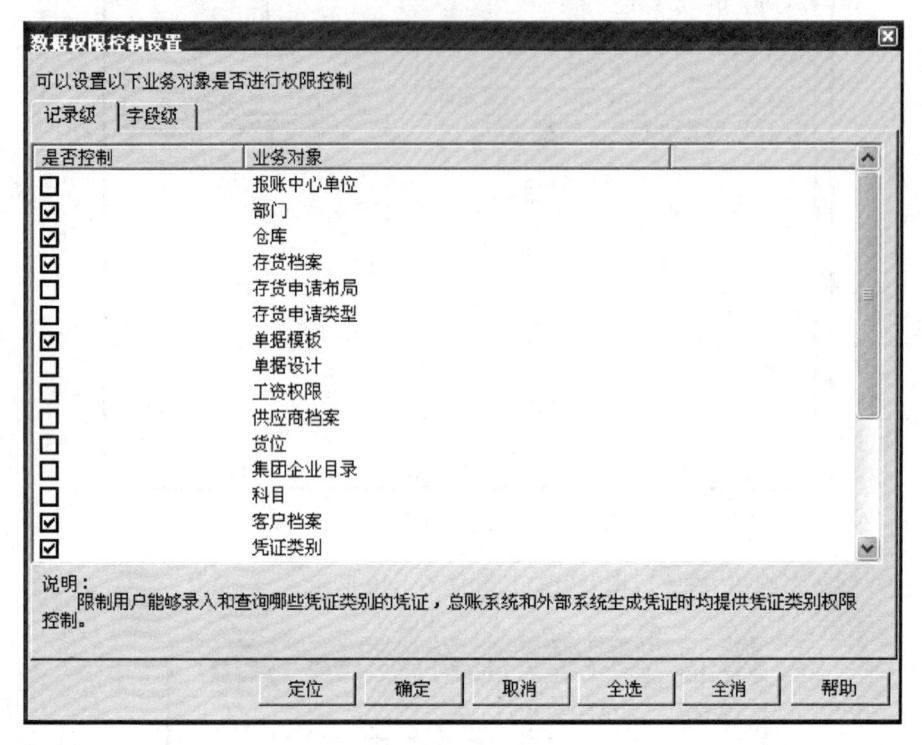

图 3-51

点击"确定"。

实验 4：上机日志

实验内容： 查询操作员上机的上下机时间、操作的具体内容等。

实验步骤参考：

进入"系统管理"窗口，执行"视图"→"上机日志"，弹出"日志过滤"窗口。对日期进行设置，如图 3-52 所示。

图 3-52

点击"确定",弹出"上机日志"窗口,如图3-53所示。

图 3-53

※知识点:
(1) 上机日志过滤子系统有系统管理、公用目录设置、企业门户、总账等。
(2) 站点可以选择全部,也可选择部分。
(3) 操作员可默认全部,也可指定某个操作员进行查询。

四、账套备份

在"E:\2022顺风公司账套备份"中建立"平台管理案例分析备份"子文件夹。系统管理员"admin"执行备份。

第五节　问题探讨

一、误启系统

在启用模块过程中,由于误操作或不了解模块相关功能,会出现启用不该启用的模块,甚至启用全部模块,如图3-54所示。

取消模块启用应在该模块未发生业务前,也就是在该模块没有执行业务操作前。一旦使用该模块,该模块就不能取消。误启用或随意启用相关模块的后果是可能会导致月末不能顺利结账。为避免出现该后果,在初次使用企业应用平台前,应以账套主管身份进入企业应用平台,执行"基础设置"→"基本信息"→"系统启用",选中待取消启用的模块,弹出"提示信息"对话框,选择"是"取消即可,如图3-55所示。

备注:如取消不了已经启用的系统,可先取消其他系统,然后返回,继续取消该系统。

图 3-54

图 3-55

二、基础设置缺失

实验步骤参考：

账套主管"02 吴坚"执行"企业应用平台"→"基础设置"，如图 3-56 所示。

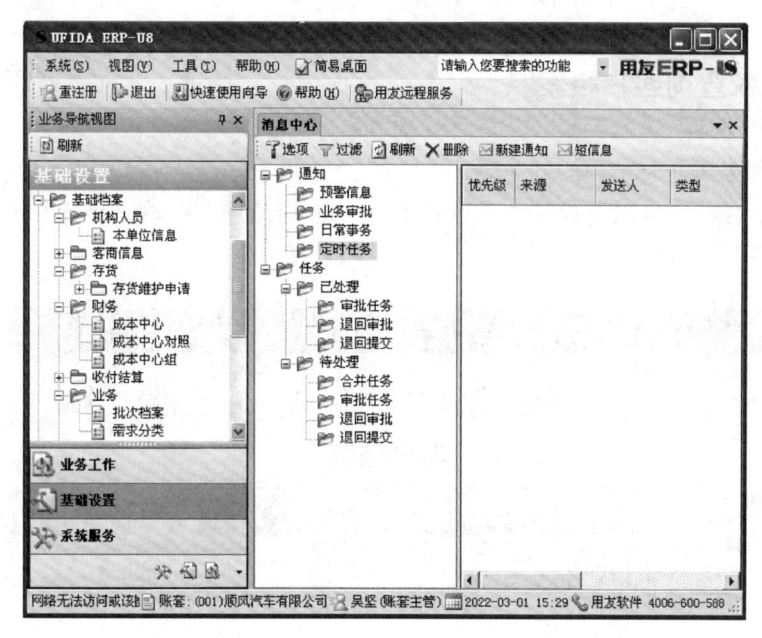

图 3-56

在图 3-56 中,基础设置下如机构人员只有本单位信息、存货只有存货维护申请等。

解决方案:

启用"总账"系统后,相关的基础设置会按系统预置出现,如图 3-57 所示。

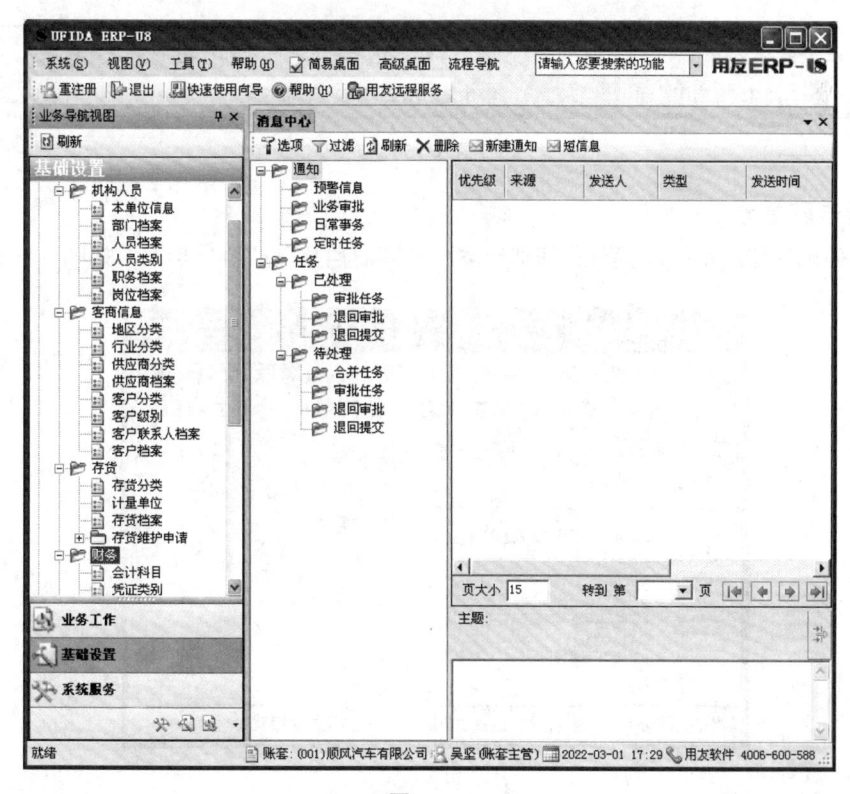

图 3-57

三、无权查询客户档案

实验步骤参考 1：

"02 吴坚"执行"基础设置"→"基础档案"→"客商信息"→"客户档案",进入"客户档案"窗口,如图 3-58 所示。

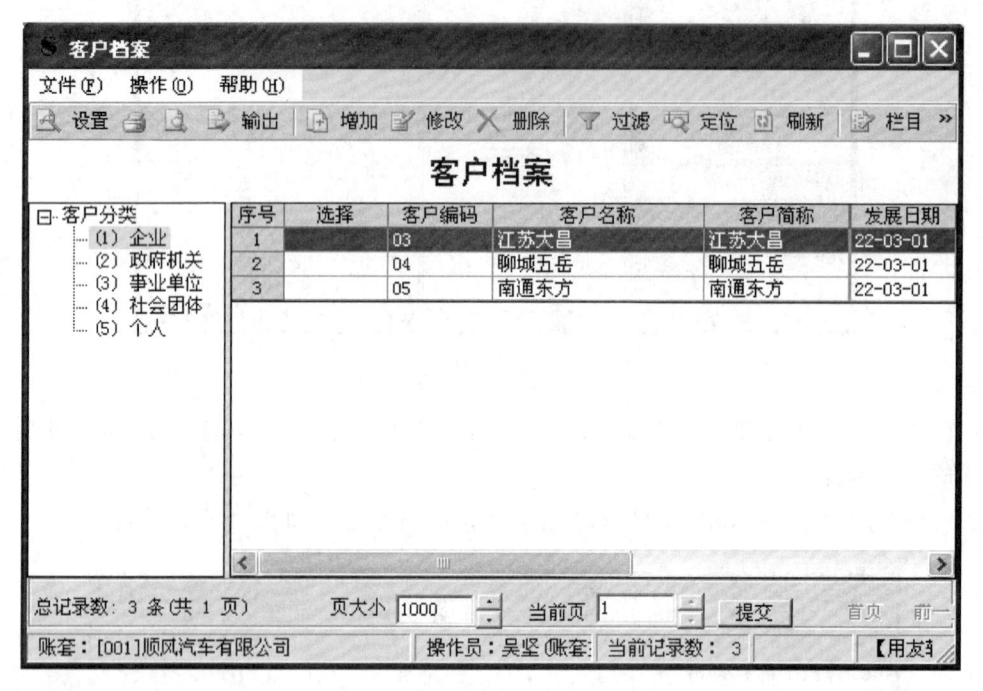

图 3-58

实验步骤参考 2：

"09 孙艺"执行"基础设置"→"基础档案"→"客商信息"→"客户档案",如图 3-59 所示。

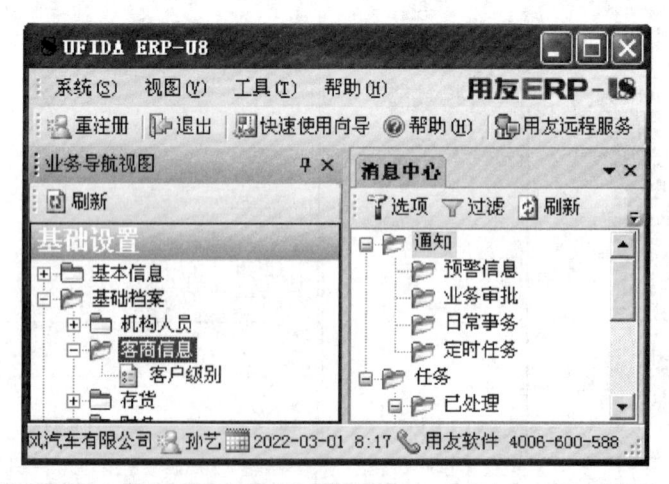

图 3-59

实验步骤参考 3：

"admin"执行"系统管理"→"权限"→"用户",进入"用户管理"窗口,如图 3-60 所示。

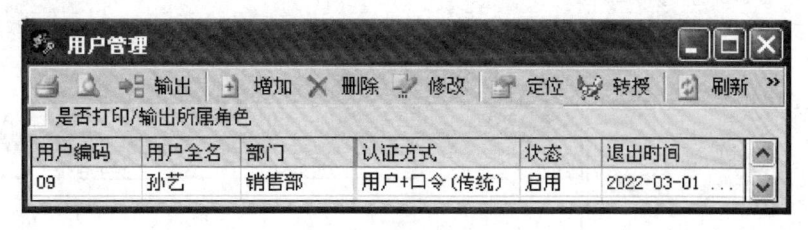

图 3-60

选中"09 孙艺",点击"修改",弹出"操作员详细情况"窗口,角色选中"销售主管"。

实验步骤参考 4：

"09 孙艺"执行"基础设置"→"基础档案"→"客商信息"→"客户档案",如图 3-61 所示。

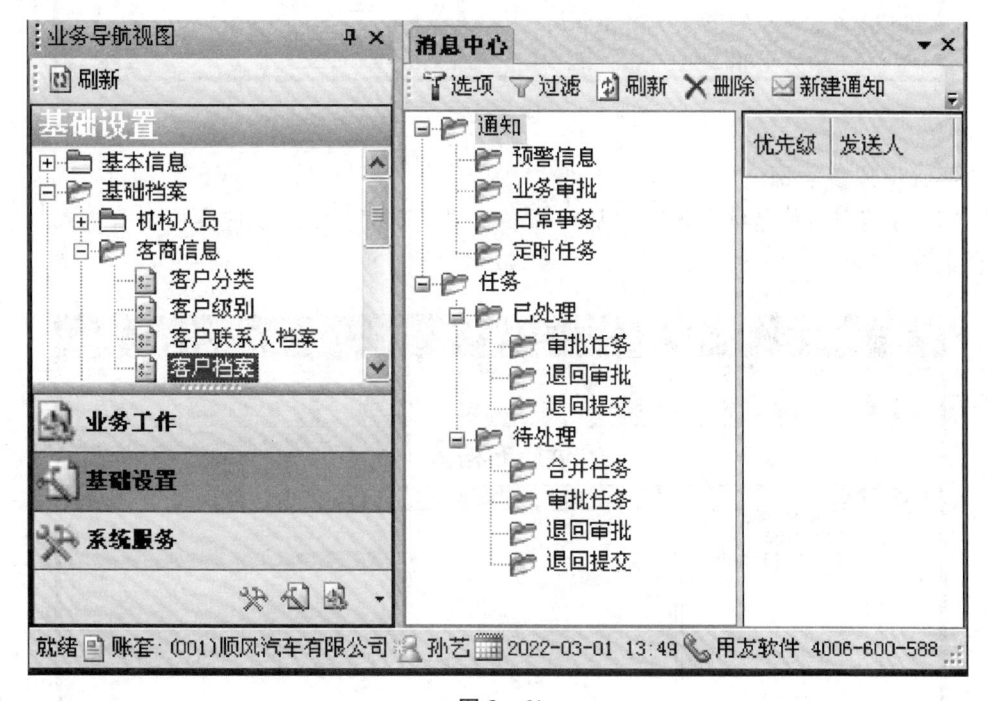

图 3-61

四、无权查询供应商档案

实验步骤参考 1：

"02 吴坚"执行"基础设置"→"基础档案"→"客商信息"→"供应商档案",进入"供应商档案"窗口,如图 3-62 所示。

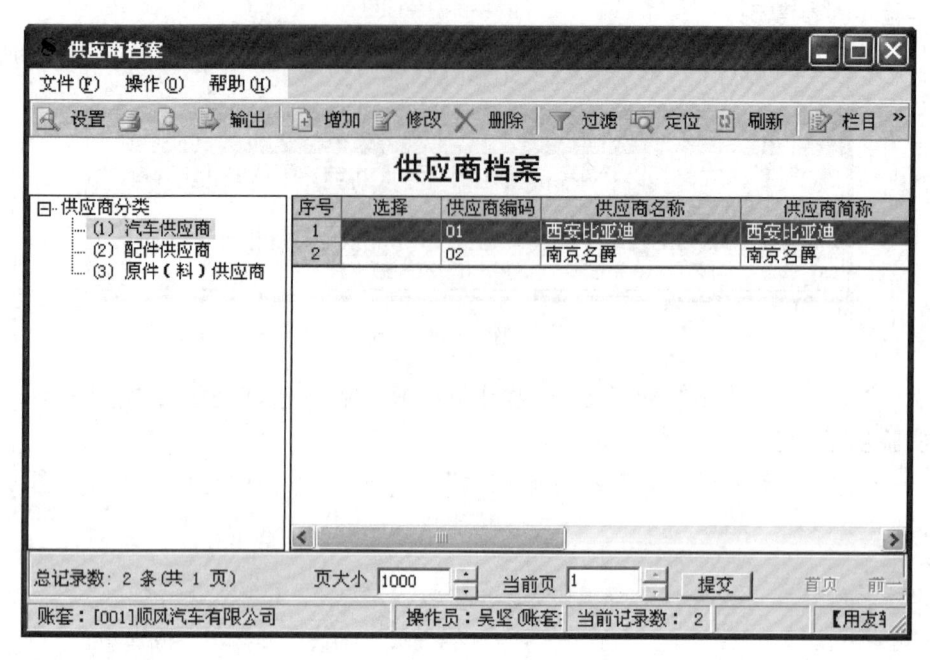

图 3-62

实验步骤参考 2：

"06 孙浩"执行"基础设置"→"基础档案"→"客商信息"→"供应商档案",进入"供应商档案"窗口,如图 3-63 所示。

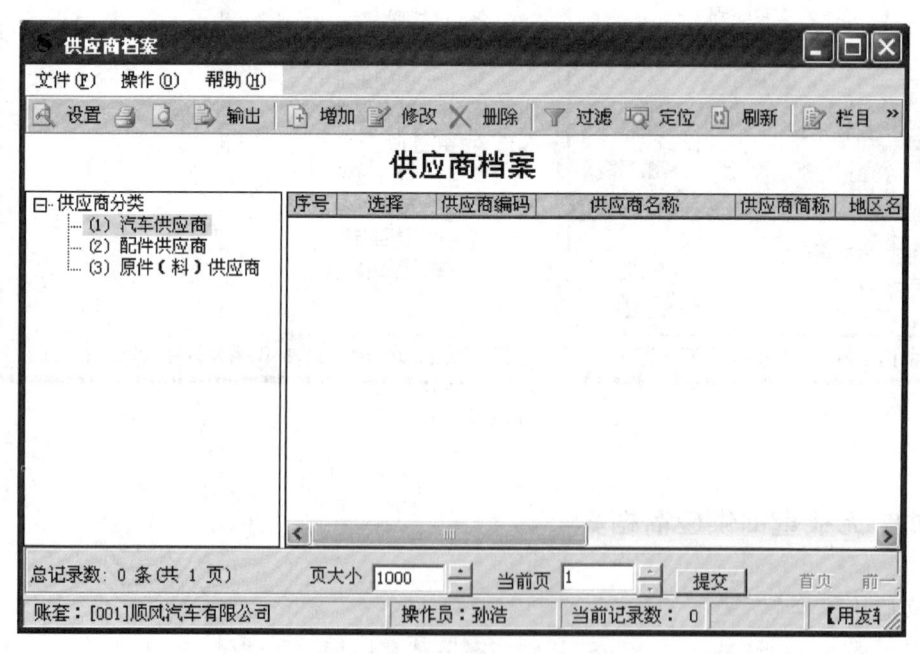

图 3-63

图 3-63 中,"06 孙浩"可浏览供应商的分类,但无权查询汽车供应商的明细档案。

实验步骤参考 3：

"admin"执行"系统管理"→"权限"→"用户",进入"用户管理"窗口,选中"06 孙浩",如图 3-64 所示。

图 3-64

点击"修改",弹出"操作员详细情况"窗口。角色选中"采购主管",点击"确定",退出。

实验步骤参考 4：

"02 吴坚"执行"企业应用平台"→"系统服务"→"权限"→"数据权限控制设置",进入"数据权限控制设置"窗口。点击"字段级",如图 3-65 所示。

取消"供应商档案"的控制,点击"确定"。

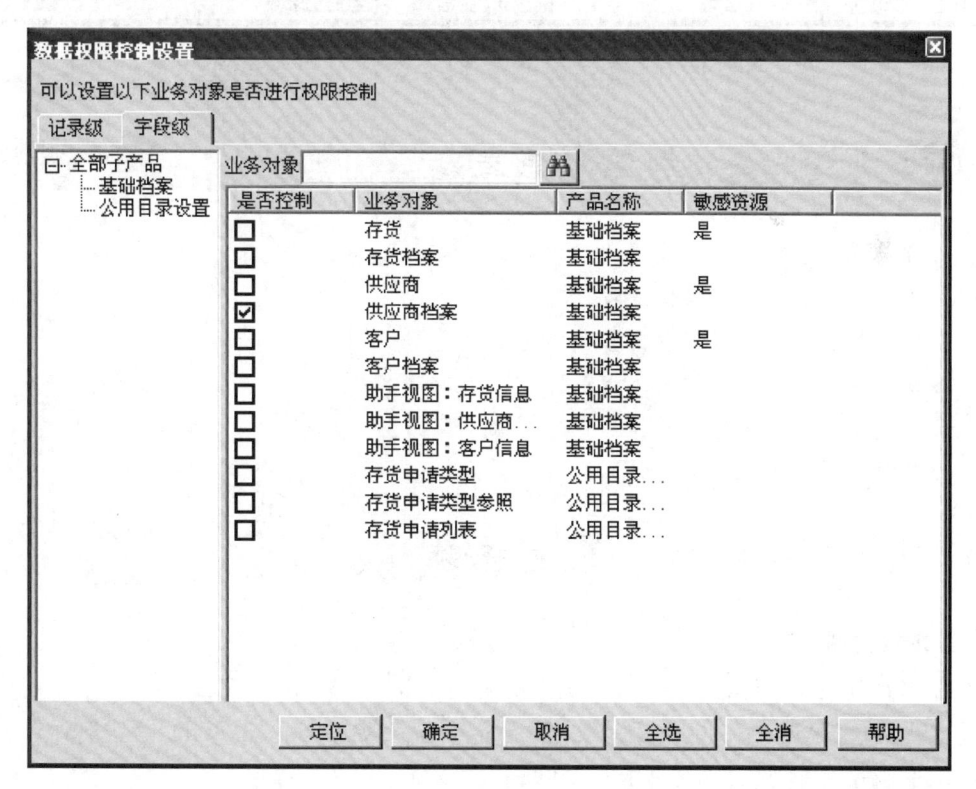

图 3-65

实验步骤参考 5：

"06 孙浩"执行"基础设置"→"基础档案"→"客商信息"→"供应商档案",进入"供应商档案"窗口,如图 3-66 所示。

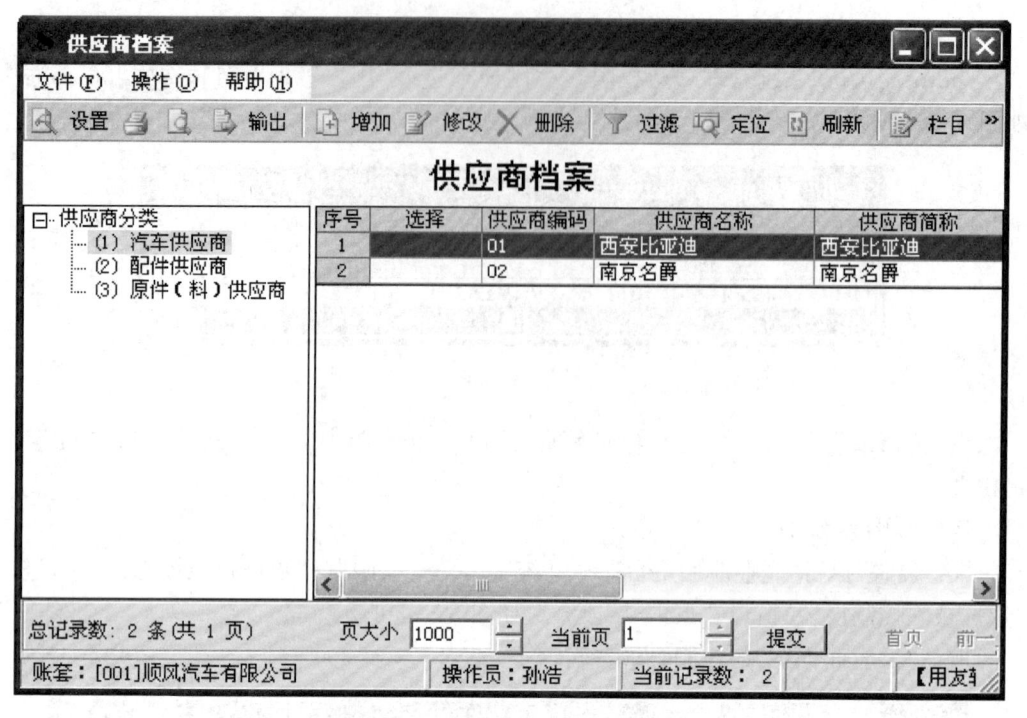

图 3-66

思 考 题

1. 基本信息包含哪些功能？
2. 基础档案包含哪些具体设置？
3. 系统服务中的权限包含哪些具体功能？
4. 简述单据格式修改的具体步骤。
5. 简述单据编号设置的具体步骤。
6. 数据变更日志的作用是什么？

选 择 题

一、单项选择题

1. 基础设置中,只有(　　)有系统启用权限。
   A. 系统管理员　　B. 账套主管　　C. 财务主管　　D. 总账会计
2. 企业平台中,收付结算包括(　　)。
   A. 会计科目　　B. 成本中心　　C. 外币设置　　D. 本单位开户银行
3. 企业平台中,以下(　　)为非必须录入信息。
   A. 部门编码　　B. 部门名称　　C. 负责人　　D. 成立日期
4. 企业平台中,以下(　　)为非必须录入信息。

A. 人员类别　　　　B. 性别　　　　　　C. 人员姓名　　　　D. 办公电话
5. 行业分类最多可设置(　　)级。
A. 5　　　　　　　B. 6　　　　　　　C. 7　　　　　　　D. 8

二、多项选择题

1. 基础设置包括(　　)。
   A. 基本信息　　　　B. 基础档案　　　　C. 业务参数　　　　D. 单据设置
2. 机构人员包括(　　)。
   A. 部门档案　　　　B. 人员档案　　　　C. 人员类别　　　　D. 本单位信息
3. 企业平台中,(　　)无系统启用权限。
   A. 账套主管　　　　B. 系统管理员　　　C. 财务主管　　　　D. 总账会计
4. 编码和名称中,禁止使用(　　)符号。
   A. ＜　＞　　　　　B. "　　　　　　　C. |　　　　　　　　D. ,
5. 收付结算包括(　　)。
   A. 结算方式　　　　B. 付款条件　　　　C. 银行档案　　　　D. 本单位开户银行

第四章　期初管理

期初管理主要工作是 ERP 各子系统的基础档案设置和管理、期初数据的录入或引入，以及子系统之间的逻辑对应关系。期初管理是企业日常业务及期末处理正确开展的前提，因此应加强和重视各子系统的期初管理工作。

第一节　期初概述

一、总账期初

总账是 ERP 系统中数据处理的核心部分，适用于各类单位进行账务核算及管理决策的需要。总账子系统的任务是建立在会计科目的基础上，通过输入和处理各种原始凭证和记账凭证，反映企业发生的各项业务，完成银行对账、总账记账、总账对账的工作，生成、查询、打印各种日记账、明细账和总账。

二、应收款期初

应收账款是指企业在正常的经营活动过程中，因销售商品、产品、提供劳务等业务，应向购买单位收取的款项，包括应由购买单位或接受劳务单位负担的税金、代购买方垫付的各种运杂费等。应收账款有比较明显的促销作用，对销售产品、开拓新市场具有重要意义。应收账款高效运转，可降低库存，节约管理成本。但应收账款也是一项风险较大的资产，应防范坏账带来的财务风险。

三、应付款期初

应付账款是指企业因购买材料、物资和接受劳务供应等，而付给供货单位的账款。从供应链角度分析，应付账款反映的是经济交易中的一种信用关系，体现的是购买方和供应商之间一种战略合作伙伴关系。加强应付账款管理，不仅是一种关系的维护，保证企业可持续发展，也是企业降低成本、增加经营成果的重要因素。加强对应付账款的管理，可合理使用资金，提高资金利用效率。

四、存货期初

存货期初是指企业为销售或耗用而储存的各种资产，包括材料采购、在途物资、原材料、在产品、产成品、低值易耗品等。存货是企业的一项重要的流动资产,是企业资金来源的重要渠道。和库存管理不同的是,存货是从资金的角度管理存货的出库、入库业务。存货核算的重点是存货的入库成本、出库成本和结存成本。存货核算是企业会计核算的一项重要内容,主要针对企业存货的收、发和存业务进行核算,及时而又准确地把各类存货成本归集到各成本项目和成本对象上,为企业的成本核算提供基础数据。

五、库存期初

库存是供应链的重要部分。在保证企业生产需要、销售需求的前提下,库存量保持在合理的水平上,这有利于加快库存周转,有效降低库存成本。库存管理系统能够及时掌握库存量动态,适时、适量提出订货,减少库存空间占用,降低库存管理总费用。

六、固定资产期初

固定资产是指企业为生产产品、提供劳务、出租或经营管理而持有的,使用寿命超过一年的有形资产。固定资产是企业效益产生的源泉,固定资产的结构、状况、管理水平等直接影响着企业的运营与发展。在ERP系统中,固定资产管理作为一个独立的模块出现。

七、薪资期初

适用于各类企业、事业单位进行工资核算、工资发放、工资费用分摊和个人所得税核算等。工资管理系统可以与总账系统集成使用,也可以与成本管理系统集成使用,为成本管理提供人员的费用信息。

八、流程图

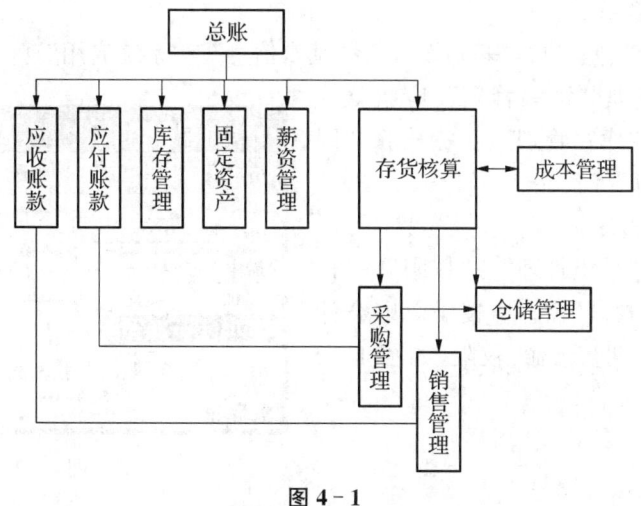

图 4-1

第二节 初始权限

一、实验目标

授予期初设置权限；启用应收款管理、应付款管理、采购管理、销售管理、库存管理、存货核算、固定资产、薪资管理等。

二、实验准备

系统日期预置为"2022年3月1日"，引入"E:\2022平台管理备份"。

三、实验过程

实验1：分工及权限

表 4-1

操作员代码	人员	权限
03	王平	总账期初余额
06	孙浩	采购管理设置、应付款管理初始设置
09	孙艺	销售管理设置、应收款管理初始设置
12	桑军威	库存管理初始设置、存货核算初始设置 固定资产(设置)、固定资产(录入原始卡片)、固定资产(对账)
18	顾国丽	薪资管理设置、工资变动、工资分摊、工资类别

实验步骤参考1：

账套主管"02 吴坚"执行"基础设置"→"基本信息"→"系统启用"，弹出"系统启用"窗口。启用"采购管理""销售管理""应收款管理""应付款管理""库存管理""存货核算""固定资产""薪资管理"等系统。

实验步骤参考2：

"admin"执行"系统管理"→"权限"→"权限"，进入"操作员权限"窗口。授予总账会计"03 王平"有总账"期初余额"权限，如图 4-2 所示。

点击"保存"。

图 4-2

实验步骤参考 3：

"admin"执行"系统管理"→"权限"→"权限"，进入"操作员权限"窗口。授予采购主管"06 孙浩"有应付款管理"初始设置"、采购管理"设置"权限，如图 4-3 所示。

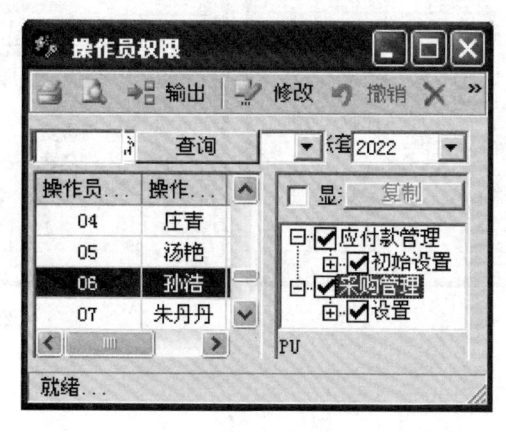

图 4-3

点击"保存"。

实验步骤参考 4：

"admin"执行"系统管理"→"权限"→"权限"，进入"操作员权限"窗口。授予销售主管"09 孙艺"有应收款管理"初始设置"、销售管理"设置"权限，如图 4-4 所示。

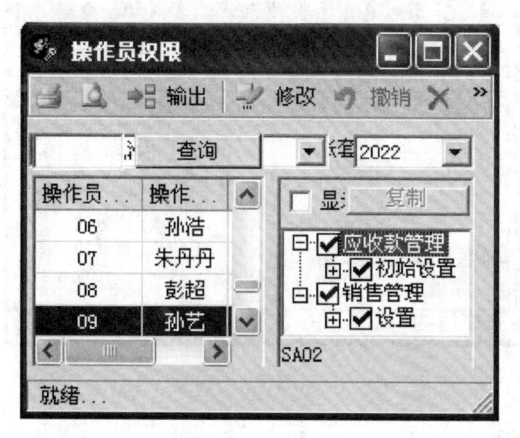

图 4-4

点击"保存"。

实验步骤参考 5：

"admin"执行"系统管理"→"权限"→"权限"，进入"操作员权限"窗口。授予资产管理员"12 桑军威"有"设置""录入原始卡片""对账"权限，如图 4-5 所示。

点击"保存"。

实验步骤参考 6：

"admin"执行"系统管理"→"权限"→"权限"，进入"操作员权限"窗口。授予仓库主管"12 桑军威"有存货核算"初始设置"、库存管理"初始设置"权限，如图 4-6 所示。

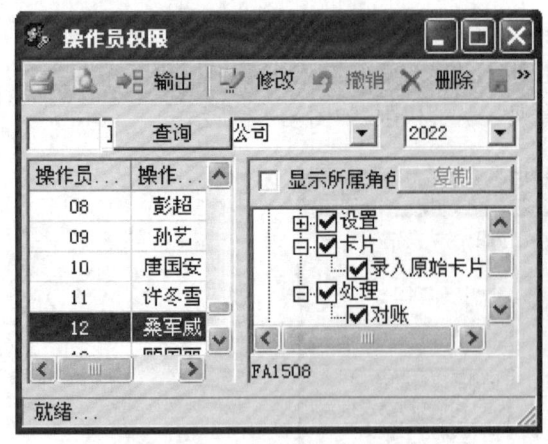

图 4-5

图 4-6

点击"保存"。

实验步骤参考 7：

"admin"执行"系统管理"→"权限"→"权限"，进入"操作员权限"窗口。授予人事主管"18 顾国丽"有"工资类别""设置""业务处理"权限，如图 4-7 所示。

点击"保存"。

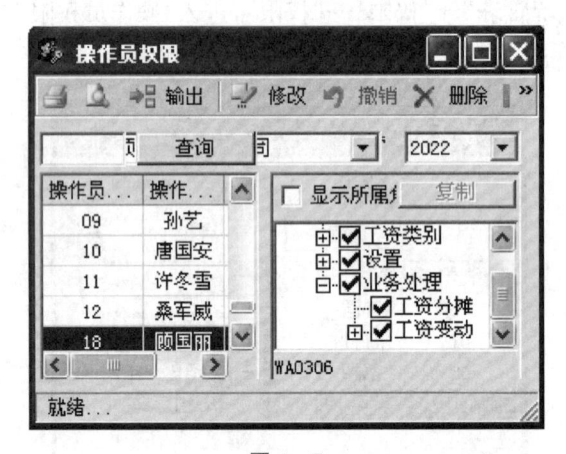

图 4-7

实验 2：数据权限

表 4-2

操作员代码	人员	权限
03	王平	仅查询客户档案、供应商档案，查询部门总办权限
06	孙浩	查询供应商档案、录入供应商档案 仅查询存货档案
07	朱丹丹	仅查询供应商档案、存货档案
08	彭超	仅查询供应商档案、存货档案

续表

操作员代码	人员	权限
09	孙艺	查询客户档案、录入客户档案 仅查询存货档案
10	唐国安	仅查询客户档案、存货档案
11	许冬雪	仅查询客户档案、存货档案
12	桑军威	查询存货档案、录入存货档案 查询供应部档案、销售部档案、仓储部档案
18	顾国丽	查询部门档案、录入部门档案

实验步骤参考1：

"02 吴坚"执行"系统服务"→"权限"→"数据权限控制设置"，弹出"数据权限控制设置"窗口，选中"供应商档案""客户档案""存货档案""部门档案"等，如图4-8所示。

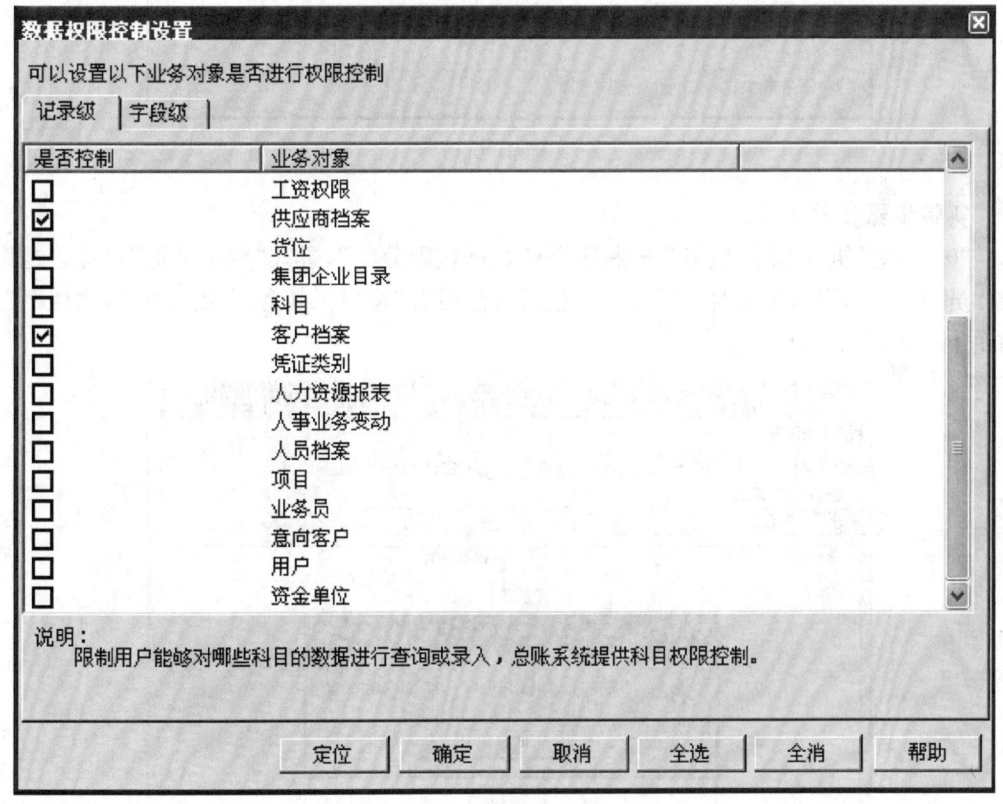

图4-8

点击"确定"。

实验步骤参考2：

"02 吴坚"执行"系统服务"→"权限"→"数据权限分配"，进入"权限浏览"页签。选中操作员"07 朱丹丹"，单击"授权"，弹出"记录权限设置"窗口。业务对象选中"供应商档案"，如图4-9所示。

点击"保存"。同时授予"03 王平""08 彭超"等仅有查询"供应商档案"权限。

图 4-9

实验步骤参考 3：

"02 吴坚"执行"系统服务"→"权限"→"数据权限分配"，进入"权限浏览"页签。选中操作员"10 唐国安"，单击"授权"，弹出"记录权限设置"窗口。业务对象选中"客户档案"，如图 4-10 所示。

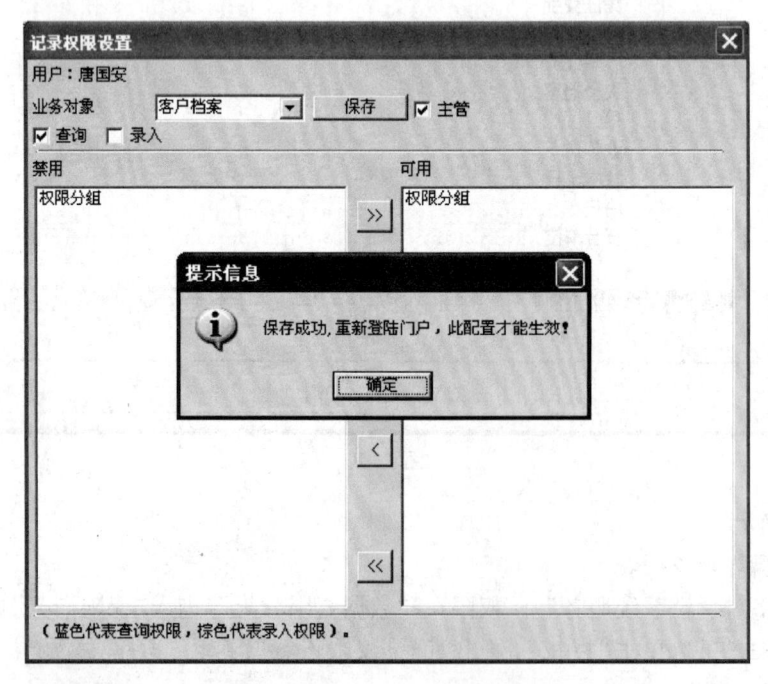

图 4-10

点击"保存"。同时授予"03 王平""11 许冬雪"仅有查询"客户档案"权限。

实验步骤参考 4：

"02 吴坚"执行"系统服务"→"权限"→"数据权限分配"，进入"权限浏览"页签。授予采购主管"06 孙浩"仅有查询"存货档案"权限，点击"保存"。同时授予"07 朱丹丹""08 彭超""09 孙艺""10 唐国安""11 许冬雪"仅有查询"存货档案"权限。

实验步骤参考 5：

"02 吴坚"执行"系统服务"→"权限"→"数据权限分配"，进入"权限浏览"页签。选中人事主管"18 顾国丽"，单击"授权"，弹出"记录权限设置"窗口，业务对象选择"部门"。进行设置，如图 4-11 所示。

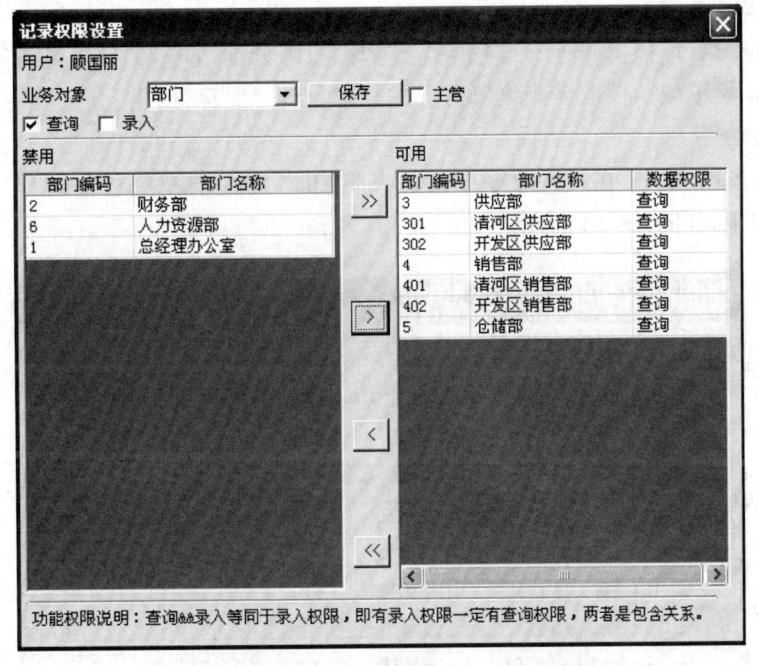

图 4-11

点击"保存"，弹出"保存成功，重新登录门户，此配置才能生效！"信息提示，如图4-12所示。

图 4-12

点击"确定"退出。同时授予总账会计"03 王平"仅拥有查询"总经理办公室"权限。

实验步骤参考 6：

"02 吴坚"执行"系统服务"→"权限"→"数据权限分配"，进入"权限浏览"页签。选中仓库主管"12 桑军威"，单击"授权"，弹出"记录权限设置"窗口，业务对象选择"存货档案"。选中"主管",单击"保存"退出。

  实验步骤参考 7:

  "02 吴坚"执行"系统服务"→"权限"→"数据权限分配",进入"权限浏览"页签。选中销售主管"09 孙艺",单击"授权",弹出"记录权限设置"窗口,业务对象选择"客户档案"。选中"主管",单击"保存"退出。

  实验步骤参考 8:

  "02 吴坚"执行"系统服务"→"权限"→"数据权限分配",进入"权限浏览"页签。选中采购主管"06 孙浩",单击"授权",弹出"记录权限设置"窗口,业务对象选择"供应商档案"。选中"主管",单击"保存"退出。

  实验步骤参考 9:

  "02 吴坚"执行"系统服务"→"权限"→"数据权限分配",进入"权限浏览"页签。选中仓库主管"12 桑军威",仅授予查询"部门"的权限,点击"保存"退出。

  ※**知识点:**

  总账会计"03 王平"在录入总账期初往来明细时,需提前被授予查询"客户档案""供应商档案"权限,如图 4-13 所示。

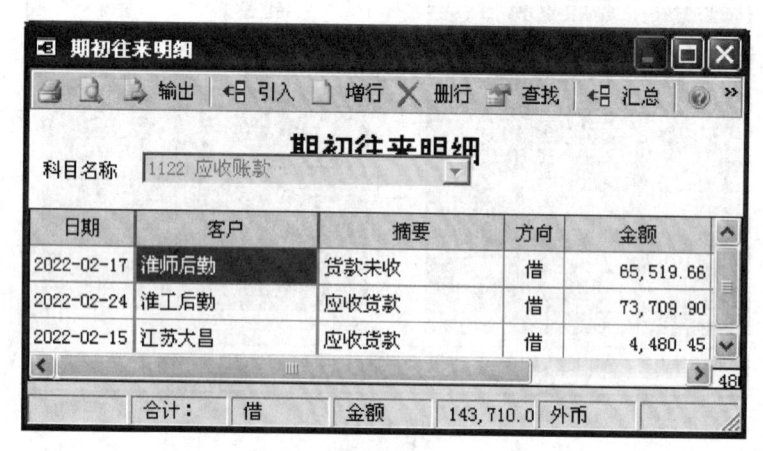

图 4-13

第三节 期初设置

一、期初设置一

(一)实验目标

总账期初余额;试算平衡。

（二）实验过程

实验1：辅助核算

表 4-3

科目编码	科目名称	辅助核算	方　　向
1122	应收账款	客户往来	借
1123	预付账款	供应商往来	借
1221	其他应收款		借
122101	—差旅费借款	个人往来	借
122102	—私人借款	个人往来	借
2202	应付账款	供应商往来	贷
2203	预收账款	客户往来	贷

实验步骤参考：

"03 王平"执行"基础设置"→"基础档案"→"财务"→"会计科目"，进入"会计科目"窗口。点击"1122 应收账款"，弹出"会计科目_修改"窗口。点击"修改"，选中"客户往来"，受控系统选择"应收系统"，如图 4-14 所示。

图 4-14

点击"确定"。同样步骤执行其余科目的辅助设置。

※知识点：

应收账款制单必须在受控系统进行，否则与总账对账会不平衡。

实验2：期初余额

表4-4　　　　　　　　　　　　　　　　　　　　　　　　　　单位：元

科目编码	科目名称	辅助核算	方　向	期初余额
1001	库存现金		借	5 198.42
1002	银行存款		借	
100201	工行存款		借	435 000.00
100202	农行存款		借	240 000.00
1012	其他货币资金		借	
101201	—微信存款		借	300.00
101202	—支付宝存款		借	3 000.00
1122	应收账款	客户往来	借	143 710.01
1123	预付账款	供应商往来	借	142 741.60
1221	其他应收款		借	
122101	—差旅费借款	个人往来	借	7 200.00
122102	—私人借款	个人往来	借	
1401	汽车		借	1 119 000.00
1402	配件		借	30 740.00
1403	原料		借	4 500.00
1601	固定资产		借	678 400.00
1602	累计折旧		贷	270 610.00
2202	应付账款	供应商往来	贷	168 483.00
2203	预收账款	客户往来	贷	3 696.23
2211	应付职工薪酬		贷	68 000.00
2501	长期借款		贷	600 000.00
4001	实收资本		贷	1 440 000.00
4101	盈余公积		贷	252 400.80

表4-5

供应商	价税合计	业务员
西安比亚迪	163 850.00	朱丹丹
上汽集团	4 633.00	彭超
南京名爵（预付）	142 741.60	彭超

表4-6

日　　期	个　　人	余　　额
2022-02-10	任韦	7 200.00

表4-7

客　　户	价税合计	业务员
淮师后勤	65 519.66	许冬雪
淮工后勤	73 709.90	许冬雪
江苏大昌	4 480.45	唐国安
聊城五岳(预收)	3 696.23	唐国安

实验步骤参考1：

"03 王平"执行"业务工作"→"财务会计"→"总账"→"设置"→"期初余额"，进入"期初余额录入"窗口。录入"库存现金"期初余额，如图4-15所示。

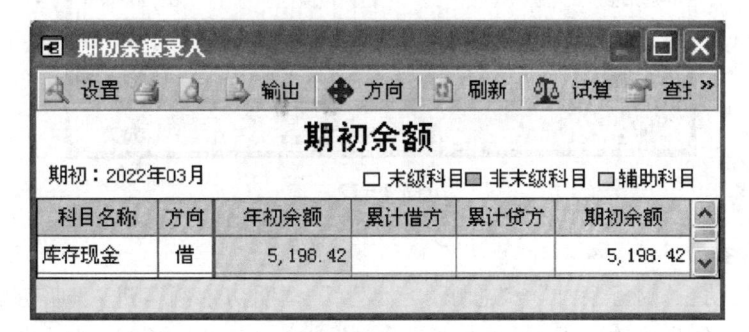

图4-15

※知识点：

无明细科目的一级科目的期初余额，可直接录入。

实验步骤参考2：

"03 王平"执行"财务会计"→"总账"→"设置"→"期初余额"，进入"期初余额录入"窗口。录入工行存款、农行存款的期初余额，如图4-16所示。

图4-16

※知识点：

对于有明细科目的，先分别录入明细科目期初余额(435 000、240 000)，一级科目期初余额(675 000)由系统自动汇总。

实验步骤参考 3：

"03 王平"执行"财务会计"→"总账"→"设置"→"期初余额"，进入"期初余额录入"窗口。双击"1122 应收账款"，进入"辅助期初余额"窗口。点击"增行"，录入实验内容，如图 4－17 所示。

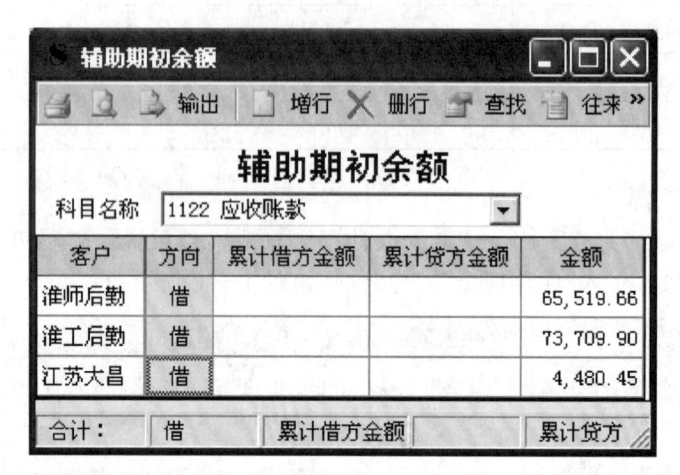

图 4－17

实验步骤参考 4：

"03 王平"执行"财务会计"→"总账"→"设置"→"期初余额"，进入"期初余额录入"窗口。双击"2203 预收账款"，进入"辅助期初余额"窗口。点击"增行"。单击 ![按钮]，弹出"客户基本参照"窗口。录入实验内容，如图 4－18 所示。

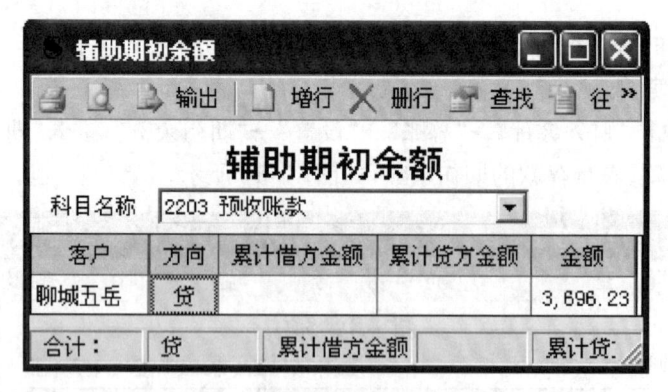

图 4－18

实验步骤参考 5：

"03 王平"执行"财务会计"→"总账"→"设置"→"期初余额"，进入"期初余额录入"窗口。双击"2202 应付账款"，进入"辅助期初余额"窗口。点击"增行"，录入实验内容，如图 4－19 所示。

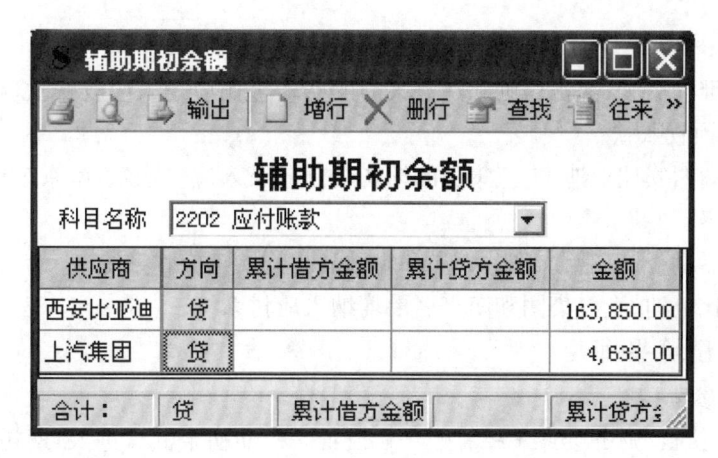

图4-19

实验步骤参考6：

"03 王平"执行"财务会计"→"总账"→"设置"→"期初余额"，进入"期初余额录入"窗口。双击"1123 预付账款"，进入"辅助期初余额"窗口。点击"增行"。单击 ，弹出"供应商基本参照"窗口。录入实验内容，如图4-20所示。

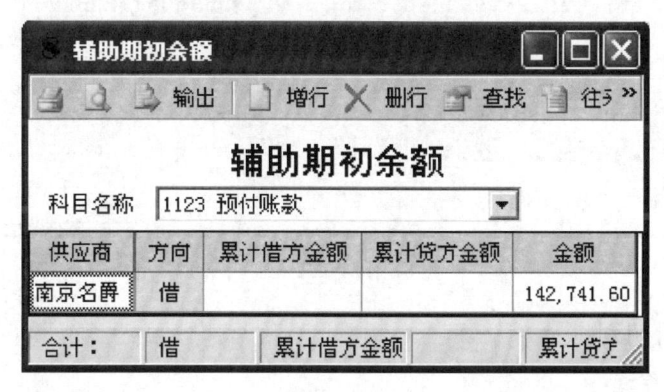

图4-20

实验步骤参考7：

"03 王平"执行"财务会计"→"总账"→"设置"→"期初余额"，进入"期初余额录入"窗口。点击"差旅费借款"，弹出"辅助期初余额"窗口。录入实验内容，如图4-21所示。

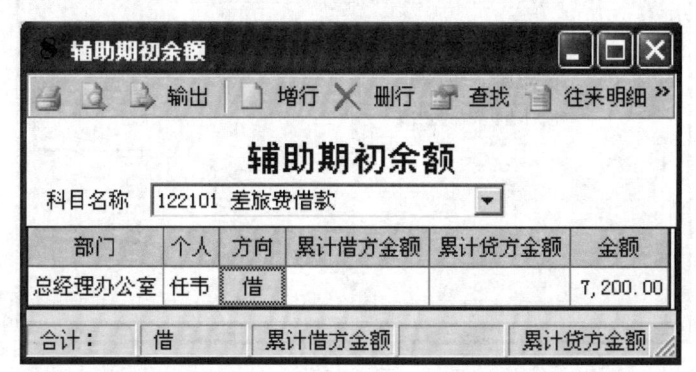

图4-21

※知识点：

（1）客户淮师后勤、淮工后勤和江苏大昌的期初金额应录入应收账款，聊城五岳的期初余额应录入预收账款。

（2）供应商西安比亚迪、上汽集团的期初余额应录入应付账款，南京名爵的期初余额应录入预付账款。

（3）淮师后勤、淮工后勤、江苏大昌和聊城五岳均纳入应收系统。

（4）西安比亚迪、上汽集团和南京名爵均纳入应付系统。

实验3：试算平衡

实验步骤参考：

"03 王平"执行"财务会计"→"总账"→"设置"→"期初余额"，进入"期初余额录入"窗口。执行"试算"，进入"期初试算平衡表"窗口，如图4-22所示。

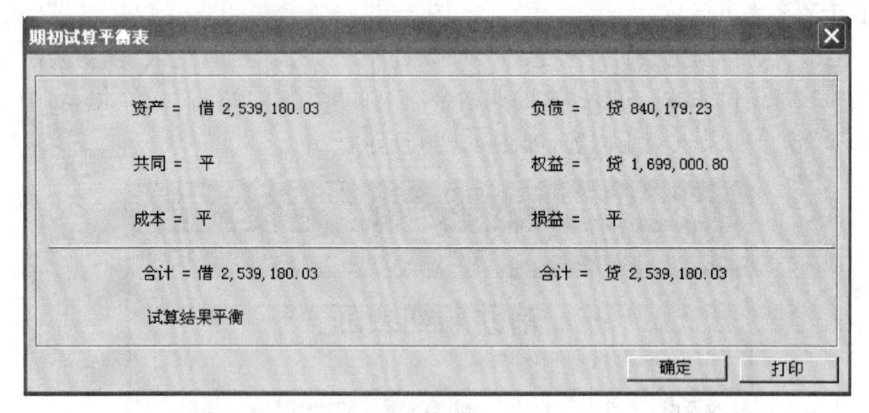

图4-22

实验4：期初对账

实验步骤参考：

"03 王平"执行"财务会计"→"总账"→"设置"→"期初余额"，进入"期初余额录入"窗口。执行"对账"，弹出"期初对账"窗口，如图4-23所示。

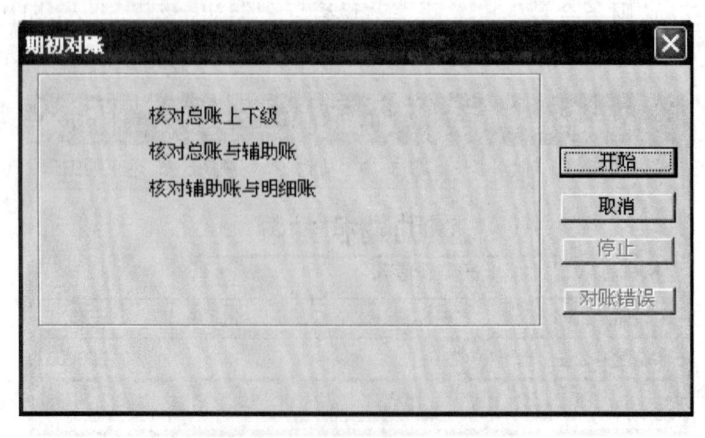

图4-23

点击"开始",弹出"期初对账完毕!"信息提示,如图4-24所示。

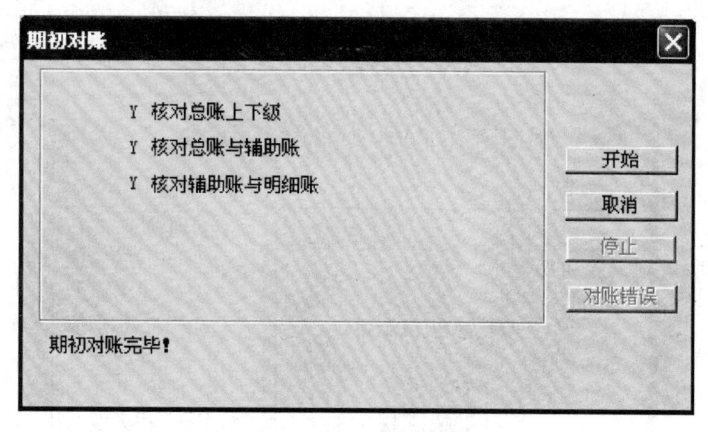

图 4-24

(三)账套备份

在"E:\2022顺风公司账套备份"文件夹中建立"总账期初管理备份"子文件夹。"admin"执行备份。

二、期初设置二

(一)实验目标

应收款期初余额正确录入;应收款与总账期初余额对账正确。

(二)实验准备

系统日期为"2022年3月1日";总账中往来期初余额对账正确。

(三)实验过程

实验1:期初余额

表 4-8 应收货款期初余额

客 户	货物名称	数 量	销售日期	价税合计
淮师后勤集团	汽车 F3	1	2022-02-12	65 519.66
淮工后勤集团	汽车 S6	1	2022-02-15	73 709.90
江苏大昌	车架	1	2022-02-20	4 480.45

表 4-9 预收货款期初余额

客 户	收款日期	价税合计
聊城五岳	2022-02-22	3 696.23

实验步骤参考 1：

"09 孙艺"执行"业务工作"→"财务会计"→"应收款管理"→"设置"→"期初余额"，如图 4-25 所示。

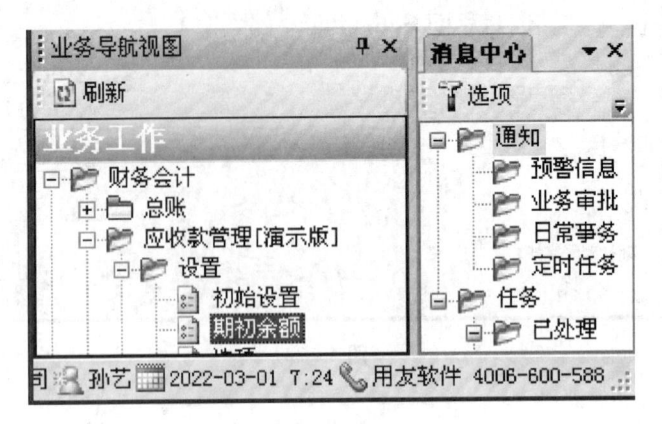

图 4-25

点击"期初余额"，弹出"期初余额—查询"窗口。点击"确定"，进入"期初余额"页签，如图 4-26 所示。

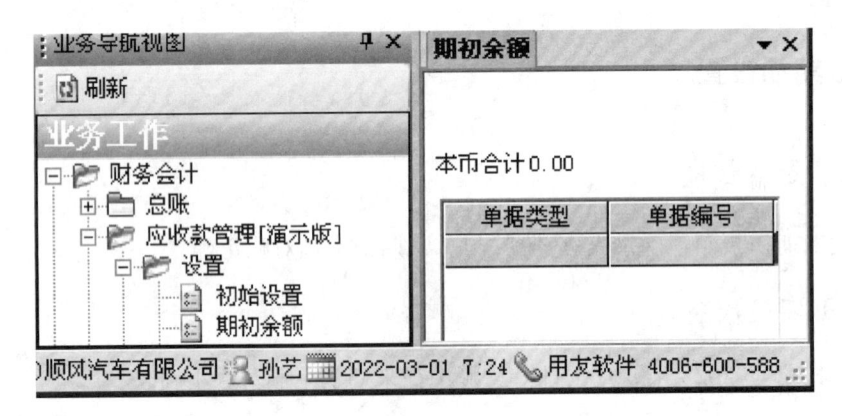

图 4-26

单击"增加"，弹出"单据类别"窗口，如图 4-27 所示。

图 4-27

※知识点：

(1) 单据名称有销售发票、应收单、预收款、应收票据等。

(2) 销售发票有销售专用发票、销售普通发票。

(3) 方向有正向和负向两种：正向为蓝字，负向为红字。如销售专用发票选择负向，则为红字增值税专用发票。

点击"确定"，进入"期初销售发票"页签。录入实验内容，如图4-28所示。

销售专用发票

打印模版：期初专用发票打印模

表体排序：

开票日期	2022-02-12	发票号	0000000003	订单号	
客户名称	淮师后勤	客户地址		电话	
开户银行	工行淮安分行	银行账号	9000	税号	3202001105361
付款条件		税率	13.00	科目	
币种	人民币	汇率	1	销售部门	清河区销售部
业务员		项目		备注	

	货物编号	货物名称	规格型号	主计量单位	税率	数量	无税单价	含税单价
1	01	比亚迪	F3	辆	13.00	1	57982.00	65519.66

图 4-28

※知识点：

(1) 小规模纳税人和一般纳税人税率(见图4-29)不同。

(2) 小规模纳税人不能开具增值税专用发票。

(3) 小规模纳税人不能抵扣进项税。

	增值税项目	税率
一般纳税人	销售或者进口货物（另有列举的货物除外；销售劳务）	13%
	销售或者进口： 1. 粮食等农产品、食用植物油、食用盐； 2. 自来水、暖气、冷气、热水、煤气、石油液化气、天然气、二甲醚、沼气、居民用煤炭制品； 3. 图书、报纸、杂志、音像制品、电子出版物； 4. 饲料、化肥、农药、农机、农膜； 5. 国务院规定的其他货物	9%

图 4-29 一般纳税人增值税项目税率

实验步骤参考2：

"09孙艺"执行"财务会计"→"应收款管理"→"设置"→"期初余额"，进入"期初余额—查询"窗口。点击"确定"，进入"期初余额"页签。单击"增加"，弹出"单据类别"窗口，如图4-30所示。

点击"确定"，进入"期初单据录入"页签，录入"2203预收账款"期初余额，如图4-31所示。

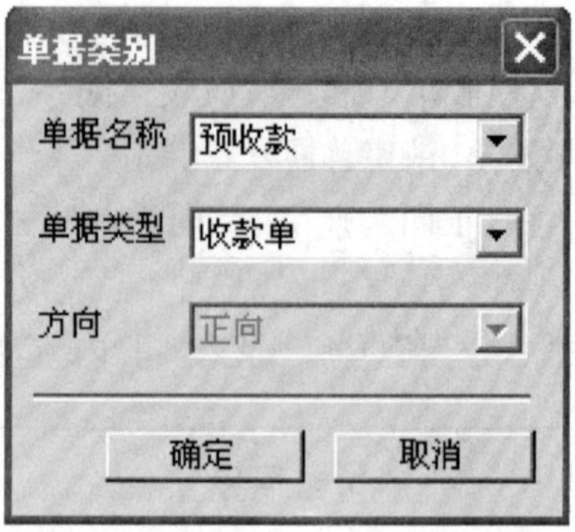

图 4-30

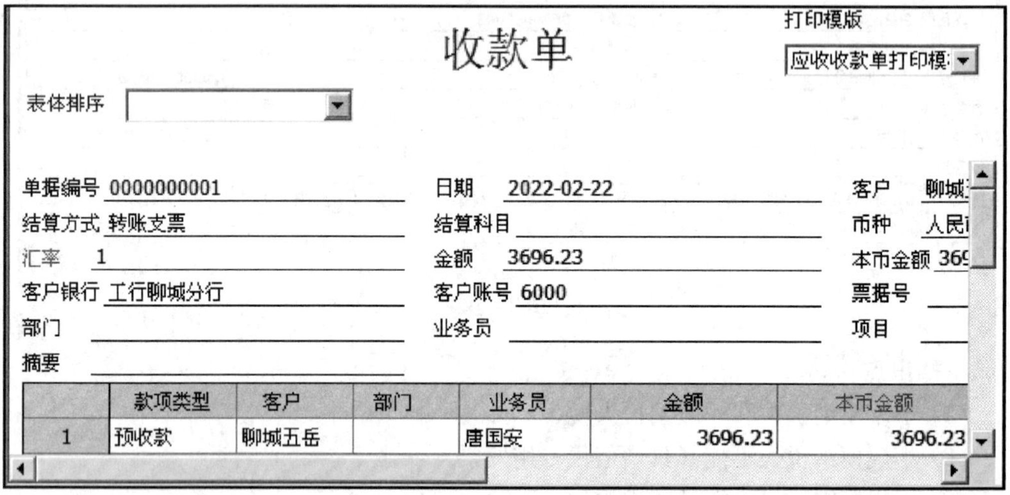

图 4-31

实验2：对账

实验步骤参考：

"09 孙艺"执行"财务会计"→"应收款管理"→"设置"→"期初余额",进入"期初余额—查询"窗口。点击"确定",进入"期初余额"页签。点击"对账",进入"期初对账"页签,如图 4-32 所示。

科目		应收期初		总账期初		差额	
编号	名称	原币	本币	原币	本币	原币	本币
1122	应收账款	143,710.01	143,710.01	143,710.01	143,710.01	0.00	0.00
2203	预收账款	-3,696.23	-3,696.23	-3,696.23	-3,696.23	0.00	0.00
	合计		140,013.78		140,013.78		0.00

图 4-32

(四)账套备份

在"E:\2022顺风公司账套备份"文件夹中建立"应收款管理期初备份"子文件夹。

"admin"执行备份。

三、期初设置三

（一）实验目标

应付款期初余额正确录入；应付款和总账期初余额对账正确。

（二）实验准备

系统日期为"2022年3月1日"；总账中往来期初余额对账正确。

（三）实验过程

实验1：期初余额

表4-10　预付货款期初余额

供应商	货物名称	数　量	采购日期	价税合计
南京名爵	名爵MGS	2	2021-02-12	142 741.60

表4-11　应付货款期初余额

供应商	货物名称	数　量	采购日期	价税合计
西安比亚迪	比亚迪S6	2	2021-02-17	163 850.00
上汽集团	铝合金车轮	10	2021-02-23	4 633.00

实验步骤参考1：

"06孙浩"执行"财务会计"→"应付款管理"→"设置"→"期初余额"，如图4-33所示。

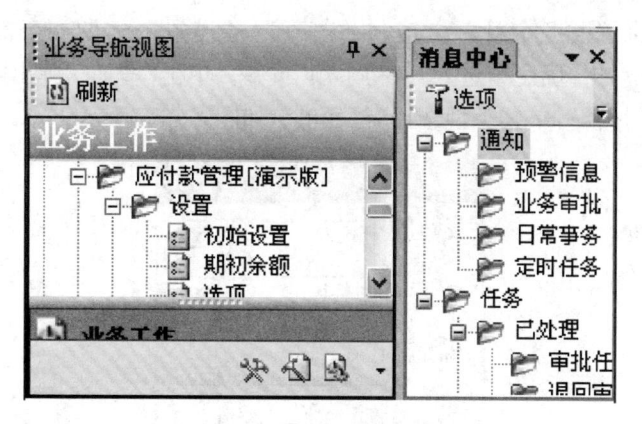

图4-33

点击"期初余额"，弹出"期初余额—查询"。点击"确定"，进入"期初余额"页签。点击"增加"，弹出"单据类别"窗口，如图4-34所示。

图 4-34

单据名称选择"采购发票",单据类型选择"采购专用发票",方向选择"正向",点击"确定",进入"采购发票"页签。录入实验内容,如图 4-35 所示。

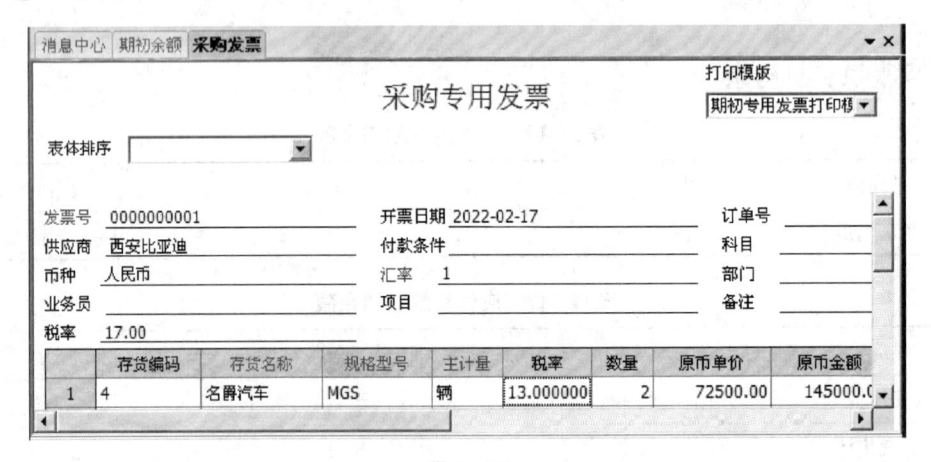

图 4-35

点击"保存"。同时录入供应商"上汽集团"的实验内容。

实验步骤参考 2:

"06 孙浩"执行"财务会计"→"应付款管理"→"设置"→"期初余额",进入"期初余额—查询"窗口。点击"确定",进入"期初余额"页签。单击"增加",弹出"单据类别"窗口。单据名称选择"预付款",单据类型选择"付款单",如图 4-36 所示。

图 4-36

录入供应商"南京名爵"实验内容,如图 4-37 所示。

图 4-37

※知识点：

(1) 预付账款属于资产类科目，而应付账款属于负债类科目。
(2) 预收账款属于负债类科目，而应收账款属于资产类科目。
(3) 预收账款、应收账款同受控于应收系统，预付账款、应付账款同属于应付系统。

实验2：对账

实验步骤参考：

"06孙浩"执行"财务会计"→"应付款管理"→"设置"→"期初余额"，进入"期初余额—查询"窗口。点击"确定"，进入"期初余额"页签。点击"对账"，进入"期初对账"页签。执行"对账"，如图4-38所示。

科目		应付期初		总账期初		差额	
编号	名称	原币	本币	原币	本币	原币	本币
1123	预付账款	-142,741.60	-142,741.60	-142,741.60	142,741.60	0.00	0.00
2202	应付账款	168,483.00	168,483.00	168,483.00	168,483.00	0.00	0.00
	合计		25,741.40		25,741.40		0.00

图 4-38

※知识点：

应收款管理系统、应付款管理系统的期初余额与总账系统的期初余额核对正确是企业业务开展的前提。

（四）账套备份

在"E:\2022顺风公司账套备份"文件夹中建立"应付款管理期初备份"子文件夹。"admin"执行备份。

四、期初设置四

（一）实验目标

采购管理系统期初记账。

（二）实验准备

系统日期设置为"2022年3月1日"，总账期初余额对账正确。

（三）实验过程

实验：期初记账

实验步骤参考：

"06孙浩"执行"业务工作"→"供应链"→"采购管理"→"设置"→"采购期初记账"，弹出"期初记账"窗口，如图4-39所示。

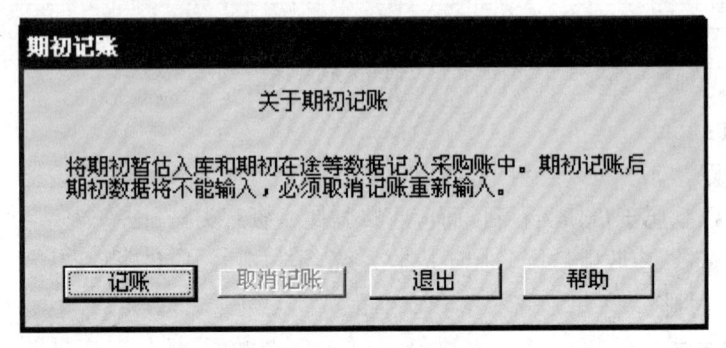

图4-39

执行"记账"，弹出"期初记账完毕"信息提示，点击"确定"退出。

※知识点：

期初记账后，期初数据不能增加、修改。如若修改期初数据，应先取消期初记账。

五、期初设置五

（一）实验目标

存货期初记账。

（二）实验过程

实验：期初存货

表4-12

仓库名称	存货名称	规格	数量	进价	金额
汽车库					
	比亚迪汽车	F3	5	61 000.00	305 000.00
	比亚迪汽车	S6	5	70 000.00	350 000.00
	名爵汽车	MG3	4	54 000.00	216 000.00

续表

仓库名称	存货名称	规 格	数 量	进 价	金 额
	名爵汽车	MGS	4	62 000.00	248 000.00
合 计					1 119 000.00
原料库					
	发动机机油	3.3 L/桶	10	70	700.00
	发动机机油	3.8 L/桶	10	80	800.00
	发动机机油	4 L/桶	30	100	3 000.00
合 计					4 500.00
配件库					
	机油滤	件	100	15	1 500.00
	发电机	件	10	420	4 200.00
	火花塞	件	80	18	1 440.00
	近光灯泡	55 W	50	12	600.00
	前保险杠	件	50	220	11 000.00
	铝合金车轮	件	12	400	4 800.00
	机油滤清器	件	100	12	1 200.00
	泰丰子午线轮胎	件	20	300	6 000.00
合 计					30 740.00

实验步骤参考 1：

"12 桑军威"执行"存货核算"→"初始设置"→"期初数据"→"期初余额"，进入"期初余额"窗口。选择"1 汽车库"，点击"增加"，录入实验内容，如图 4-40 所示。

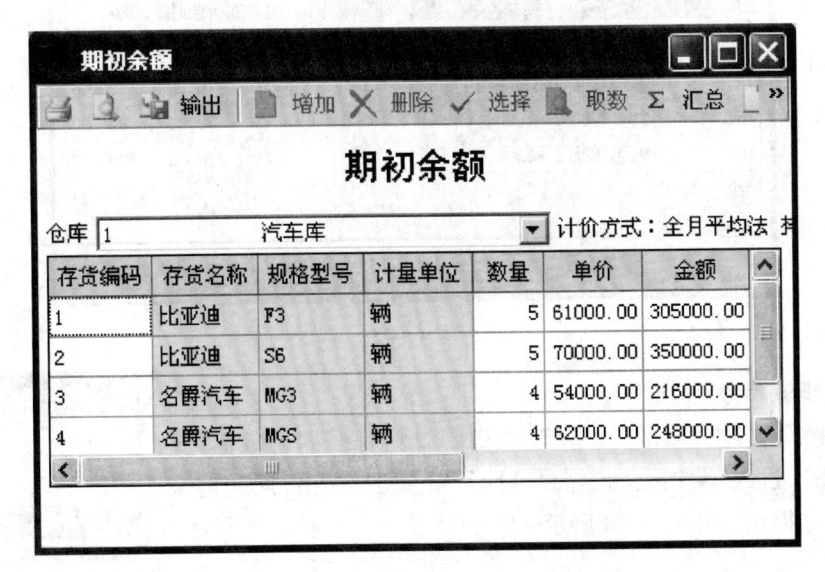

图 4-40

实验步骤参考 2：

"12 桑军威"执行"存货核算"→"初始设置"→"期初数据"→"期初余额"，进入"期初余额"窗口。选择"2 配件库"，点击"增加"，录入实验内容，如图 4-41 所示。

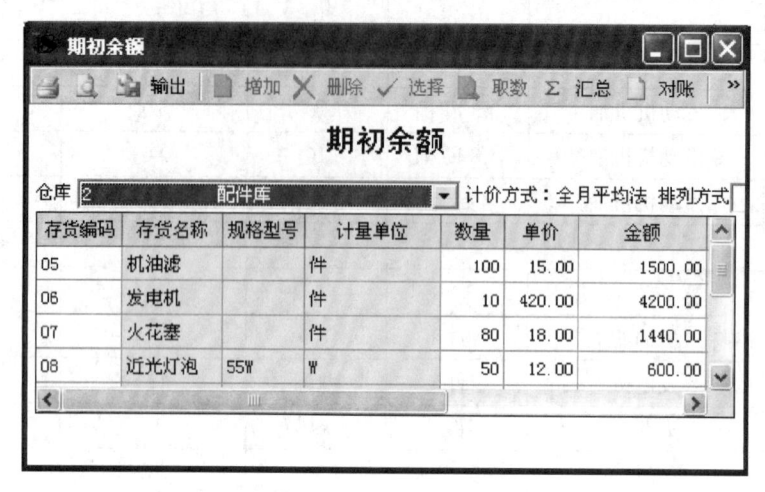

图 4-41

实验步骤参考 3：

"12 桑军威"执行"存货核算"→"初始设置"→"期初数据"→"期初余额"，进入"期初余额"窗口。选择"3 原料库"，点击"增加"，录入实验内容，如图 4-42 所示。

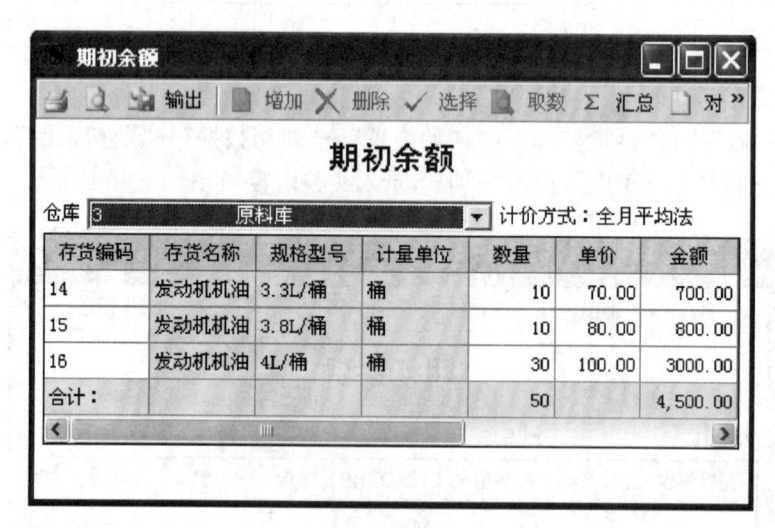

图 4-42

实验步骤参考 4：

"12 桑军威"执行"存货核算"→"初始设置"→"期初数据"→"期初余额"，进入"期初余额"窗口。执行"记账"，弹出"期初记账成功！"信息提示，如图 4-43 所示。

图 4-43

（三）账套备份

在"E:\2022顺风公司账套备份"文件夹中建立"存货核算期初备份"子文件夹。"admin"执行备份。

六、期初设置六

（一）实验目标

库存期初记账。

（二）实验过程

实验：期初记账

实验步骤参考1：

"12桑军威"执行"库存管理"→"初始设置"→"期初结存",进入"库存期初数据录入"页签。仓库选择"(1)汽车库",点击"修改",单击"取数",如图4-44所示。

	仓库	仓库编码	存货编码	规格型号	主计量…	数量	单价	金额
1	汽车库	1	4	MGS	辆	4	62000.00	248000.0
2	汽车库	1	1	F3	辆	5	61000.00	305000.0
3	汽车库	1	2	S6	辆	5	70000.00	350000.0
4	汽车库	1	3	MG3	辆	4	54000.00	216000.0

图4-44

点击"保存"。执行"审核",弹出"审核成功"信息提示,如图4-45所示。

图4-45

点击“确定”。

实验步骤参考 2：

“12 桑军威”执行“库存管理”→“初始设置”→“期初结存”，进入“库存期初数据录入”页签。仓库选择“(2)配件库”，点击“修改”，单击“取数”，如图 4-46 所示。

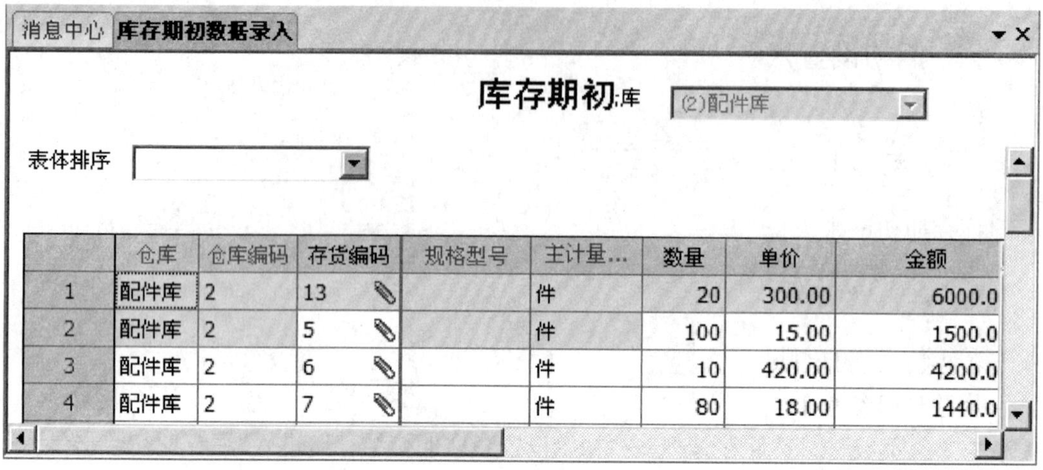
消息中心
库存期初数据录入
库存期初
库
(2)配件库
表体排序
仓库 仓库编码 存货编码 规格型号 主计量... 数量 单价 金额
1 配件库 2 13 件 20 300.00 6000.0
2 配件库 2 5 件 100 15.00 1500.0
3 配件库 2 6 件 10 420.00 4200.0
4 配件库 2 7 件 80 18.00 1440.0

图 4-46

点击“保存”。执行“审核”，弹出“审核成功”信息提示。

实验步骤参考 3：

“12 桑军威”执行“库存管理”→“初始设置”→“期初结存”，进入“库存期初数据录入”页签。仓库选择“(3)原料库”，点击“修改”，单击“取数”，如图 4-47 所示。

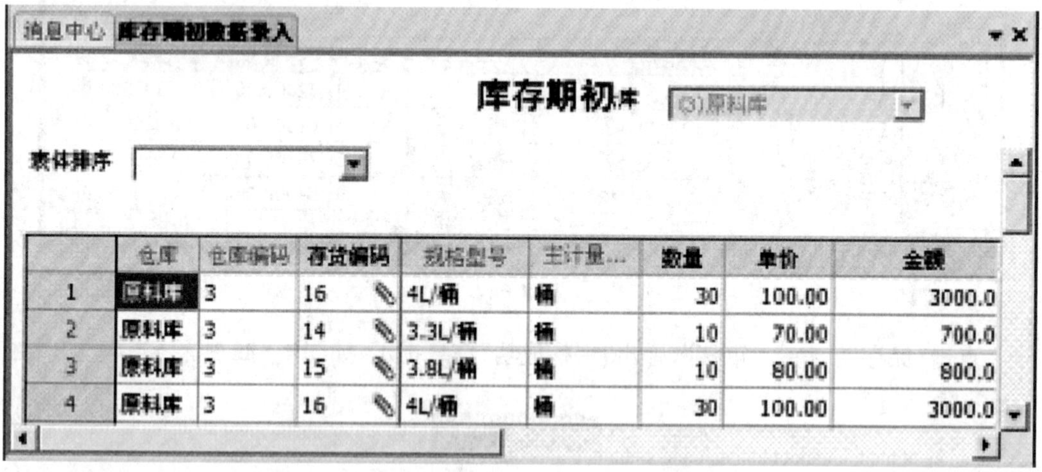
消息中心
库存期初数据录入
库存期初
库
(3)原料库
表体排序
仓库 仓库编码 存货编码 规格型号 主计量... 数量 单价 金额
1 原料库 3 16 4L/桶 桶 30 100.00 3000.0
2 原料库 3 14 3.3L/桶 桶 10 70.00 700.0
3 原料库 3 15 3.8L/桶 桶 10 80.00 800.0
4 原料库 3 16 4L/桶 桶 30 100.00 3000.0

图 4-47

点击“保存”。执行“审核”，弹出“审核成功”信息提示。

实验步骤参考 4：

“12 桑军威”执行“库存管理”→“初始设置”→“期初结存”，进入“库存期初数据录入”页签。单击“对账”，弹出“库存与存货期初对账查询条件”窗口，如图 4-48 所示。

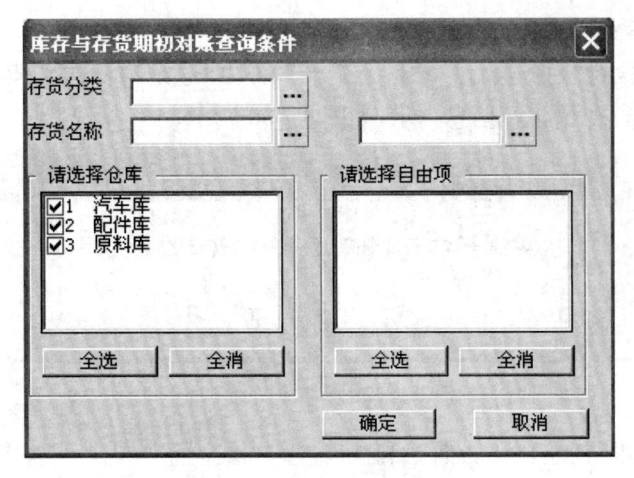

图 4-48

点击"确定",弹出"对账成功!"信息提示,如图 4-49 所示。

图 4-49

点击"确定"。

(三)账套备份

在"E:\2022 顺风公司账套备份"文件夹中建立"库存管理期初备份"子文件夹。"admin"执行备份。

七、期初设置七

(一)实验目标

固定资产期初管理。

(二)实验准备

系统日期设置为"2022 年 3 月 1 日"。总账系统中已预置固定资产和累计折旧期初余额。

(三)实验过程

实验1：初始化

实验步骤参考：

"12 桑军威"执行"财务会计"→"固定资产"，弹出"这是第一次打开此账套，还未进行过初始化，是否进行初始化？"信息提示，如图 4-50 所示。

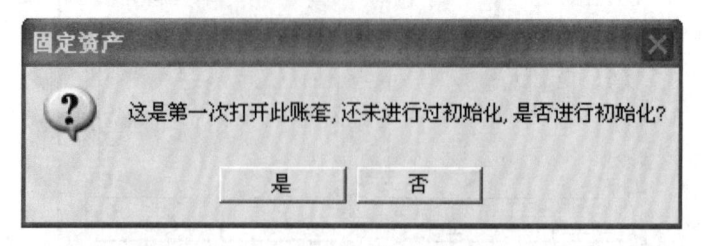

图 4-50

点击"是"，弹出"初始化账套向导"窗口。选中"我同意"，执行实验操作，进入"初始化账套向导—账务接口"窗口。勾选"与账务系统对账"，固定资产对账科目选择"1601 固定资产"，累计折旧对账科目选择"1602 累计折旧"，如图 4-51 所示。

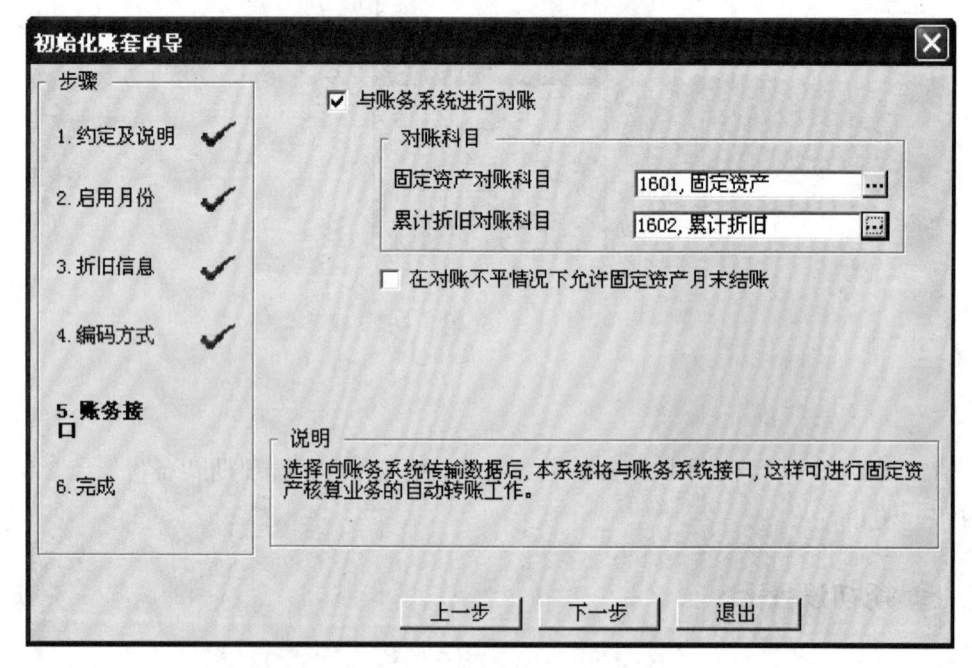

图 4-51

※**知识点：**

(1) 若选择与账务系统进行对账，必须选择对账科目。

(2) 固定资产系统与总账系统对账的桥梁是会计科目。

(3) 如选择"与账务系统进行对账"，但不选择相应的对账科目，则会导致对账不平衡。

(4) 固定资产对账科目和累计折旧对账科目必须同时选择。

(5) 取消"在对账不平情况下允许固定资产月末结账"。

执行"下一步"，点击"完成"，弹出"固定资产"对话框，如图 4-52 所示。

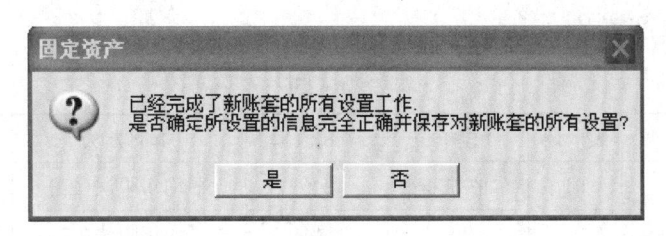

图 4-52

点击"是",弹出"已成功初始化本固定资产账套!"信息提示框,如图 4-53 所示。

点击"确定"。

实验2:选项

实验内容:设置"业务发生后立即制单""月末结账前一定要完成制单登账任务"。

图 4-53

实验步骤参考:

"12 桑军威"执行"财务会计"→"固定资产"→"设置"→"选项",弹出"选项"窗口。点击"编辑",固定资产缺省入账科目选择"1601 固定资产"、累计折旧缺省入账科目选择"1602 累计折旧"、减值准备缺省入账科目选择"1603 固定资产减值准备"。勾选"业务发生后立即制单""月末结账前一定要完成制单登账业务",如图 4-54 所示。

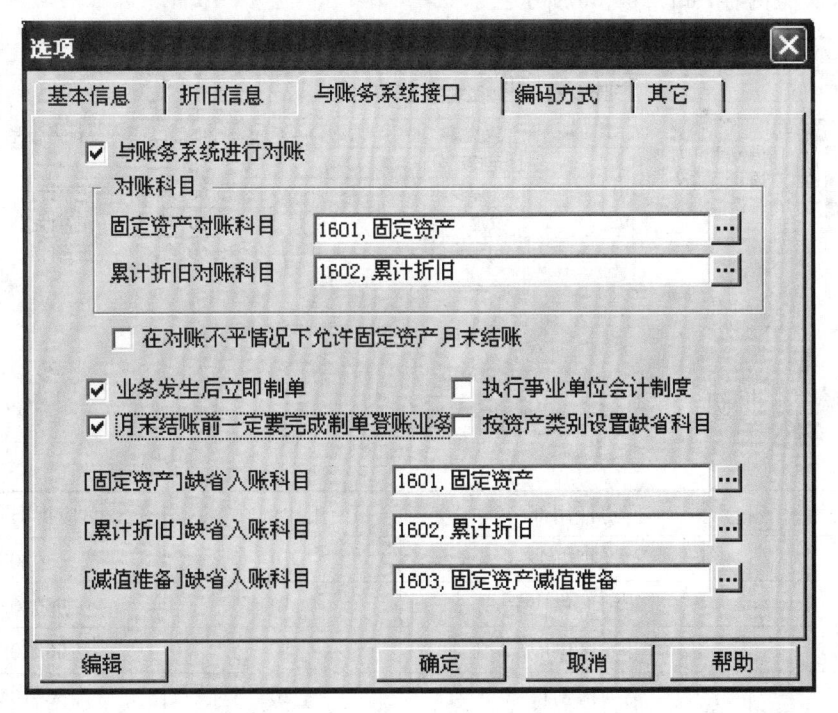

图 4-54

在图 4-54 中,避免勾选"执行事业单位会计制度""在对账不平情况下允许固定资产月末结账"。

实验3：资产类别

表 4-13

资产名称	编码	计量单位	净残值率	折旧方法	计提属性
房屋及建筑物	01	平方米	2%	平均年限法(二)	正常计提
交通及运输设备	02	辆	5%	平均年限法(二)	正常计提
电子设备	03	台	5%	平均年限法(二)	正常计提

实验步骤参考：

"12桑军威"执行"财务会计"→"固定资产"→"设置"→"资产类别"，进入"资产类别"页签，如图 4-55 所示。

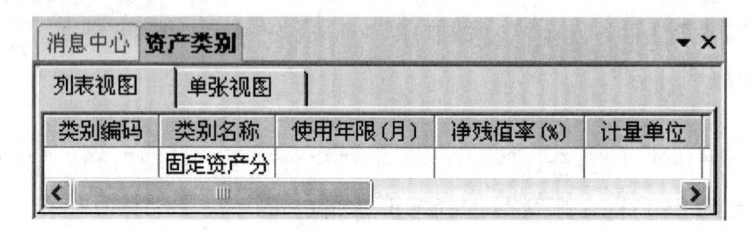

图 4-55

录入实验内容，如图 4-56 所示。

图 4-56

实验4：期初资产

表 4-14

序 号	厂房使用部门	使用比例(%)	对应折旧科目
1	总经理办公室	10	660203
2	清河区供应部	10	660203
3	开发区供应部	10	660203
4	清河区销售部	20	660103
5	开发区销售部	20	660103
6	仓储(资产)部	20	660103
7	财务部	10	660203

表 4-15

资产编号	00001	00002	00003	00004	00005
资产类别	建筑物	运输设备	电子设备	电子设备	电子设备
资产名称	综合楼	比亚迪汽车	服务器	投影机	笔记本
增加方式	直接购入	直接购入	直接购入	直接购入	直接购入
使用状况	在用	在用	在用	在用	在用
计量单位	平方米	辆	台	台	台
使用年限	30 年	4 年	3 年	3 年	3 年
原　　值	540 000.00	70 000.00	34 500.00	19 500.00	14 400.00
使用日期	2011-02-01	2020-02-01	2020-02-01	2020-02-01	2020-02-01
净残值率	2%	5%	5%	5%	5%
累计折旧	194 040.00	33 250.00	21 850.00	12 350.00	9 120.00
使用部门	多部门使用	总经理办公室	财务部	开发区销售部	开发区供应部
月折旧额	1 470.00	1 385.42	910.42	514.58	380.00
净　　值	345 960.00	36 750.00	12 650.00	7 150.00	5 280.00

实验步骤参考 1：

"12 桑军威"执行"财务会计"→"固定资产"→"卡片"→"录入原始卡片"，弹出"固定资产类别档案"窗口。选中"交通及运输设备"，如图 4-57 所示。

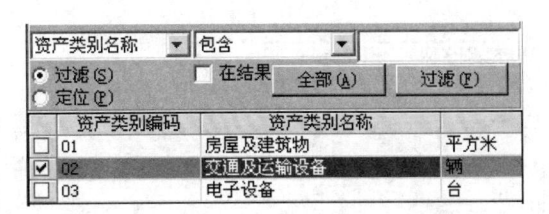

图 4-57

进入"固定资产卡片"页签。点击"使用部门"，弹出"固定资产"窗口，如图 4-58 所示。

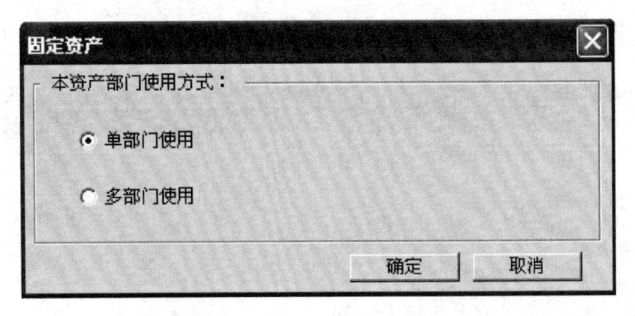

图 4-58

选中"单部门使用"，点击"确定"，进入"部门基本参照"窗口。选中"总经理办公室"，返回"固定资产卡片"页签。录入实验内容，点击"保存"，如图 4-59 所示。

图 4-59

实验步骤参考 2：

"12 桑军威"执行"财务会计"→"固定资产"→"卡片"→"录入原始卡片"，弹出"固定资产类别档案"窗口。勾选"01 房屋及建筑物"，如图 4-60 所示。

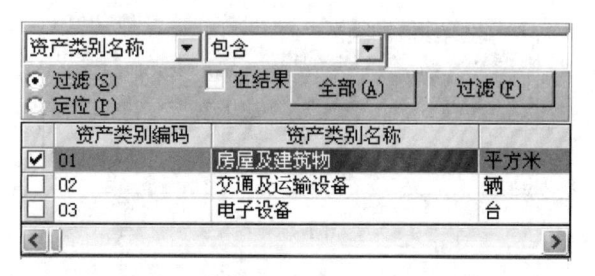

图 4-60

执行实验操作，进入"固定资产"窗口，勾选"多部门使用"，如图 4-61 所示。

图 4-61

点击"确定",进入"使用部门"窗口,录入实验内容,如图4-62所示。

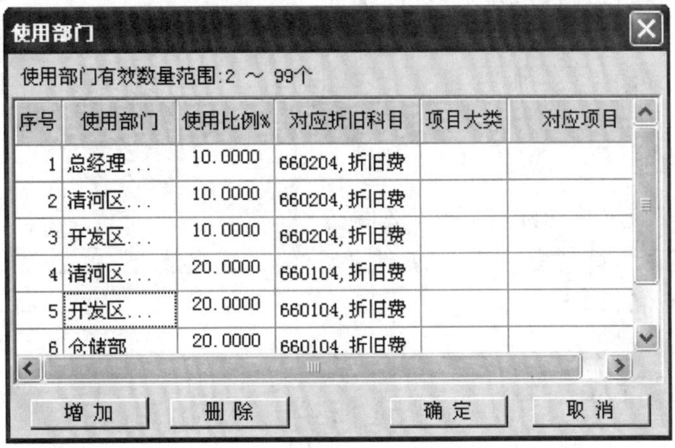

图4-62

点击"确定",录入实验内容,如图4-63所示。

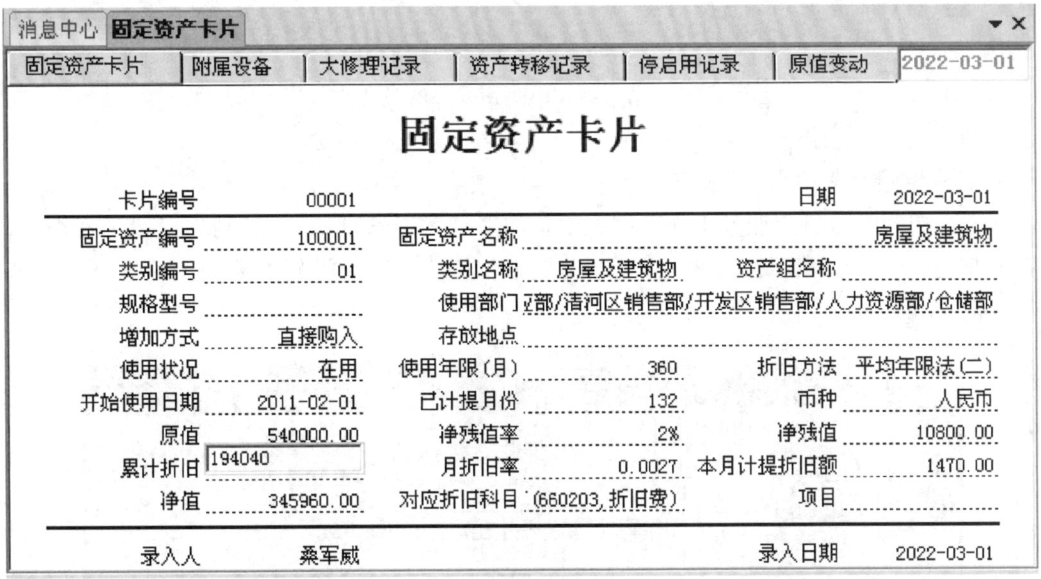

图4-63

点击"保存"。同样步骤录入其余固定资产卡片。

※知识点:

(1) 期初资产,通过"录入原始卡片"功能执行。

(2) 本月新增资产,用"资产增加"功能执行。

(3) 本月减少资产,用"资产减少"功能执行。

(4) 卡片录入错误,通过"卡片管理"功能修改。

实验5:期初对账

实验内容:与总账期初余额对账。

实验步骤参考：

"12 桑军威"执行"财务会计"→"固定资产"→"处理"→"对账"，弹出"与账务对账结果"信息提示框，如图4-64所示。

（四）账套备份

在"E:\2022顺风公司账套备份"文件夹中建立"固定资产期初备份"子文件夹。"admin"执行账套备份。

图4-64

八、期初设置八

（一）实验目标

薪资管理期初管理。

（二）实验过程

实验1：启用

实验步骤参考：

"18 顾国丽"执行"业务工作"→"人力资源"→"薪资管理"，弹出"请先设置工资类别"提示信息框。点击"确定"，进入"建立工资套"窗口。工资类别个数选择"单个"，如图4-65所示。

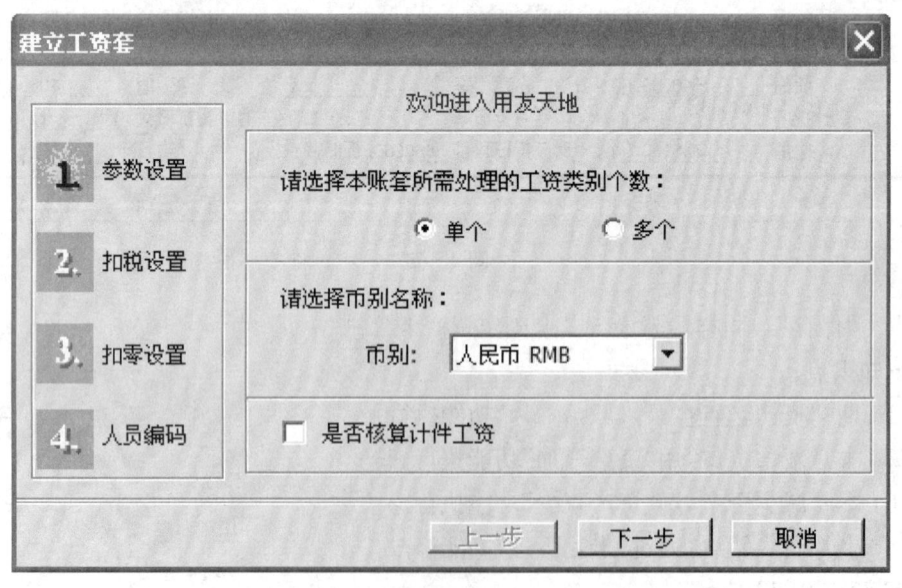

图4-65

点击"下一步",进入"扣税设置"界面,勾选"是否从工资中代扣个人所得税",如图 4-66 所示。

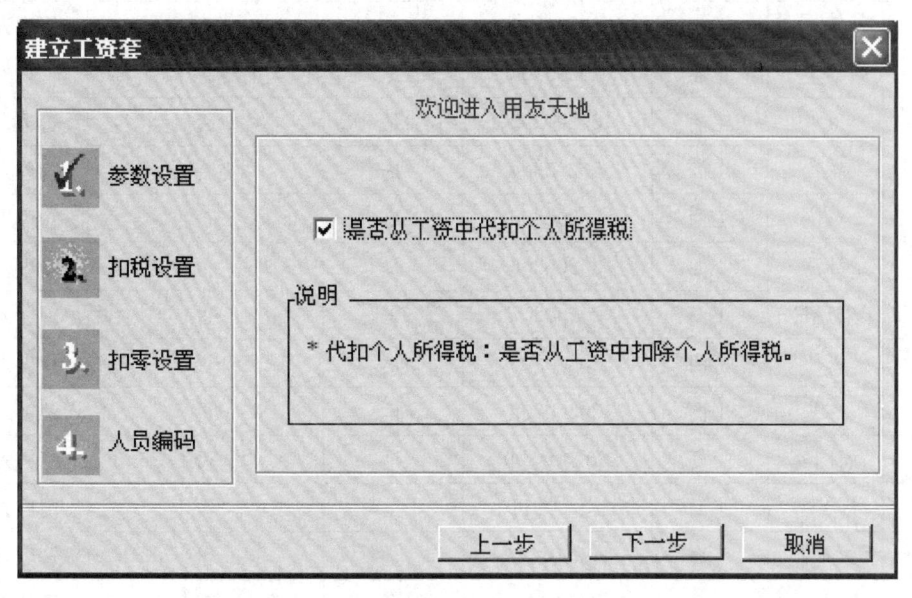

图 4-66

点击"下一步",如图 4-67 所示。

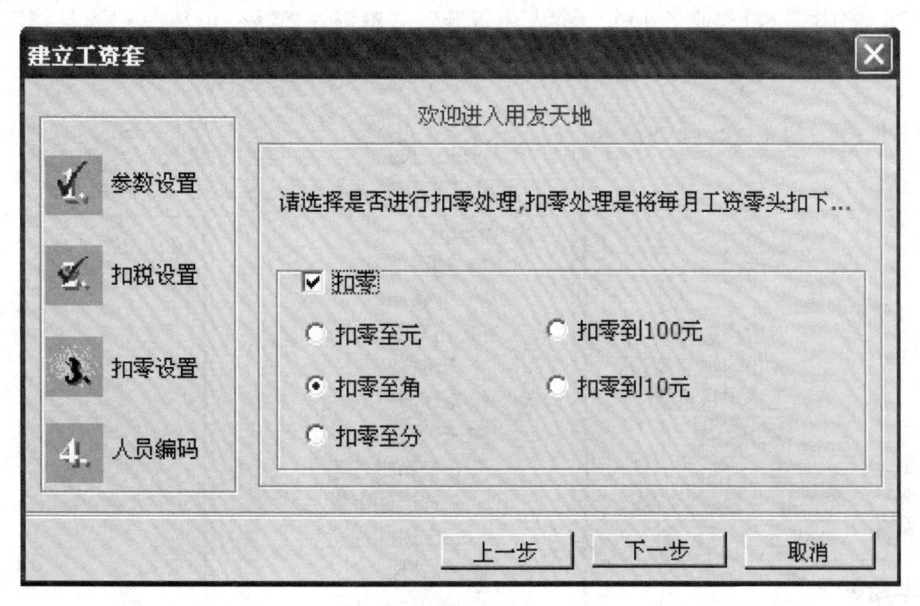

图 4-67

点击"下一步",点击"完成"。

实验2:人员档案

表 4-16

编号	姓 名	银行	账 号	是否计税	是否核算计件工资	人员类别
01	任韦	工商	20200201	是	否	管理人员
02	吴坚	工商	20200202	是	否	管理人员
03	王平	工商	20200203	是	否	管理人员
04	庄青	工商	20200304	是	否	管理人员
05	汤艳	工商	20200305	是	否	管理人员
06	孙浩	工商	20200306	是	否	管理人员
07	朱丹丹	工商	20200207	是	否	管理人员
08	彭超	工商	20200208	是	否	管理人员
09	孙艺	工商	20200209	是	否	销售人员
10	唐国安	工商	202002109	是	否	销售人员
11	许冬雪	工商	20200211	是	否	销售人员
12	桑军威	工商	202002129	是	否	管理人员
18	顾国丽	工商	202002189	是	否	管理人员

实验步骤参考：

"18 顾国丽"执行"业务工作"→"人力资源"→"薪资管理"→"设置"→"人员档案"，如图 4-68 所示。

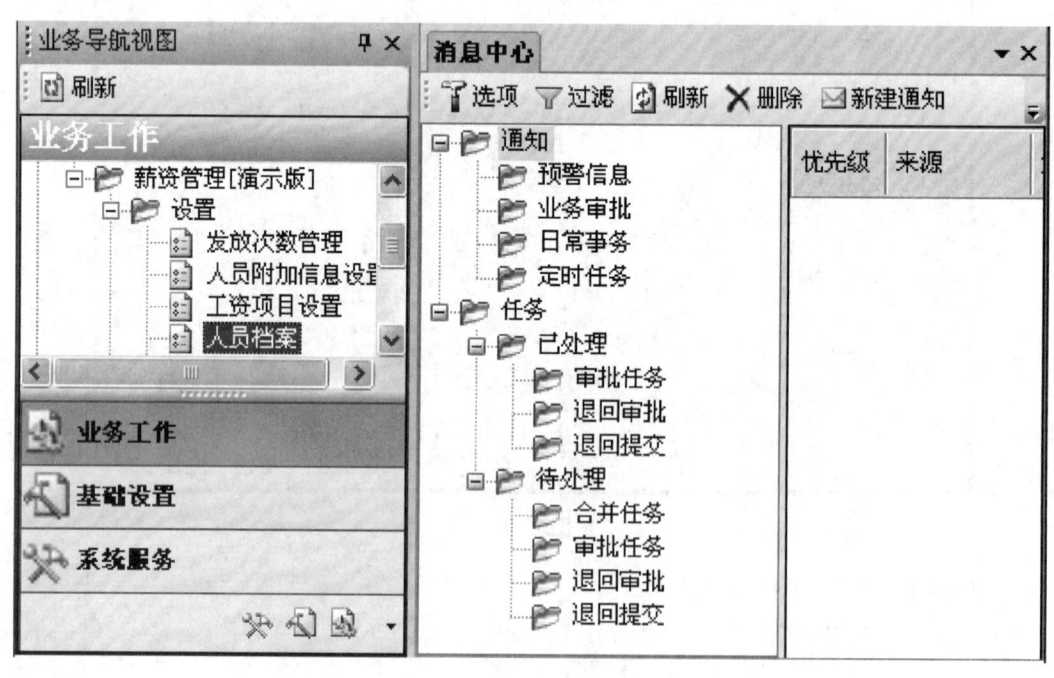

图 4-68

点击“人员档案”，进入“人员档案”页签。点击“批增”，弹出“人员批量增加”窗口。选择“管理人员”和“销售人员”为“是”，点击“确定”，如图 4－69 所示。

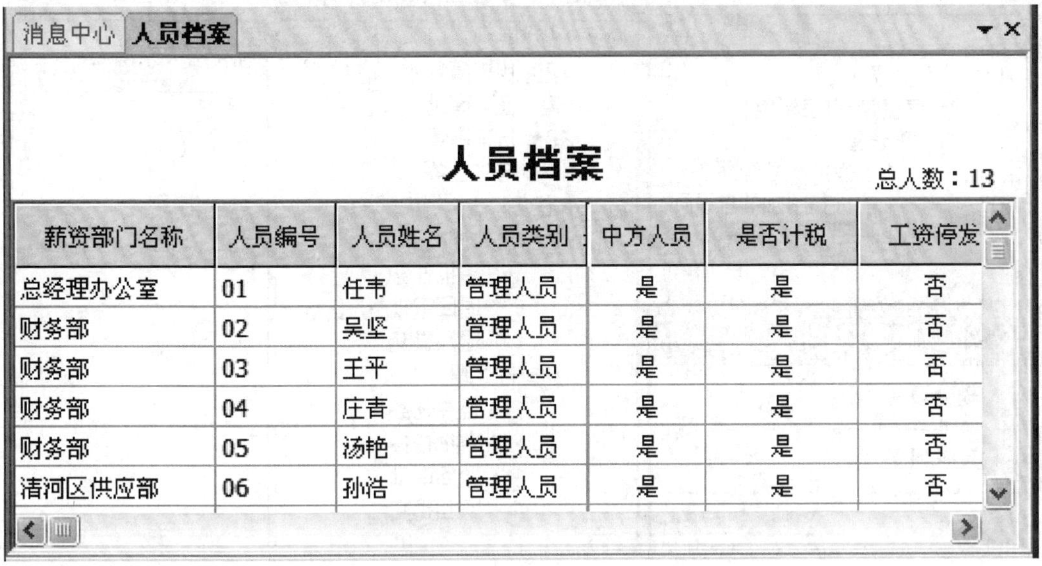

薪资部门名称	人员编号	人员姓名	人员类别	中方人员	是否计税	工资停发
总经理办公室	01	任韦	管理人员	是	是	否
财务部	02	吴坚	管理人员	是	是	否
财务部	03	王平	管理人员	是	是	否
财务部	04	庄吉	管理人员	是	是	否
财务部	05	汤艳	管理人员	是	是	否
清河区供应部	06	孙浩	管理人员	是	是	否

图 4－69

实验 3：工资项目

表 4－17

工资项目	类　型	长　度	小数位数	增减项
基本工资	数字	10	2	增项
岗位工资	数字	10	2	增项
交补	数字	10	2	增项
应发合计	数字	10	2	增项
养老保险	数字	10	2	减项
计税基数	数字	10	2	其他
事假天数	数字	10	2	其他
事假扣款	数字	10	2	减项
代扣税	数字	10	2	减项
扣款合计	数字	10	2	减项
实发合计	数字	10	2	增项

实验步骤参考：

“18 顾国丽”执行“薪资管理”→“设置”→“工资项目设置”，进入“工资项目设置”窗口，如图 4－70 所示。

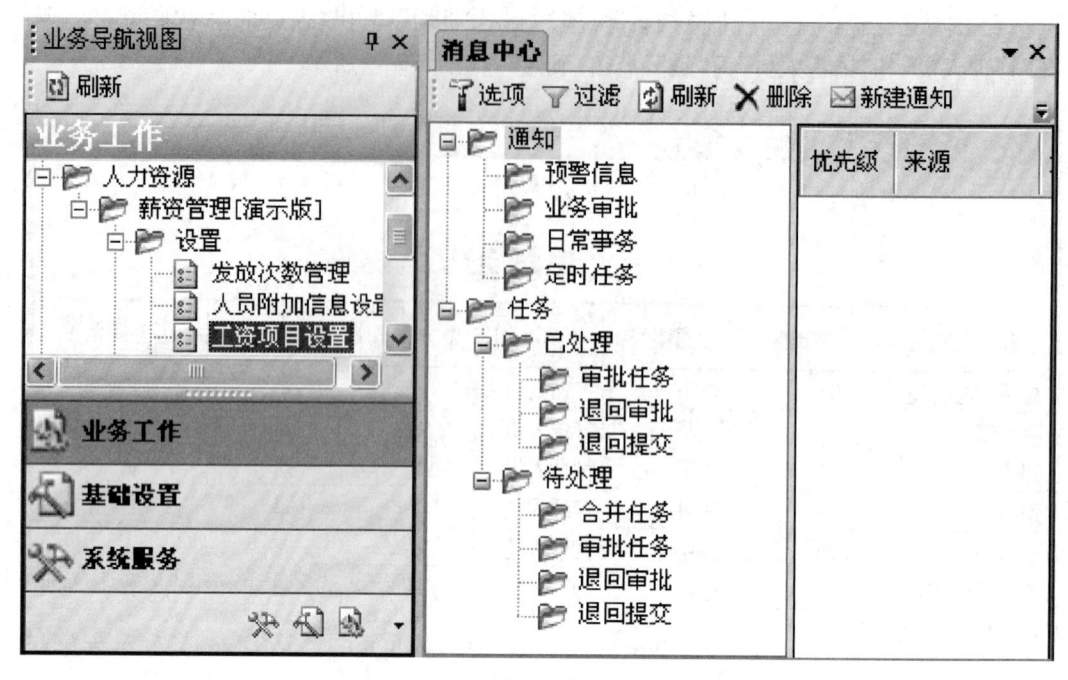

图 4-70

进入"工资项目设置"窗口。点击"增加",单击"名称参照",选中"基本工资"。同样步骤增加其余工资项目,并通过向下、向上移动箭头对工资项目进行排序,如图 4-71 所示。

工资项目名称	类型	长度	小数	增减项
基本工资	数字	8	2	增项
岗位工资	数字	8	2	增项
交补	数字	8	2	增项
应发合计	数字	10	2	增项
养老保险	数字	8	2	减项
计税基数	数字	8	2	其它
代扣税	数字	10	2	减项
事假天数	数字	8	2	其它
事假扣款	数字	8	2	减项
扣款合计	数字	10	2	减项
实发合计	数字	10	2	增项
本月扣零	数字	8	2	其它
上月扣零	数字	8	2	其它
年终奖	数字	10	2	其它

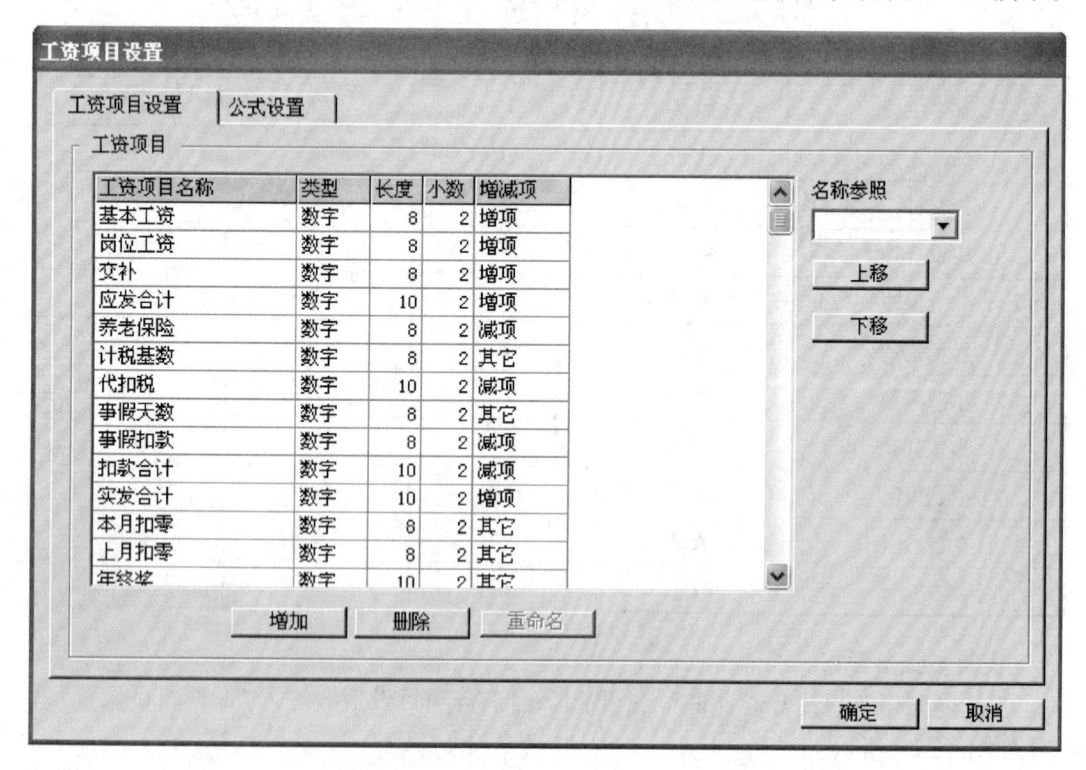

图 4-71

实验4：计税基数

表4-18 资料1

级 数	应纳税月所得额	税率(%)	速算扣除数(元)
1	不超过3 000元	3	0
2	超过3 000元至12 000元的部分	10	210
3	超过12 000元至25 000元的部分	20	1 410
4	超过25 000元至35 000元的部分	25	2 660
5	超过35 000元至55 000元的部分	30	4 410
6	超过55 000元至80 000元的部分	35	7 160
7	超过80 000的部分	45	15 160

※知识点：

应纳税所得额为扣除起征点5 000元后的金额。扣除项目包括子女教育、继续教育、赡养老人、大病医疗、住房贷款利息和住房租金等，同时可扣除三险一金和专项附加。

表4-19 资料2

全年应纳税所得额	税率(%)	速算扣除数(元)
不超过36 000元	3	0
超过36 000元至144 000元的部分	10	2 520
超过144 000元至300 000元的部分	20	16 920
超过300 000元至420 000元的部分	25	31 920
超过420 000元至660 000元的部分	30	52 920
超过660 000元至960 000元的部分	35	85 920
超过960 000元的部分	45	181 920

※知识点：

(1) 子女教育每个月扣除标准为1 000元，一年可扣除12 000元。

(2) 继续教育每个月扣除标准为400元，一年可扣除4 800元；若是进行技能职业教育或者专业技术职业资格教育，一年可扣除3 600元。

(3) 大病医疗一年最高可扣除60 000元。

(4) 住房贷款利息每个月扣除标准为1 000元，一年可扣除12 000元。

(5) 住房租金每个月扣除标准是1 500元、1 000元和800元，扣除金额需要根据城市而定。

(6) 赡养老人每个月扣除标准为2 000元，非独生子女，共同赡养老人，子女平均扣除,赡养老人年龄需要在60周岁及以上。

（7）全年应纳税所得额以每一纳税年度收入额减除费用6万元以及专项扣除、专项附加扣除和依法确定的其他扣除后的余额。

实验步骤参考：

"18 顾国丽"执行"薪资管理"→"设置"→"选项"，进入"选项"窗口。勾选"单个"，如图4-72所示。

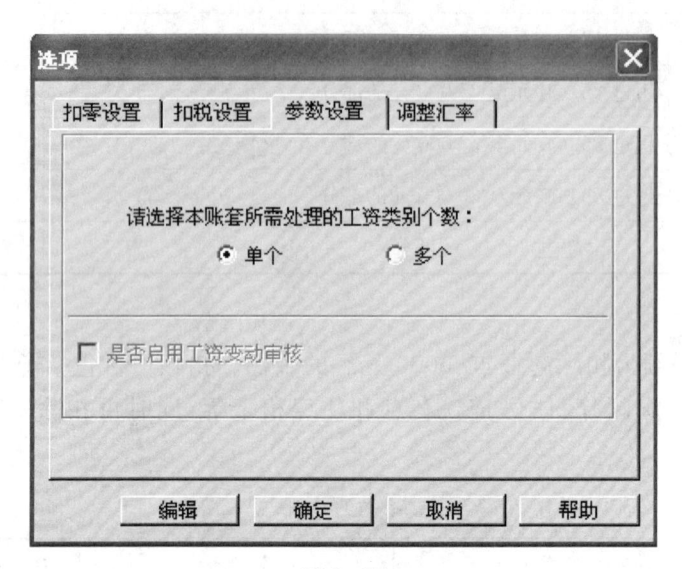

图4-72

执行"扣税设置"，如图4-73所示。

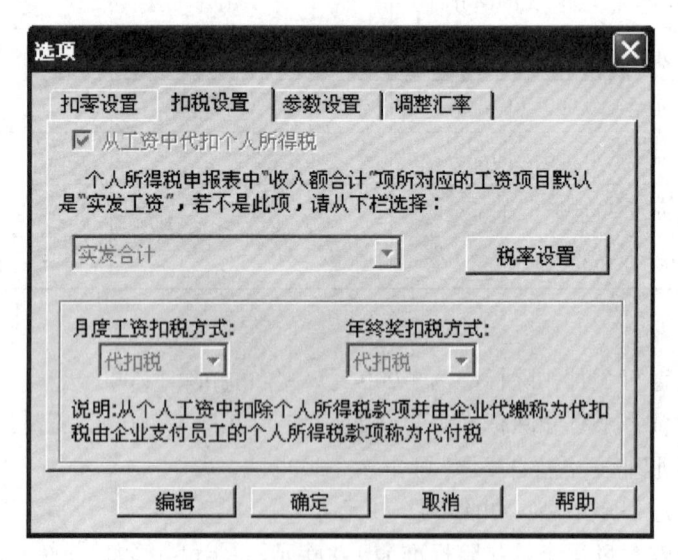

图4-73

点击"编辑"，执行"税率设置"。录入实验内容，如图4-74所示。

图 4-74

点击"确定"。

实验 5：项目设置

实验步骤参考：

"18 顾国丽"执行"薪资管理"→"设置"→"工资项目设置",弹出"工资项目设置"窗口。执行"公式设置",点击"增加",工资项目选择"交补",如图 4-75 所示。

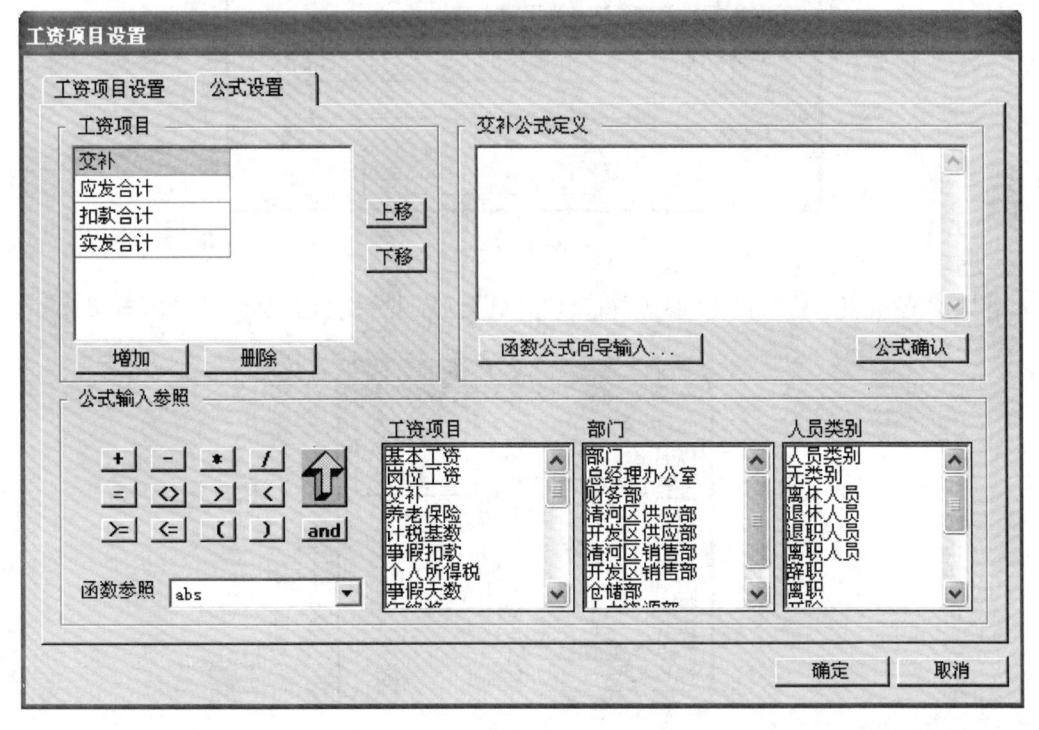

图 4-75

117

执行"函数公式向导输入",选择"iff",如图 4-76 所示。

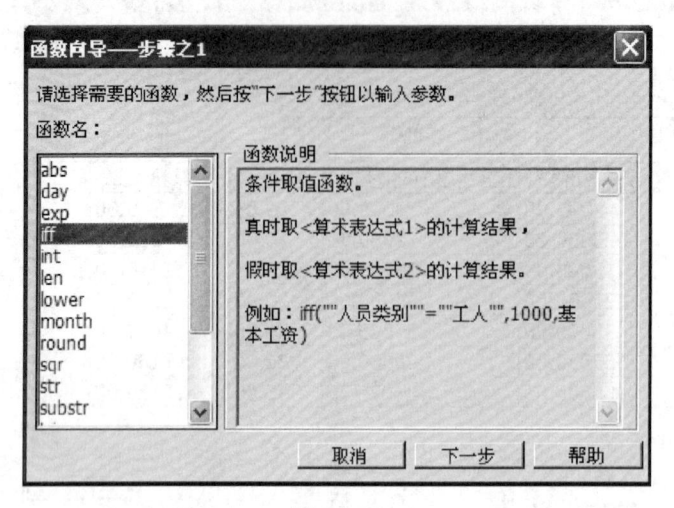

图 4-76

执行"下一步",进入"函数向导——步骤之 2"窗口,如图 4-77 所示。

图 4-77

点击"逻辑表达式",弹出"参照"窗口,"人员类别"选择"管理人员",如图 4-78 所示。

图 4-78

点击"确定",返回"函数向导"窗口。销售人员、管理人员交通补贴分别为1 200元、600元,如图4-79所示。

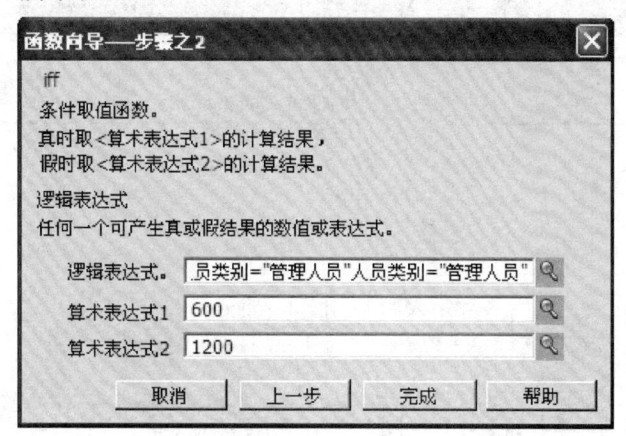

图4-79

点击"完成",返回"工资项目设置"窗口,如图4-80所示。

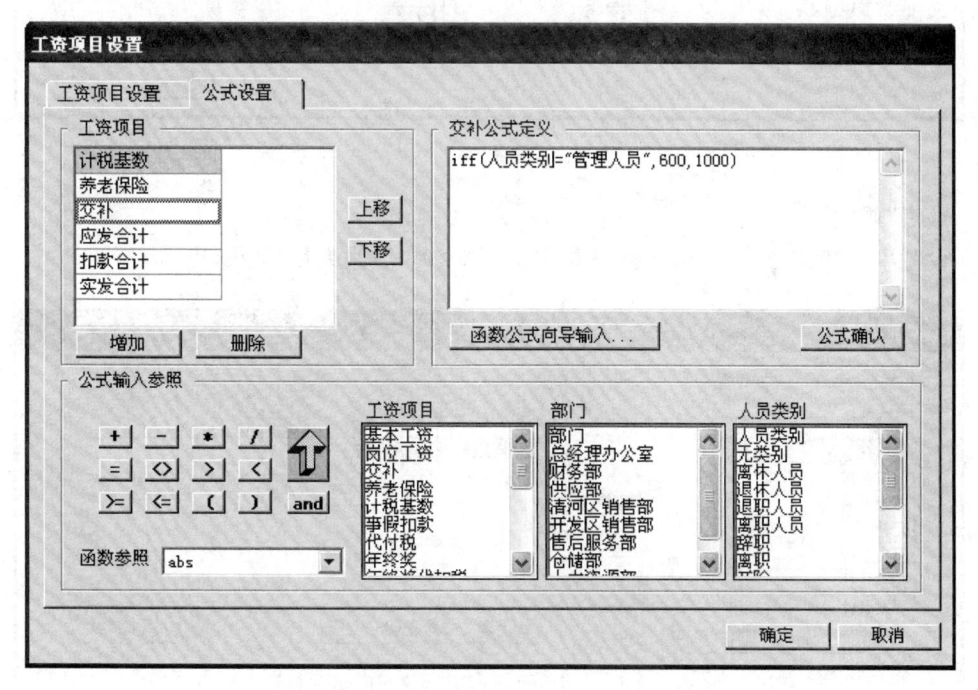

图4-80

点击"确定"。如公式设置错误,则有"非法的公式定义!"信息提示,如图4-81所示。

图4-81

设置养老保险公式:养老保险=(基本工资+岗位工资)×8%,如图4-82所示。

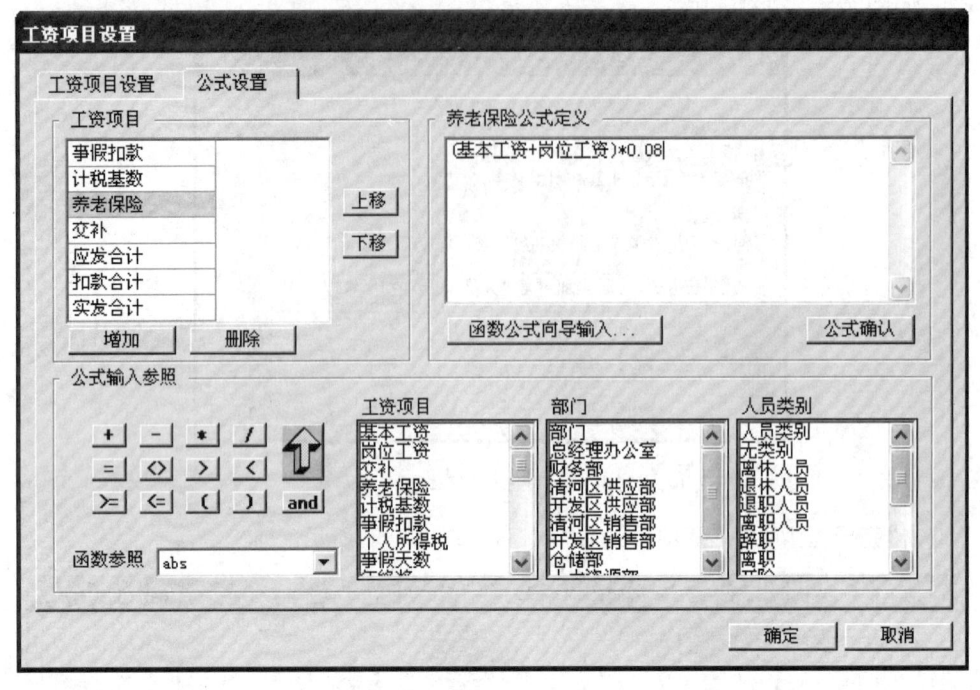

图4-82

点击"确定"。

设置事假扣款公式:事假扣款=基本工资÷22×事假天数,如图4-83所示。

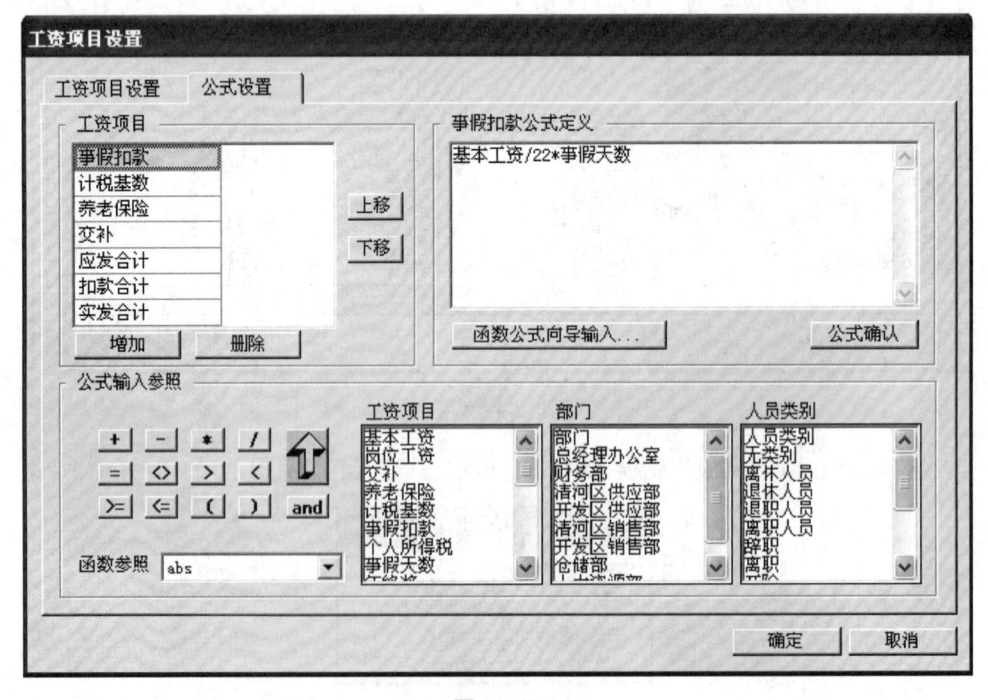

图4-83

点击"确定"。

设置计税基数公式：计税基数＝基本工资＋岗位工资＋交补－养老保险，如图4－84所示。

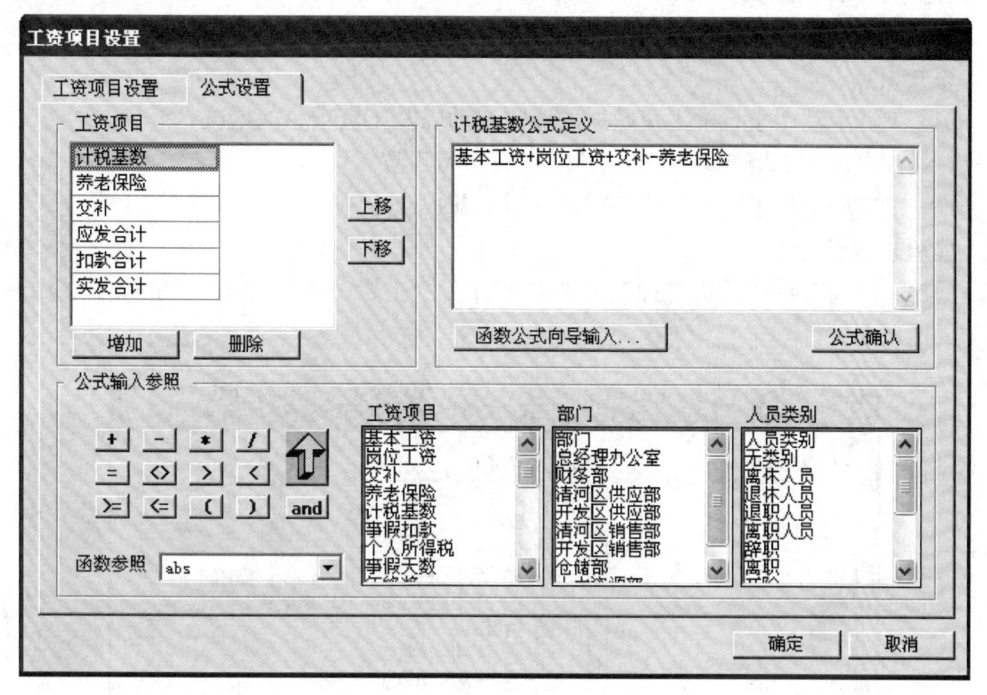

图 4－84

点击"确定"。

实验6：项目分摊

表 4－20

部门		工资总额		养老保险		应付福利费		工会经费	
		借方科目	贷方科目	借方科目	贷方科目	借方科目	贷方科目	借方科目	贷方科目
总办	管理人员	660201	221101	660206	221103	660202	221102	660207	221104
财务部		660201	221101	660206	221103	660202	221102	660207	221104
供应部		660201	221101	660206	221103	660202	221102	660207	221104
仓储部		660201	221101	660206	221103	660202	221102	660207	221104
人力资源部		660201	221101	660206	221103	660202	221102	660207	221104
销售部	经营人员	660101	221101	660106	221103	660102	221102	660107	221104
计提比例		100%		8%		14%		2%	

实验步骤参考1：

"18 顾国丽"执行"薪资管理"→"业务处理"→"工资分摊"，弹出"本月未进行汇总，请先汇总数据，否则数据不正确"提示信息。点击"确定"退出。

实验步骤参考 2：

"18 顾国丽"执行"薪资管理"→"业务处理"→"工资变动"，进入"工资变动"页签，点击"汇总"，弹出"数据发生变动后请进行工资计算和汇总，否则数据可能不正确！是否进行工资计算和汇总？"提示信息。点击"否"退出。

※知识点：

（1）工资变动用于日常工资数据的调整变动以及工资项目的增减；

（2）首次进入工资变动前，需要进行工资项目设置；

（3）工资变动是工资分摊业务正常开展的前提。

实验步骤参考 3：

"18 顾国丽"执行"薪资管理"→"业务处理"→"工资分摊"，弹出"工资分摊"窗口，如图 4-85 所示。

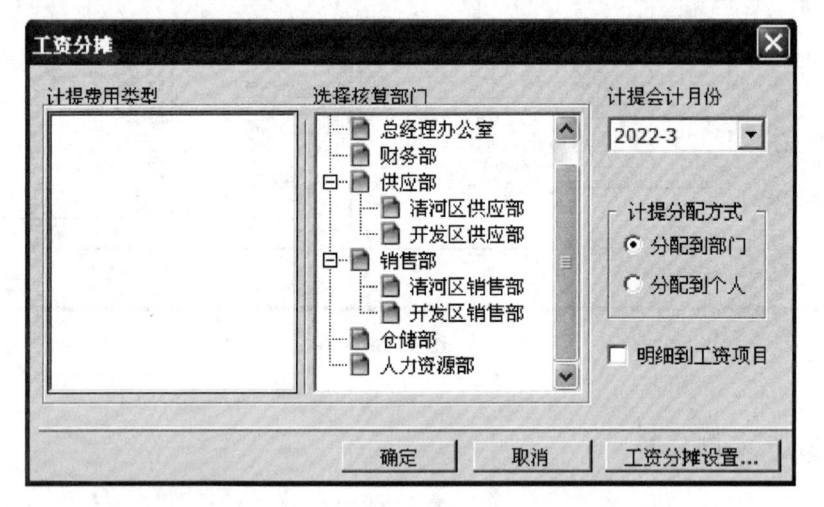

图 4-85

点击"工资分摊设置"，弹出"分摊类型设置"窗口，如图 4-86 所示。

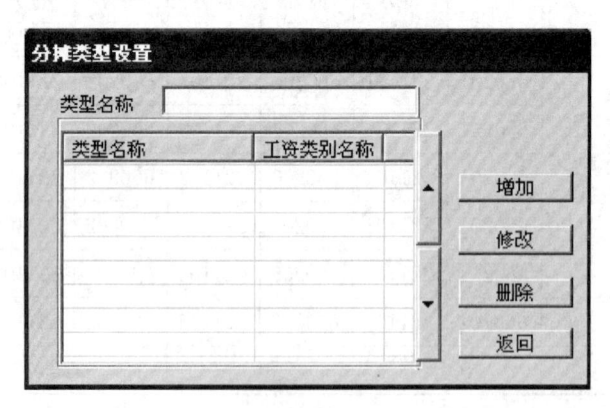

图 4-86

点击"增加"，弹出"分摊计提比例设置"窗口。"计提类型名称"录入"应付薪酬总额"，分摊比例选择"100%"，如图 4-87 所示。

点击"下一步",弹出"分摊构成设置"窗口。点击部门空白处,弹出"部门名称参照"窗口。选中"总经理办公室""财务部""清河区供应部""开发区供应部""人力资源部"等,点击"确定",返回"分摊构成设置"窗口。借方科目选择"660201 工资",贷方科目选择"2211 应付职工薪酬"。选中"清河区销售部""开发区销售部",借方科目选择"660101 工资",贷方科目选择"2211 应付职工薪酬"。点击"完成"。

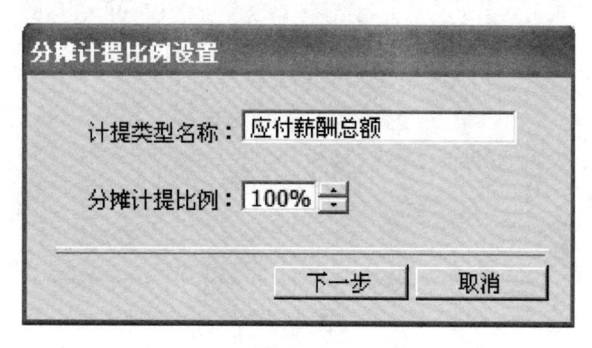

图 4-87

实验步骤参考 4:

执行"业务处理"→"工资分摊",弹出"工资分摊"窗口。点击"工资分摊设置",弹出"分摊类型设置"窗口。点击"增加",弹出"分摊计提比例设置"窗口。"计提类型名称"录入"应付福利费",分摊比例选择"14%",如图 4-88 所示。

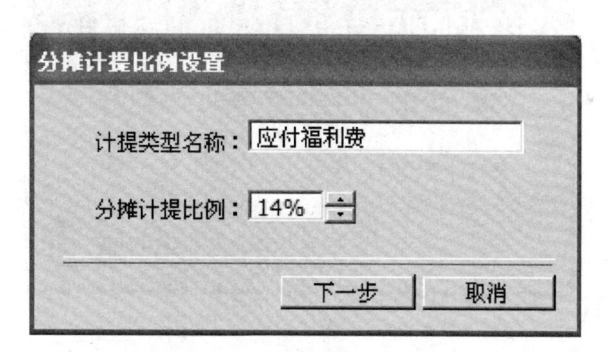

图 4-88

点击"下一步",弹出"分摊构成设置"窗口。部门名称选中"总经理办公室""财务部""清河区供应部""开发区供应部""人力资源部"等,点击"确定",返回"分摊构成设置"窗口。借方科目选择"660206 福利费",贷方科目选择"2211 应付职工薪酬"。部门名称选中"清河区销售部""开发区销售部",借方科目选择"660106 福利费",贷方科目选择"2211 应付职工薪酬"。点击"完成"。

实验步骤参考 5:

"18 顾国丽"执行"薪资管理"→"业务处理"→"工资分摊",弹出"工资分摊"窗口。点击"工资分摊设置",弹出"分摊类型设置"窗口。点击"增加",弹出"分摊计提比例设置"窗口。"计提类型名称"录入"养老保险",分摊比例选择"8%",如图 4-89 所示。

点击"下一步",弹出"分摊构成设置"窗口。部门名称选中"总经理办公室""财务部"

"清河区供应部""开发区供应部""人力资源部"等,点击"确定",返回"分摊构成设置"窗口。借方科目选择"660205 养老保险",贷方科目选择"2211 应付职工薪酬"。部门名称选中"清河区销售部""开发区销售部",借方科目选择"660105 养老保险",贷方科目选择"2211 应付职工薪酬"。点击"完成"。

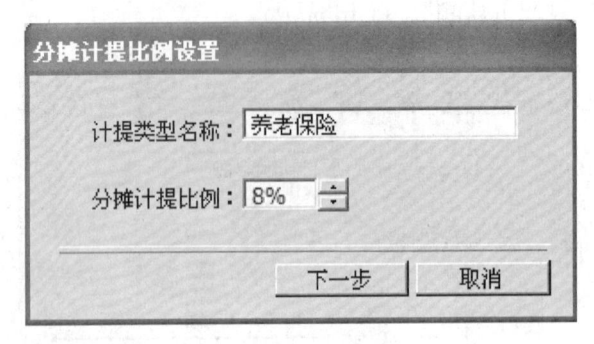

图 4-89

实验步骤参考 6：

"18 顾国丽"执行"薪资管理"→"业务处理"→"工资分摊",弹出"工资分摊"窗口。点击"工资分摊设置",弹出"分摊类型设置"窗口。点击"增加",弹出"分摊计提比例设置"窗口。"计提类型名称"输入"工会经费",分摊比例选择"3%",如图 4-90 所示。

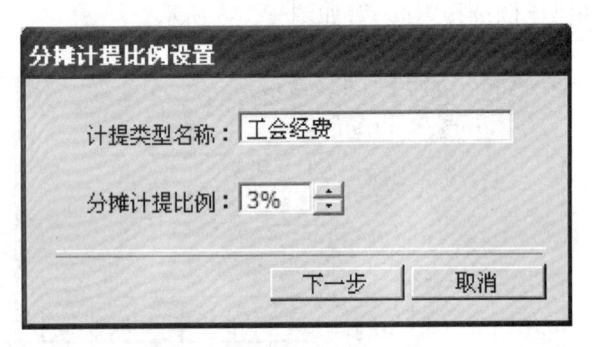

图 4-90

点击"下一步",弹出"分摊构成设置"窗口。部门名称选中"总经理办公室""财务部""清河区供应部""开发区供应部""人力资源部"等,点击"确定",返回"分摊构成设置"窗口。借方科目选择"660204 折旧费",贷方科目选择"2211 应付职工薪酬"。部门名称选中"清河区销售部""开发区销售部",借方科目选择"660107 工会经费",贷方科目选择"2211 应付职工薪酬"。点击"完成"。

实验步骤参考 7：

"18 顾国丽"执行"薪资管理"→"业务处理"→"工资分摊",弹出"工资分摊"窗口。点击"工资分摊设置",弹出"分摊类型设置"窗口。选中"工会经费",点击"修改",弹出"分摊计提比例设置"窗口。分摊计提比例更正为"2%",如图 4-91 所示。

点击"下一步",进入"分摊构成设置"窗口。部门名称选中"总经理办公室""财务部""清河区供应部""开发区供应部""人力资源部"等,借方科目修改为"660207 工会经费",

点击"完成",返回"分摊类型设置"窗口。点击"返回",返回"工资分摊"窗口。点击"取消"退出。

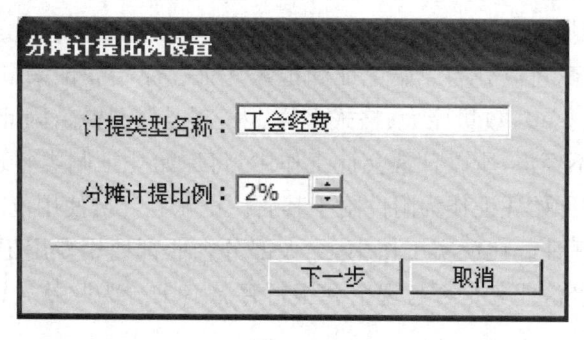

图 4-91

实验步骤参考 8:

"18 顾国丽"执行"薪资管理"→"业务处理"→"工资分摊",弹出"工资分摊"窗口,如图 4-92 所示。

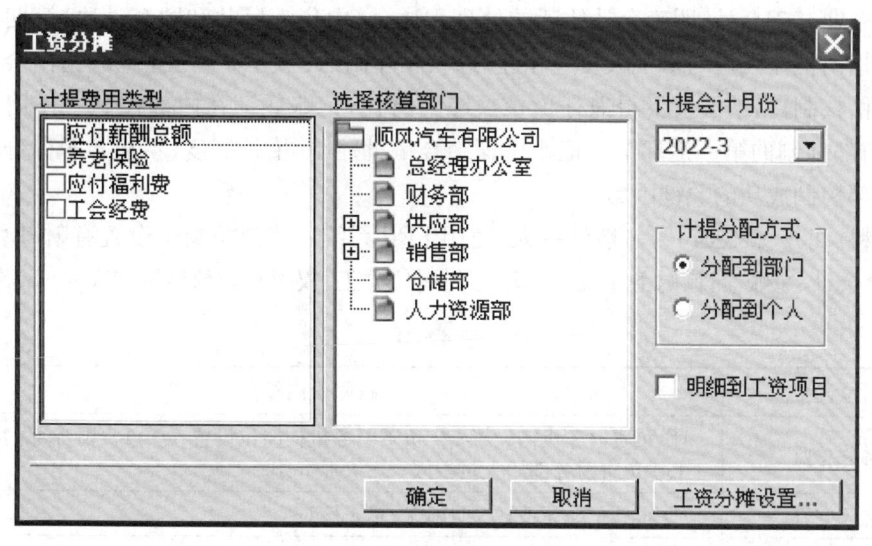

图 4-92

(三) 账套备份

在"E:\2022 顺风公司账套备份"文件夹中建立"薪资管理期初备份"子文件夹。"admin"执行备份。

第四节 案例分析

内部控制是对经济事务的监督,是防范管理风险、堵塞管理漏洞、源头上治理腐败的关键性制度。记账凭证是内部控制能否有效实施的核心因素,因此对记账凭证签字权、记账凭证科目控制和记账凭证金额控制的研究就有着重要的现实意义。

会计凭证是记录经济业务、明确经济责任、提供记账的依据,是内部控制的重要依据。通过会计凭证,可以提供经济业务的详细会计信息,可以明确相关人员的责任。会计凭证按其用途和填制程序,可以分为原始凭证和记账凭证。原始凭证来自企业内外不同的单位和部门,具有种类繁多、数量庞大、格式多样、内容各异等特点,因此直接根据原始凭证登记账簿不现实且不经济,所以日常会计工作中,将原始凭证归类整理,填制具有统一格式的记账凭证,并将原始凭证作为附件附于其后。记账凭证按使用范围不同,分为通用记账凭证和专用记账凭证。在现实工作中,绝大部分企业都使用专用记账凭证。专用记账凭证按其所记录的经济业务是否与现金和银行存款有关分为收款凭证、付款凭证和转账凭证三种。

基于会计凭证重要性,财政部、审计署、银监会、保监会制定了《企业内部控制基本规范》,在第四章第二十八条指出控制措施包括授权审批控制、会计系统控制、不相容职务分离控制等;第三十条指出授权审批控制要求企业根据常规授权和特别授权规定,明确岗位办理业务和事项的权限范围、审批程序和相应责任;第三十一条指出会计系统控制要求企业加强企业基础会计,明确会计凭证的处理程序。《中华人民共和国会计法》第四章第二十七条指出记账人员与审批人员应相互分离、相互制约;第五章第三十七条指出会计机构应建立稽核制,出纳人员不得兼任稽核。综上所述,记账凭证在内部控制中作用非常重大,是内部控制的第一道环节。记账凭证结合审批控制、稽核制度、不相容职称分离控制等是内部控制成功的关键因素。

资料: 江苏顺风公司为一般纳税人,使用 ERP 系统。该公司岗位设置有财务总监、出纳、现金会计、总账会计、财务主管等。该公司岗位分工、权限和内部控制如表 4-21 所示。

表 4-21

岗位设置	权限及内控
财务总监	① 负责财务机构设置;② 负责财务机构岗位设置;③ 负责财务部门人员分工;④ 负责财务部门人员权限;⑤ 负责审计
财务主管	① 审核记账凭证;② 明细账、总账核对
总账会计	① 总账记账、总账对账;② 负责登记明细账、总账
出纳	① 对收款凭证签字;② 对付款凭证签字
现金会计	① 收款凭证制单、付款凭证制单;② 禁止填制转账凭证;③ 禁止执行出纳签字功能
采购员	① 只能填制应付往来凭证;② 无权审核任何凭证;③ 填制的会计科目只能是:应交税费——应交增值税——进项税额、应付账款和原材料
采购主管	① 只能审核应付往来凭证;② 禁止填写任何其他凭证
销售员	① 只能填制应收往来凭证;② 无权审核任何凭证;③ 填制的会计科目只能是:应交税费——应交增值税——销项税额、应收账款和主营业务收入;④ 应收账款填制的金额不能超过 11 300 元,应交税费——应交增值税——销项税额的金额不能超过 1 300 元,主营业务收入填写的金额不能超过 10 000 元
销售主管	① 只能审核应收往来凭证;② 禁止填写任何其他凭证

无论在企业,还是在高校,许多人容易混淆出纳和现金会计这两个概念。要么混为一谈,要么不能抓住两者之间的本质区别。实际上,出纳和现金会计是基于"管账不管钱,管钱不管账"原则设计出来的。出纳是按照财务制度规定,负责本单位直接与资金收付有关的事务,会计负责账务处理,二者不能兼容;出纳不得掌管稽核。在表4-21中,发生与库存现金和银行存款有关的收款和付款业务时,出纳负责审核原始凭证合法性、合规性和完整性,现金会计根据审核过的原始凭证填制收款凭证和付款凭证。在手工做账环境下,出纳接到会计传票以后,通过盖章确认。但在ERP环境下,由电子签字代替。在中型企业中,除设现金会计外,还设银行会计负责与银行相关的业务。为简化和节省篇幅起见,本节中所有收款凭证和付款凭证均由现金会计负责,并且所有的论证均在总账系统中完成。

一、基于记账凭证签字权限的实施及验证

表4-21中,按顺风公司内部控制要求,收款凭证和付款凭证必须经过出纳签字后才具合法性。该公司规定,只有财务总监有资格授权,所以内部控制、实施均由财务总监负责。

内控设置操作步骤如下:

第一步,财务总监进入企业应用平台,执行"基础设置"→"基础档案"→"财务"→"凭证类别",设置收款凭证、付款凭证和转账凭证,如图4-93所示。

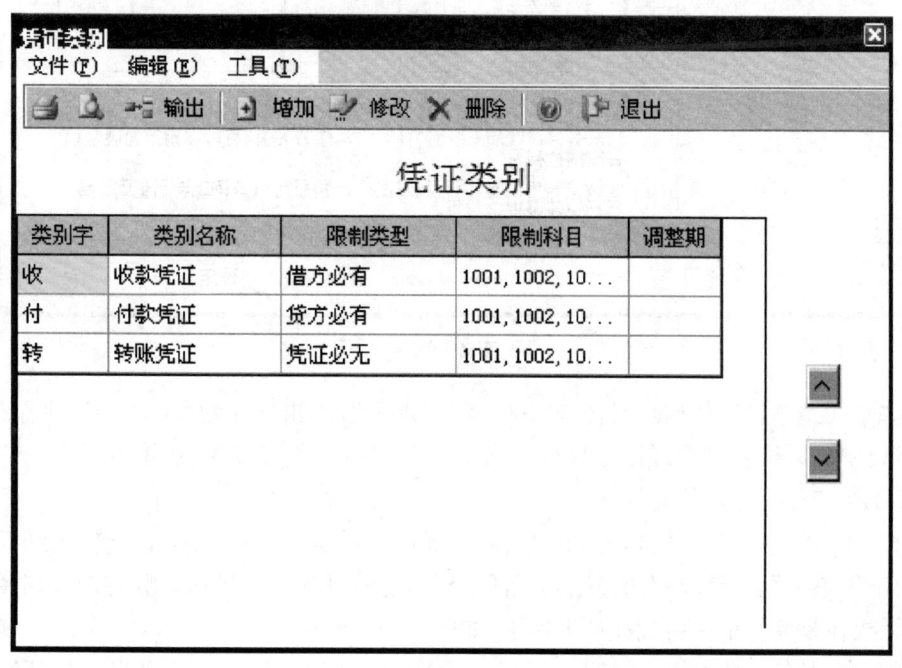

图4-93

第二步，财务总监执行"基础设置"→"基础档案"→"财务"→"会计科目"，指定现金、银行存款为现金科目、银行科目，如图4-94所示。

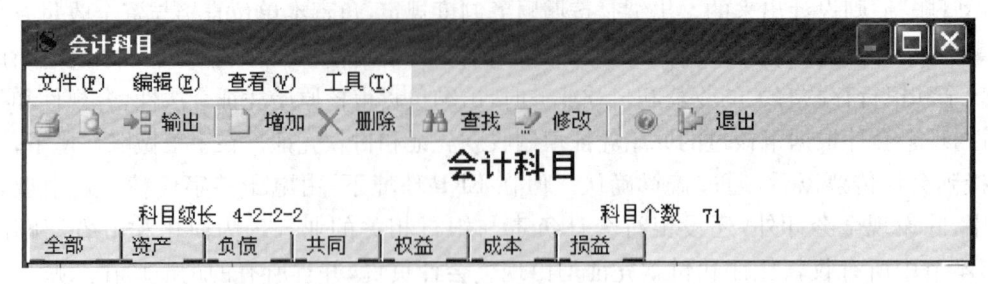

图4-94

执行"编辑"→"指定科目"，弹出如图4-95所示的窗口。

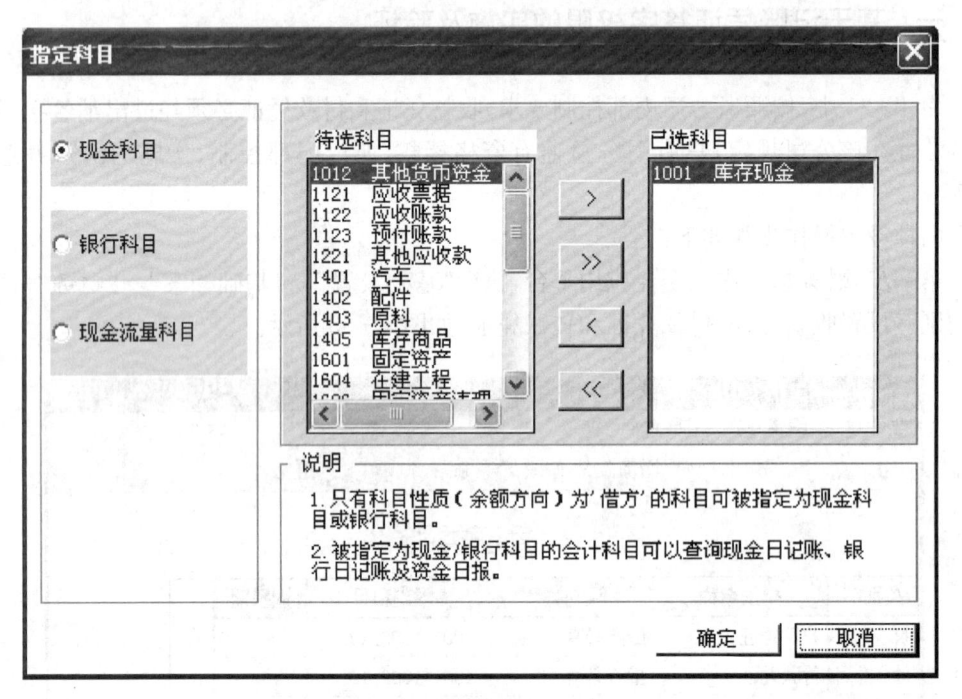

图4-95

选中"现金科目"，待选科目选择"1001 库存现金"，点击，则"1001 库存现金"进入已选科目中。同样步骤设置银行科目。指定现金和银行科目以后，系统可以自动识别包含库存现金和银行存款的凭证。

第三步，在企业应用平台，财务总监执行"总账"→"选项"→"权限"，设置"出纳凭证必须经由出纳签字"和"制单权限控制到凭证类别"，明确其他任何操作人员在未得到授权前提下，无权在收款凭证和付款凭证上签字，如图4-96所示。

第四步，财务总监进入"系统管理"，在"操作员权限"界面，执行"总账"→"凭证"→"出纳签字"，授予出纳拥有"出纳签字"权限，如图4-97所示。

图 4-96

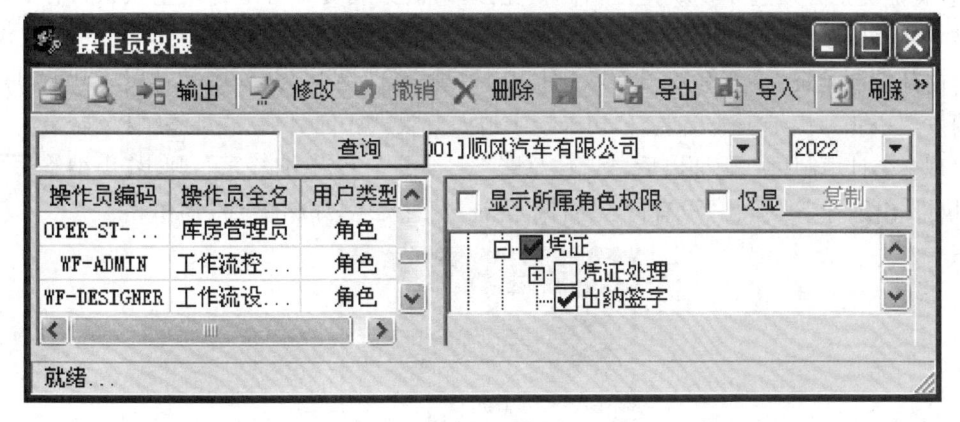

图 4-97

第五步,在企业应用平台,财务总监执行"系统服务"→"权限"→"数据权限控制设置",进入"数据权限控制设置"界面,选中"凭证类别"作为控制对象,如图 4-98 所示。

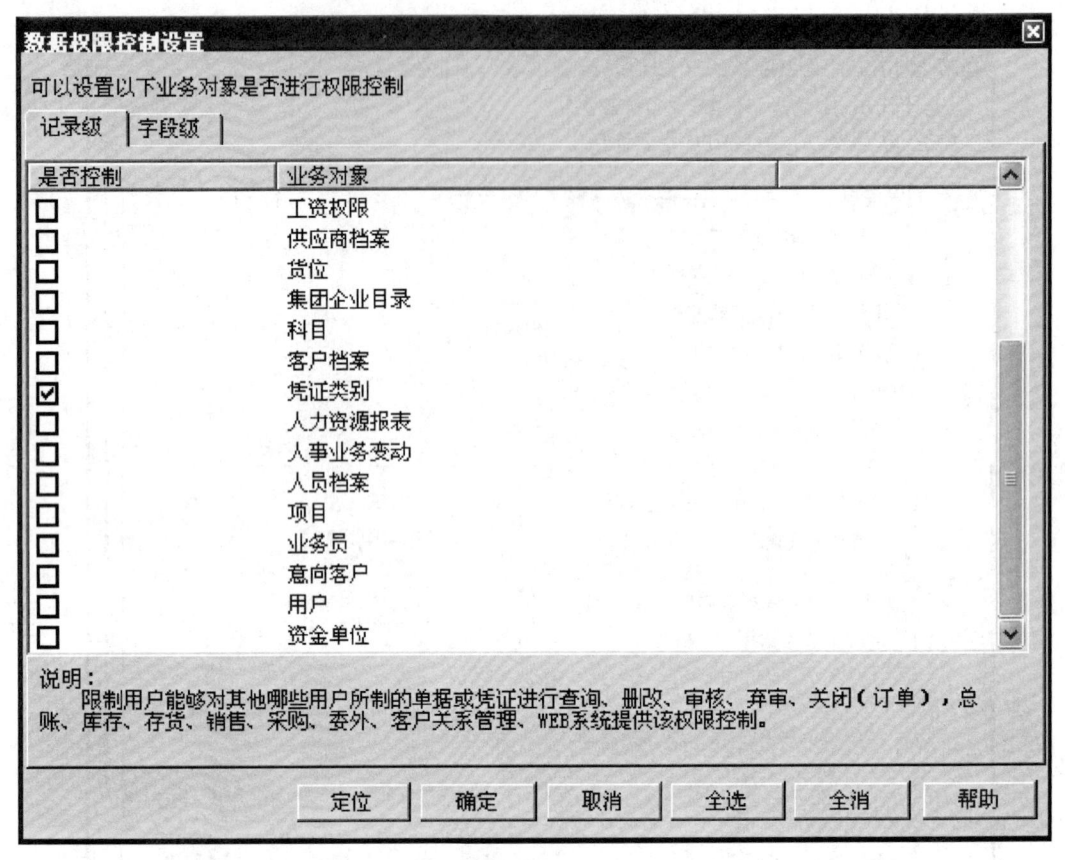

图 4-98

第六步，财务总监执行"系统服务"→"权限"→"数据权限分配"，进入"记录权限设置"界面，凭证类别必须选择收款凭证和付款凭证，即借方或贷方有库存现金或银行存款时，出纳才能有签字权。

内部控制验证： 接上例，2022 年 3 月 12 日，现金会计购买办公用品花费 100 元，取得普通发票一张。出纳因公出差，公司未授予他人有收款凭证、付款凭证签字权。

现金会计填制付款凭证以后，执行"总账"→"凭证"→"出纳签字"，弹出"出纳签字"界面，执行"出纳签字"，弹出"没有符合条件的凭证"信息提示，如图 4-99 所示。

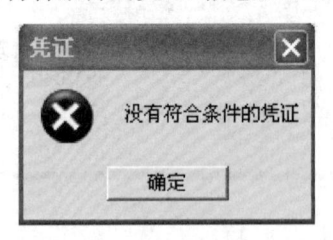

图 4-99

图 4-99 说明：付款凭证即便由现金会计填制而成，但在未得到授权前，也无权在"出纳签字"界面执行相关操作。

上述操作验证内部控制通过记账凭证达到"钱账分管"原则。

二、基于记账凭证科目权限控制实施及验证

表 4-21 中,按内部控制要求,采购员只能填制转账凭证,且只限于会计分录:

借:原材料
　　应交税费 —— 应交增值税 —— 进项税额
贷:应付账款

内控设置步骤:

第一步,财务总监进入"操作员权限"界面,执行"总账"→"凭证"→"填制凭证",授予采购员有权填写记账凭证。

第二步,财务总监执行"总账"→"选项"→"权限",设置"制单权限控制到科目"和"控制到操作员",如图 4-100 所示。

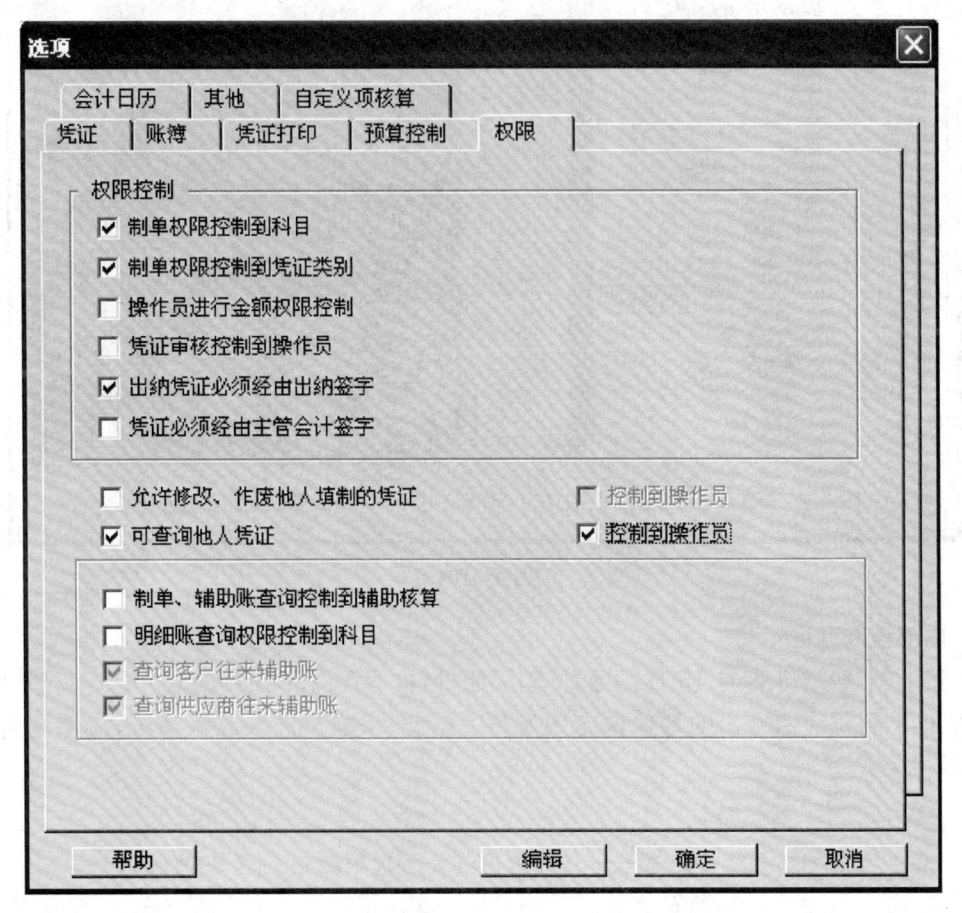

图 4-100

第三步,财务总监执行"系统服务"→"权限"→"数据权限控制设置",弹出"数据权限控制设置"界面,选中"科目"作为控制对象。

第四步，财务总监执行"系统服务"→"权限"→"数据权限分配"，弹出"记录权限设置"界面，业务对象"凭证类别"设置采购员有转账凭证权限。

第五步，财务总监进入"记录权限设置"界面，业务对象"科目"仅设置应付账款、应交税费——应交增值税——进项税额和原料三个会计科目，仅勾选"制单"权限（禁止勾选"查账"权限），如图 4-101 所示。

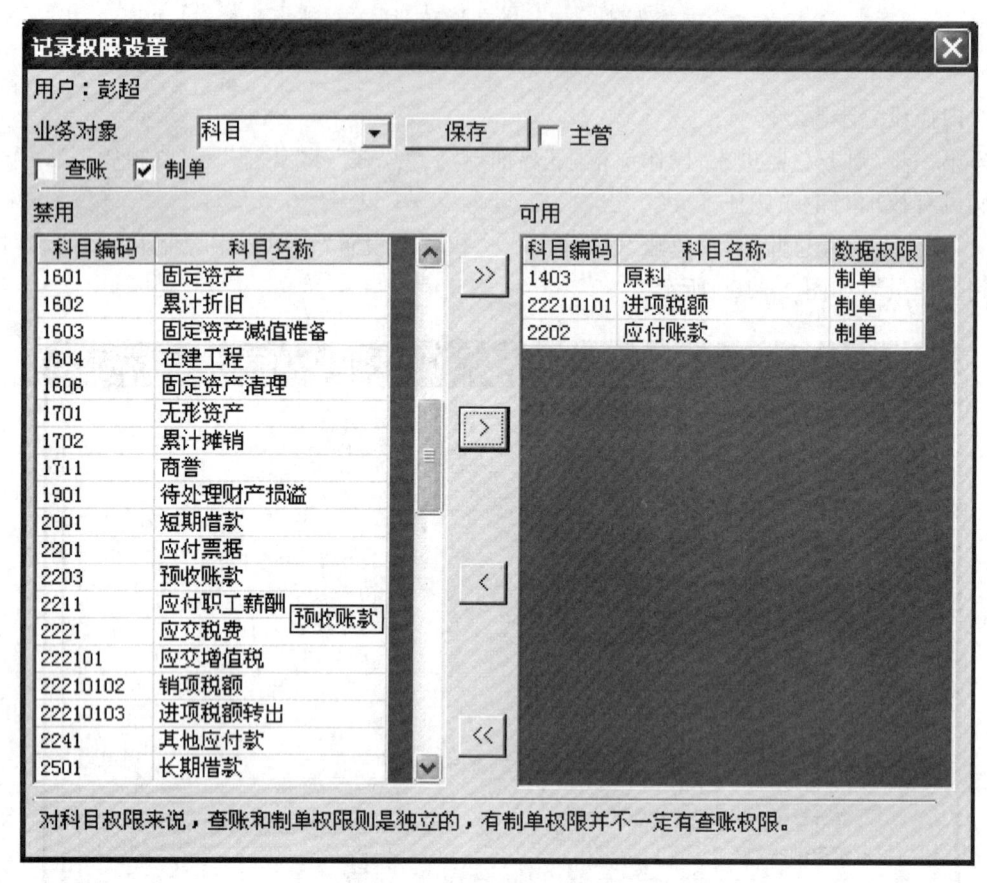

图 4-101

内部控制验证：

接上例，2022 年 3 月 15 日，采购员购买原材料，不含税价格 10 000 元。原材料已验收入库，取得供应商开出的增值税专用发票。据此，采购员进入总账系统，应填制转账凭证：

    借：原料   10 000
      应交税费——应交增值税——进项税额 1 300
      贷：应付账款   11 300

为了验证内部控制制度设置的有效性，在填制会计分录贷方科目时，将会计科目错写为应收账款，系统自动弹出"没有使用此科目进行制单的权限"提示信息，如图 4-102 所示。

会计科目的控制在现实工作中有着相当重要的意义,基于会计科目的控制设置正确,不仅可以减轻财务人员的工作量,而且非财务部门人员均能正确地填制凭证,因为填写错误就会出现提示信息。财务部门常规性财务工作减轻,财务部门就可以往管理会计方向发展,从仅提供决策者需要的信息地位发展到参与决策。

图 4-102

三、基于记账凭证金额权限控制实施及验证

在表 4-21 中,按内部控制要求,对销售员的控制实行双重控制:会计科目和填制的金额。销售员在填写记账凭证时,只能填写三个会计科目,并且每一个会计科目填写的金额都有限制,不得超出这个金额。

内部控制设置步骤:

第一步,财务总监执行"总账"→"选项"→"权限",设置"操作员进行金额权限控制",如图 4-103 所示。

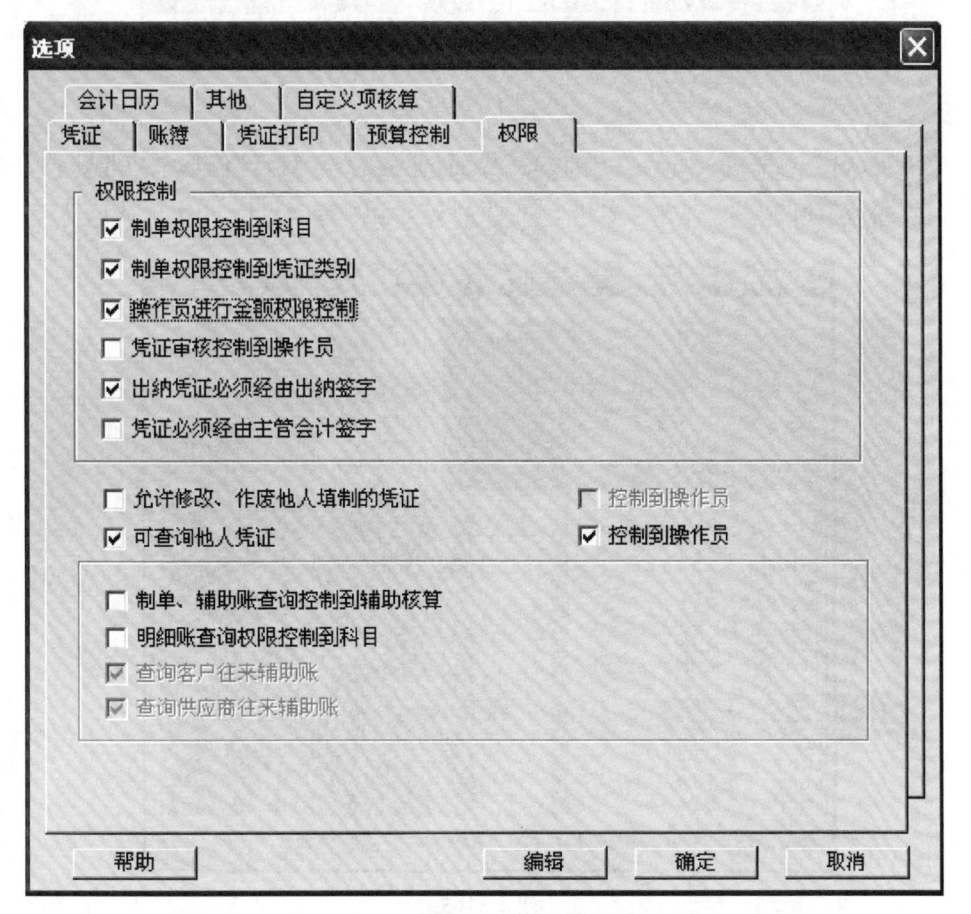

图 4-103

第二步，财务总监执行"总账"→"凭证"→"填制凭证"，授予销售员有填制凭证的权限；财务总监执行"系统服务"→"权限"→"数据权限分配"，弹出"记录权限设置"界面，业务对象"凭证类别"仅设置销售员有转账凭证权限，如图4-104所示。

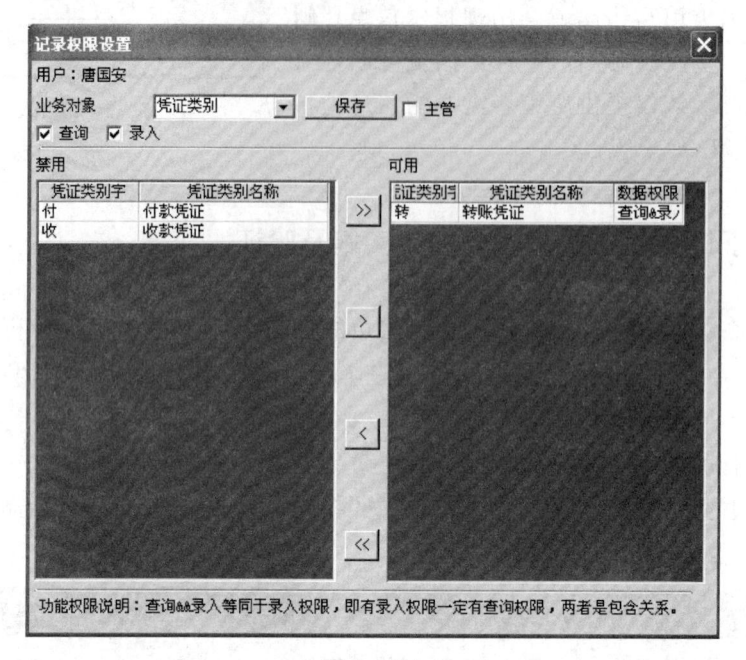

图 4-104

第三步，财务总监进入"记录权限设置"界面，业务对象"科目"仅选中应收账款、应交税费——应交增值税——销项税额和主营业务收入三个会计科目，如图4-105所示。

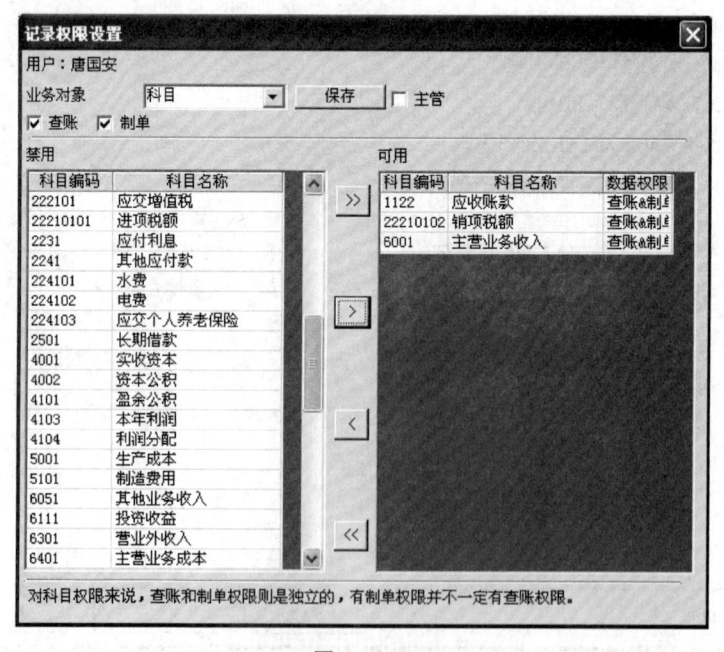

图 4-105

第四步,财务总监执行"系统服务"→"权限"→"金额权限分配",进入"金额权限设置"页签。点击"级别",弹出"金额级别设置"界面。按表4-21要求,科目和科目名额分别选择"1122应收账款""22210102销项税额"和"6001主营业务收入","级别一"分别输入"11 300""1 300"和"10 000"。

第五步,在"金额权限设置"页签,用户选择被控制对象"销售员",级别选择"级别一",如图4-106所示。

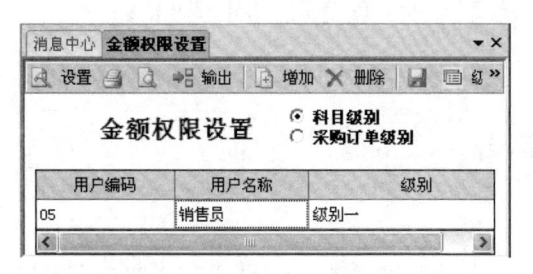

图4-106

内部控制验证:

接上例,2022年3月20日,A公司购买顺风公司商品,不含税价格10 000元,商品已经发出。顺风公司已经开出增值税专用发票。据此,销售员进入总账系统,应填制转账凭证:

借:应收账款　　　　　　　　　　　　　　　11 300
　　贷:主营业务收入　　　　　　　　　　　　10 000
　　　　应交税费——应交增值税——销项税额　1 300

为了验证内控制度的有效性,在输入会计科目应收账款金额时,故意填入金额20 000元,弹出"超过授权金额,是否进行授权签字?"信息提示。如果点击"是",则必须要授权人输入姓名和密码,如图4-107所示。

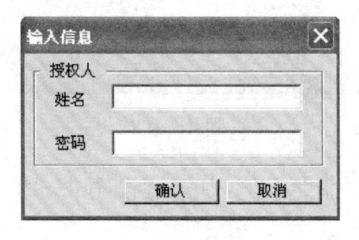

图4-107

以上基于记账凭证的内部控制实施和验证,可以有效地防范企业各种风险,有效地解决了企业内部控制难题。由于属于事中内部控制,极好地实现了"防患于未然"这一原则。但在企业工作中,由于各种各样的因素,很难达到理想化的内部控制效果。在表4-21中,采购主管和销售主管内部控制权限实施和以上步骤一致,这里不再一一赘述。

目前企业应用的ERP软件大部分是根据企业实际情况二次开发完成,但由于管理水平、经济投入能力等各种因素,所启用的模块非常少。而为了满足理论教学和实践需求,用友ERP是基于高校市场开发的一款功能强大的实训软件,将市场上所涉及的所有模块均包括在内，基本上包揽了大部分大型企业集团所有的业务范围。对用友ERP的研究和探讨，有利于培养高水平的中级财务管理人员，有利于企业加强内部控制，有利于提高企业管理水平，所以我们应投入更多的精力去研究和开拓这一系统，在教师提高自身业务水平的同时，让学员掌握更多的专业技能，达到学以致用，为社会创造更大价值的目标。

第五节　问题探讨

问题一：对账错误

实验步骤参考：

"03 王平"执行"财务会计"→"总账"→"设置"→"期初余额"，进入"期初余额"窗口。点击"对账"，弹出"期初对账"窗口。点击"开始"，如图4-108所示。

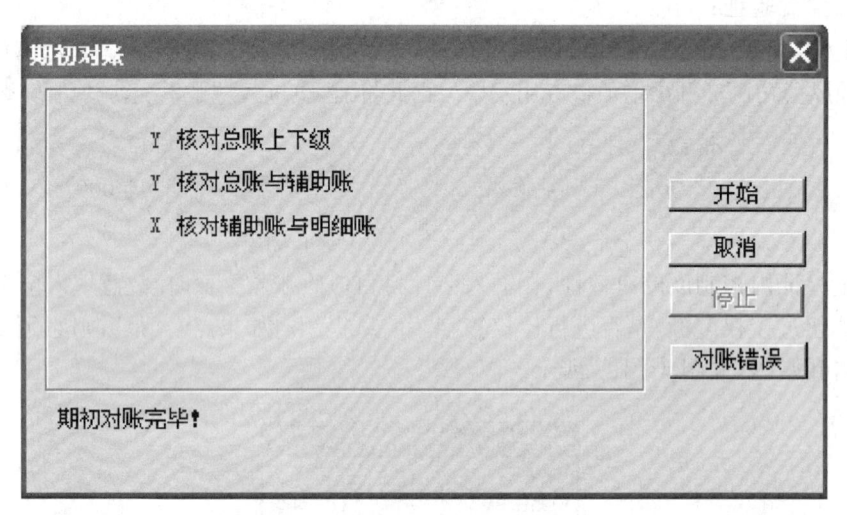

图 4-108

※**知识点**：图4-108为验证性案例，基于假设图4-24不出现的前提下。点击"对账错误"，如图4-109所示。

图 4-109

解决方案:

实验步骤参考:

"03 王平"执行"财务会计"→"总账"→"设置"→"期初余额",进入"期初余额"窗口。点击"2202 应付账款",弹出"2202 应付账款"辅助期初余额窗口,如图 4-110 所示。

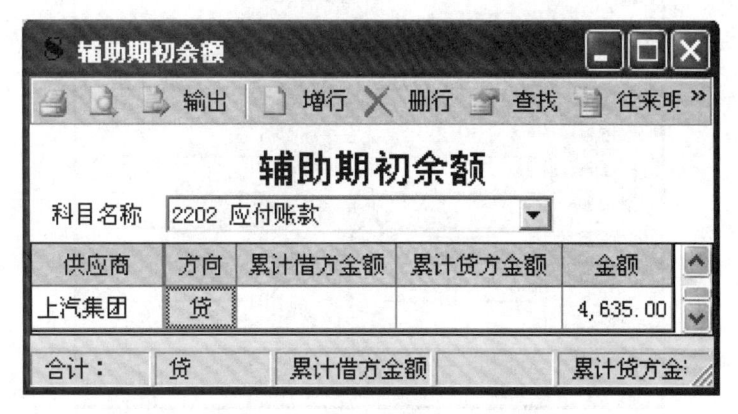

图 4-110

更正"上汽集团"辅助期初金额。点击"往来明细",进入"期初往来明细"窗口。更正期初往来明细金额,如图 4-111 所示。

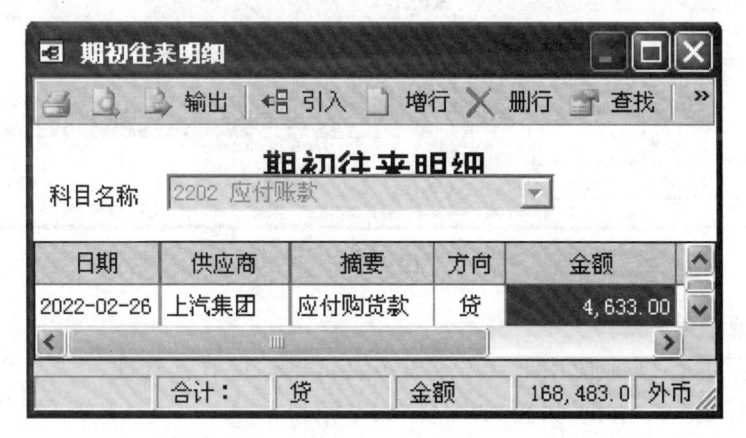

图 4-111

问题二:无权查询

实验步骤参考 1:

"02 吴坚"执行"企业应用平台"→"财务会计"→"应收款管理"→"设置"→"期初余额",弹出"期初余额—查询"窗口,如图 4-112 所示。

图 4-112

单据名称默认"所有种类",点击"确定",进入"期初余额"页签,如图 4-113 所示。

图 4-113

实验步骤参考 2：

"09 孙艺"执行"企业应用平台"→"财务会计"→"应收款管理"→"设置"→"期初余额",弹出"期初余额—查询"页签,如图 4-114 所示。

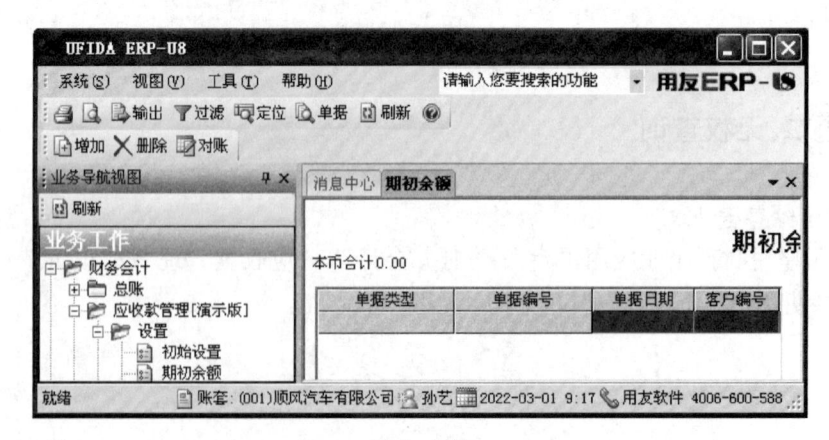

图 4-114

在图 4-114 中,"09 孙艺"无权查询应收款的期初余额。

实验步骤参考 3：

"admin"执行"系统管理"→"权限"→"权限",进入"操作员权限"窗口。操作员选中"09 孙艺",如图 4-115 所示。

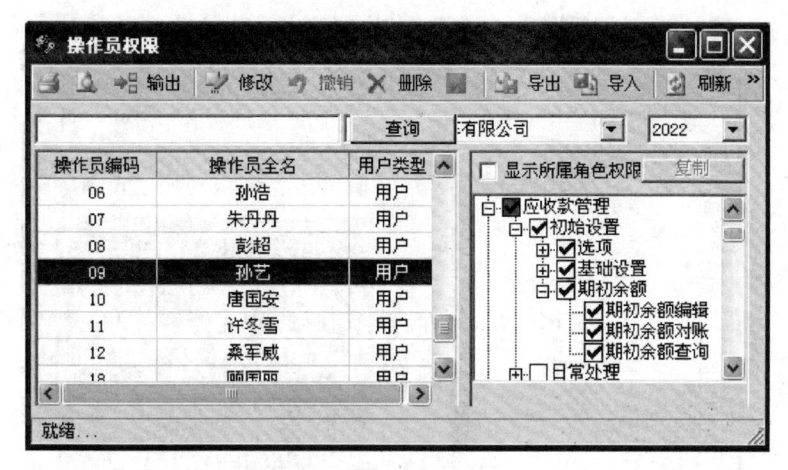

图 4-115

在图 4-115 中,操作员"09 孙艺"拥有查询应收款管理的期初余额权限。

解决方案：

实验步骤参考 1：

"02 吴坚"执行"企业应用平台"→"系统服务"→"数据权限控制设置",进入"数据权限控制设置"窗口,如图 4-116 所示。

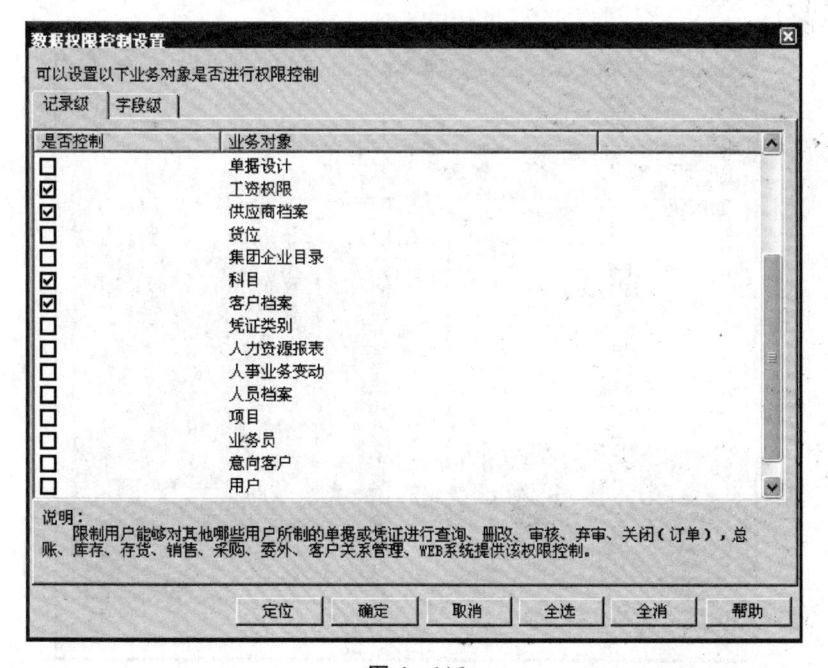

图 4-116

选中"用户",点击"确定"。

实验步骤参考 2:

"02 吴坚"执行"系统服务"→"权限"→"数据权限分配",进入"权限浏览"页签。用户选中"09 孙艺",点击"授权",弹出"记录权限设置"窗口,如图 4-117 所示。

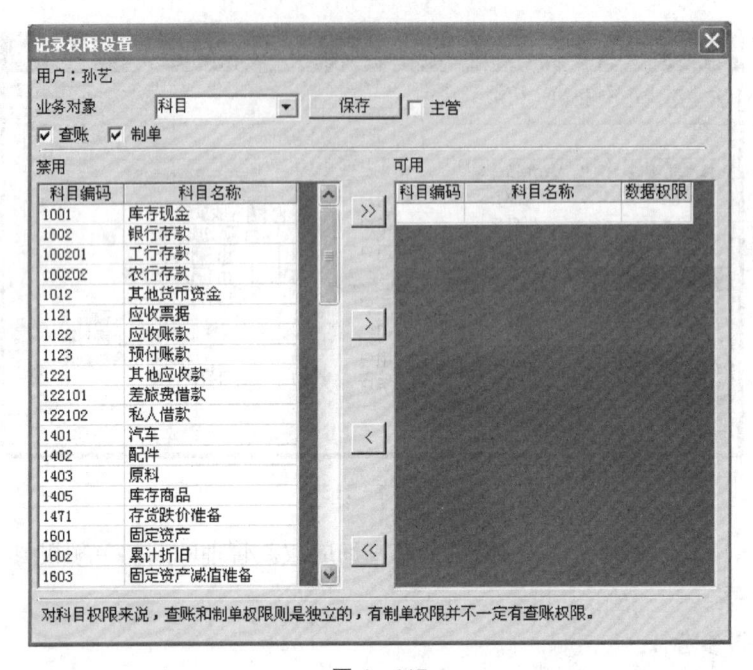

图 4-117

业务对象选择"用户",禁用选中"09 孙艺",点击 >,如图 4-118 所示。

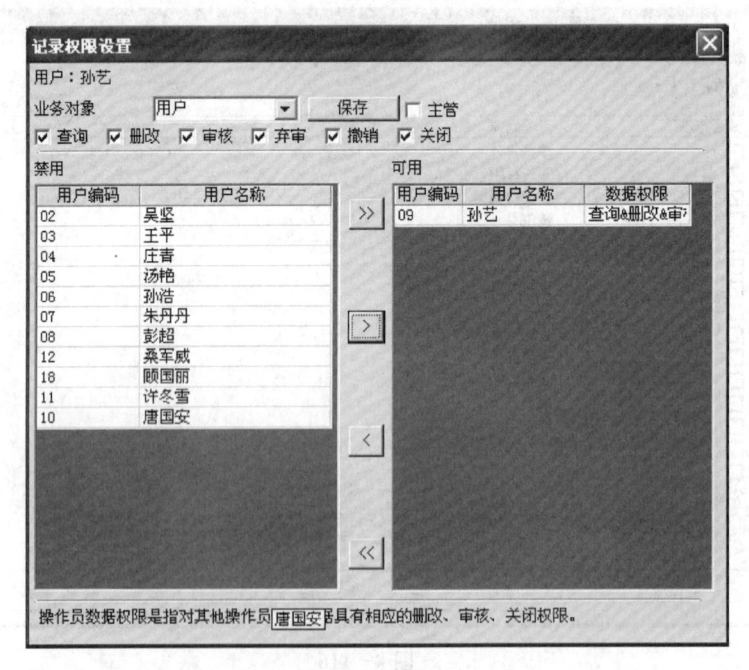

图 4-118

点击"保存",弹出"保存成功,重新登录门户,此配置才能生效!"信息提示,如图4-119所示。

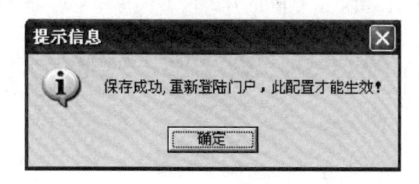

图 4-119

点击"确定"。

实验步骤参考 3:

"09 孙艺"执行"财务会计"→"应收款管理"→"设置"→"期初余额",弹出"期初余额—查询"窗口。点击"确定",进入"期初余额"页签,如图 4-120 所示。

问题三:对账不平

实验步骤参考 1:

"06 孙浩"执行"财务会计"→"应付款管理"→"设置"→"期初余额",弹出"期初余额—查询"窗口。点击"确定",进入"期初余额"页签,如图 4-121 所示。

点击"对账",进入"期初对账"页签,如图 4-122 所示。

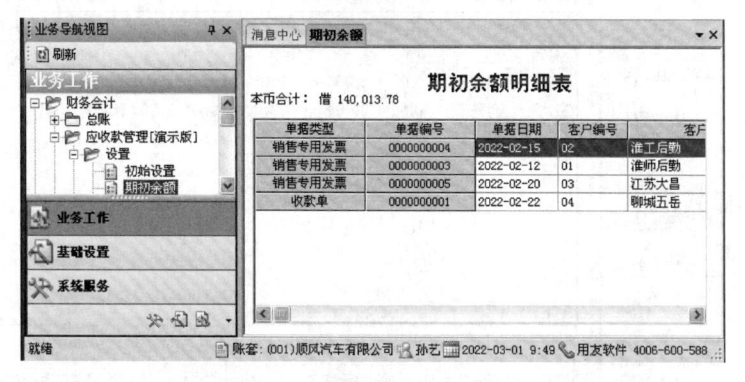

图 4-120

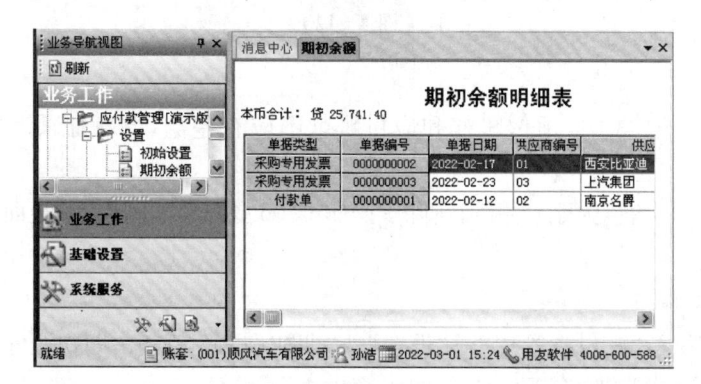

图 4-121

图 4-122

在图 4-122 中,应付期初和总账期初不等,导致出现差额。

实验步骤参考 2:

"02 吴坚"执行"财务会计"→"应付款管理"→"设置"→"期初余额",弹出"期初余额—查询"窗口。点击"确定",进入"期初余额"页签。单击"对账",进入"期初对账"页签,如图 4-123 所示。

图 4-123

备注:

(1) 在图 4-123 中,预付账款和应付账款不应有差额,差额原币和本币金额均应为 0。

(2) "02 吴坚"角色为账套主管,排除了操作员"06 孙浩"由于授权不足而产生的问题。

解决方案:

实验步骤参考 1:

"06 孙浩"执行"应付款管理"→"设置"→"期初余额",弹出"期初余额—查询"窗口。点击"确定",进入"期初余额"页签,如图 4-124 所示。

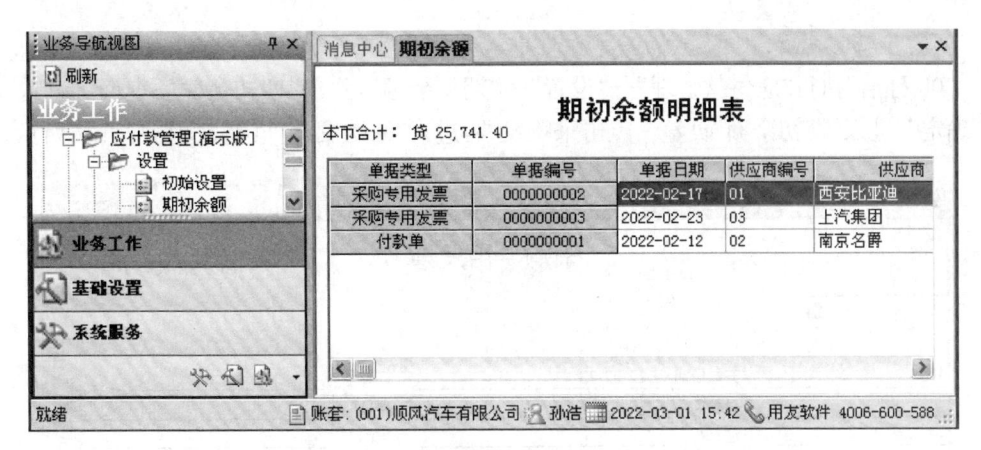

图 4-124

点击采购专用发票,进入"采购发票"页签,如图 4-125 所示。

图 4-125

点击"修改",科目选择"2202 应付账款",如图 4-126 所示。

图 4-126

实验步骤参考 2：

"06 孙浩"执行"应付款管理"→"设置"→"期初余额"，弹出"期初余额—查询"窗口。点击"确定"，进入"期初余额"页签。点击采购发票，进入"采购发票"页签，如图 4-127 所示。

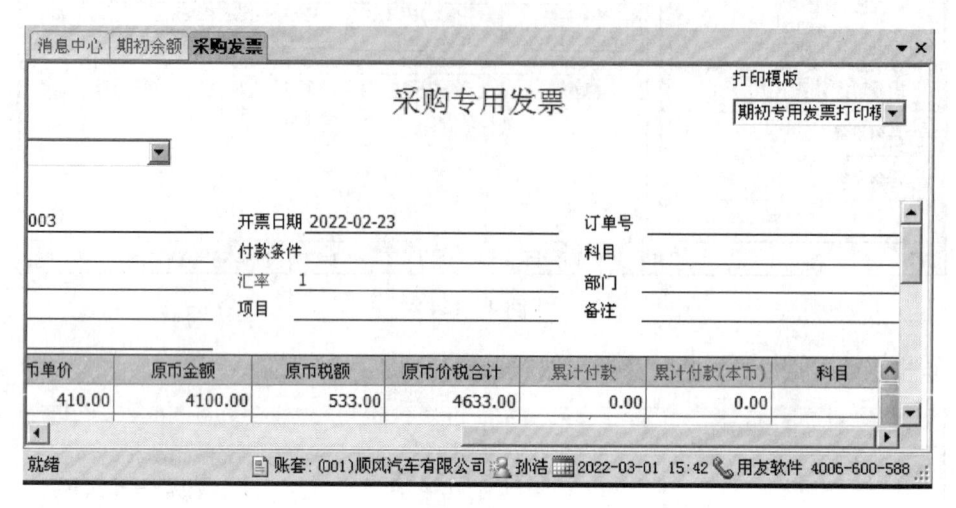

图 4-127

点击"修改"，科目选择"2202 应付账款"，如图 4-128 所示。

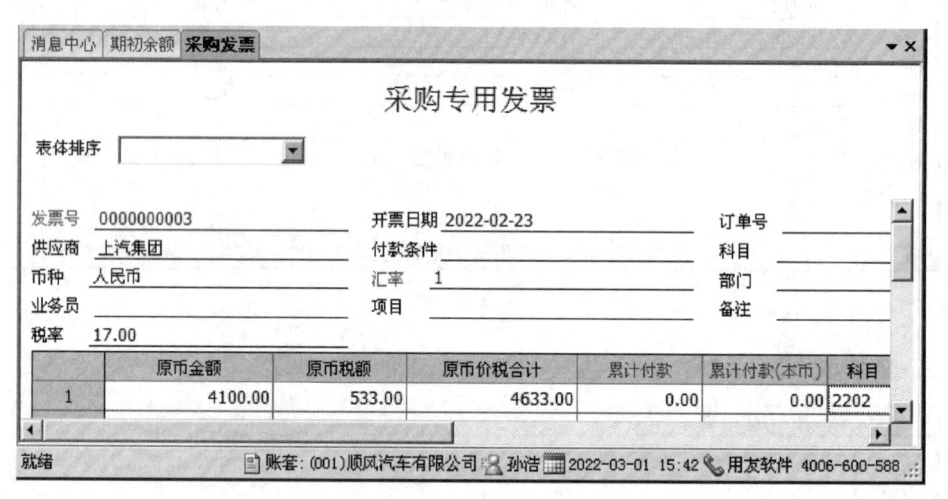

图 4-128

实验步骤参考 3：

"06 孙浩"执行"应付款管理"→"设置"→"期初余额"，弹出"期初余额—查询"窗口。点击"确定"，进入"期初余额"页签。点击付款单，进入"期初单据录入"页签，如图 4-129 所示。

点击"修改"，科目选择"1123 预付账款"，如图 4-130 所示。

图 4-129

图 4-130

实验步骤参考 4：

"06 孙浩"执行"应付款管理"→"设置"→"期初余额"，弹出"期初余额—查询"窗口。点击"确定"，进入"期初余额"页签。点击"期初对账"，如图 4-131 所示。

图 4-131

在图 4-131 中,应付账款期初余额和总账期初余额一致,均为 25 741.40 元,差额为 0。

思 考 题

1. 试算平衡表试算结果不平衡的原因有哪些?
2. 应收账款系统与总账系统期初对账不平衡的原因有哪些?
3. 应付账款系统与总账系统期初对账不平衡的原因有哪些?
4. 固定资产系统与总账系统期初对账不平衡的原因有哪些?
5. 期初对账错误的原因有哪些?

选 择 题

一、单项选择题

1. 总账系统中,可以通过( )功能彻底删除已作废凭证。
   A. 作废　　　　B. 删除分录　　　C. 冲销凭证　　　D. 整理凭证
2. 个人所得税申报表——税率表级次最多有( )级。
   A. 7　　　　　B. 8　　　　　　C. 9　　　　　　D. 10
3. 固定资产系统中,折旧次数( )。
   A. 月末一次　　　　　　　　　　B. 月初、月末各一次
   C. 一周一次　　　　　　　　　　D. 无限次
4. 应收款管理系统录入的期初余额单据不包括( )。
   A. 销售发票　　B. 预收单　　　　C. 应收票据　　　D. 其他应收款
5. 关于应付账款管理系统核算模型叙述正确的是( )。
   A. 用户必须在简单核算和详细核算中选择一种
   B. 系统缺省选择简单核算
   C. 现结业务很多,可以选择详细核算
   D. 详细核算随时可以改为简单核算

二、多项选择题

1. 应收款管理系统与总账系统期初对账的会计科目有( )。
   A. 应收账款　　B. 应付账款　　　C. 预付账款　　　D. 预收账款
2. 应付款管理系统与总账系统期初对账的会计科目有( )。
   A. 应收账款　　B. 应付账款　　　C. 预付账款　　　D. 预收账款
3. 以下属于其他货币资金的有( )。
   A. 汇票存款　　B. 支票存款　　　C. 微信备用金　　D. 支付宝备用金
4. 固定资产系统与总账系统对账的会计科目有( )。
   A. 固定资产　　　　　　　　　　B. 累计折旧
   C. 固定资产清理　　　　　　　　D. 固定资产减值准备
5. 以下属于薪资项目增项的有( )。
   A. 基本工资　　B. 岗位津贴　　　C. 养老保险　　　D. 应发合计

第五章　业务管理

业务处理是ERP系统的核心环节。ERP系统的高度集成性，使企业日常管理从单职能向多职能发展，跨部门、跨区域共享信息成为现实。

第一节　业务概述

一、核算业务

（一）应收款业务

应收款业务主要包括应收单据业务、预收款业务、票据业务、坏账处理、冲销应收款等。应收款业务流程主要包括增加应收单据、录入应收单据、修改应收单据、审核应收单据和弃审应收单据等。预收款业务流程主要包括增加预收款单、预收款单录入、预收款单审核、冲销预收款业务等。票据日常业务处理主要包括增加票据、票据贴现、票据背书、票据结算和转出票据等。

（二）应付款业务

应付款业务主要包括应付款业务、预付款业务、红字业务、现结、冲销应付款等。应付款业务流程主要包括录入应付单据、修改应付单据、审核应付单据、弃审应付单据等。预付款业务流程主要包括增加预付款单、预付款录入、预付款单审核、冲销预付款等。

（三）采购业务

采购业务主要包括请购、订货、到货、入库、费用处理、退货、损耗、赠品业务等。普通采购业务流程：填制采购请购单、比价、填制采购订单、填制采购到货单、填制采购入库单、填制采购发票、执行采购结算等。

（四）销售业务

销售业务主要包括销售、减少订货、退货、分期收款销售等。销售业务流程：填写报价单、填制订单、审核订单、填制销售发货单、生成销售出库单、生成销售发票、账与款结算、结转销售成本等。退货业务流程：填制退货单、审核退货单、填制红字销售发票、审核红字销售发票、生成红字应收款、存货核算系统记账、成本处理等。

（五）库存业务

库存业务主要包括入库业务、调拨业务、赠品业务、商品维修、盘点预警、盘点业务、库存预警等。入库业务单据主要包括采购入库单、产成品入库单和其他入库单，其中产成品入库单是工业账套独有的功能。

（六）存货业务

存货业务主要包括日常业务、业务核算、财务核算、跌价准备等。日常业务主要包括采购入库、产成品入库、销售出库、材料出库等，其中采购入库单是企业入库单据的主要单据。业务核算包括正常单据记账、发出商品记账、直运销售记账、恢复记账等，其中单据记账将用户输入的单据登记存货等。

（七）总账业务

总账业务主要包括录入凭证、修改凭证、删除凭证、审核凭证、检查凭证、对账等。填制凭证是总账系统的起点，日常业务处理首先从填制凭证开始。有些作废凭证不想保留，可以通过凭证整理功能将这些凭证彻底删除，并利用留下的空号对未记账凭证进行重新编号。出纳凭证由于涉及企业现金的收入和支出，出纳人员可通过出纳签字功能对制单员填制的带有现金和银行科目的凭证进行检查核对。

二、流程图

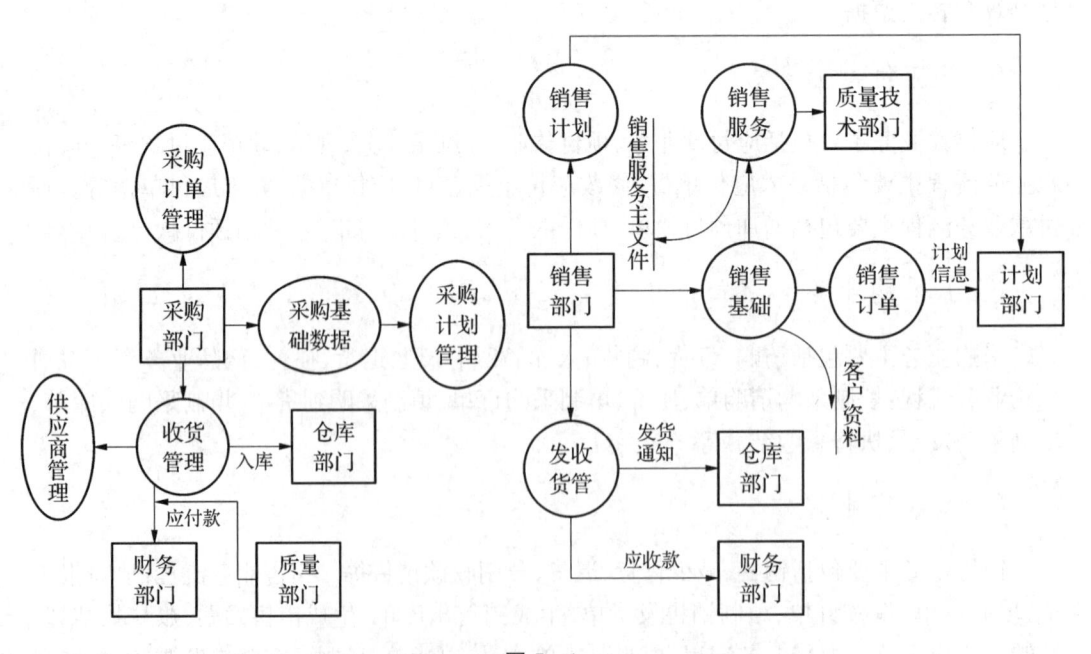

图 5-1

第二节　业务权限

一、实验目标

权限授予。

二、实验准备

系统日期预置为"2022年3月1日",引入"薪资管理期初管理备份"。

三、实验过程

实验1：

表 5-1

编　号	人　员	权　限
05	汤艳	应付单据查询(审核)、应付款管理(制单处理)、凭证类别
06	孙浩	请购单查询(审核)、采购订单查询(审核)、到货单查询(审核)
08	彭超	请购单查询(录入)、采购订单查询(录入)、参照请购单生单、到货单查询(录入)、采购入库单查询(录入)、采购专用发票查询(录入)、采购结算(手工)
12	桑军威	采购入库单查询(审核)

实验步骤参考1：

"admin"执行"系统管理"→"权限"→"权限",进入"操作员权限"窗口。授予财务人员"05 汤艳"权限,如图5-2所示。

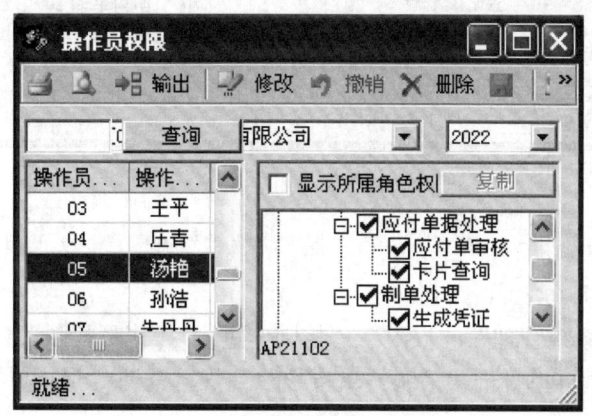

图 5-2

点击"保存"。

实验步骤参考2：

"admin"执行"系统管理"→"权限"→"权限"，进入"操作员权限"窗口。授予财务人员"05 汤艳"权限，如图5-3所示。

图 5-3

点击"保存"。

实验步骤参考3：

"admin"执行"系统管理"→"权限"→"权限"，进入"操作员权限"窗口。授予采购主管"06 孙浩"权限，如图5-4所示。

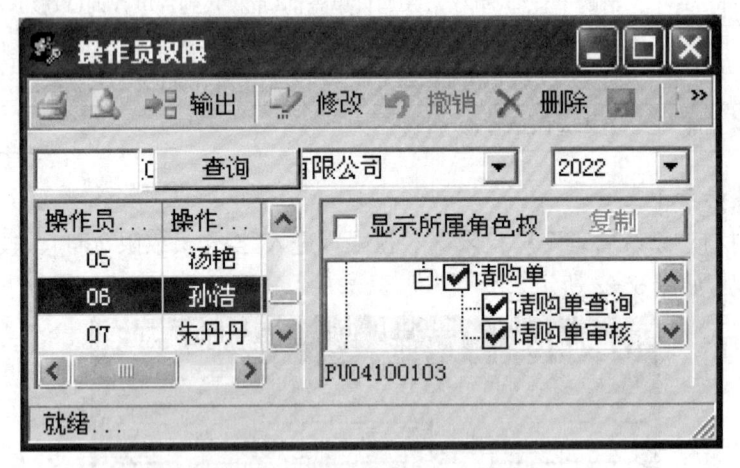

图 5-4

点击"保存"。

实验步骤参考4：

"admin"执行"系统管理"→"权限"→"权限"，进入"操作员权限"窗口。授予采购主管"06 孙浩"拥有"采购订单查询""采购订单审核""到货单查询""到货单审核"等权限，如图5-5所示。

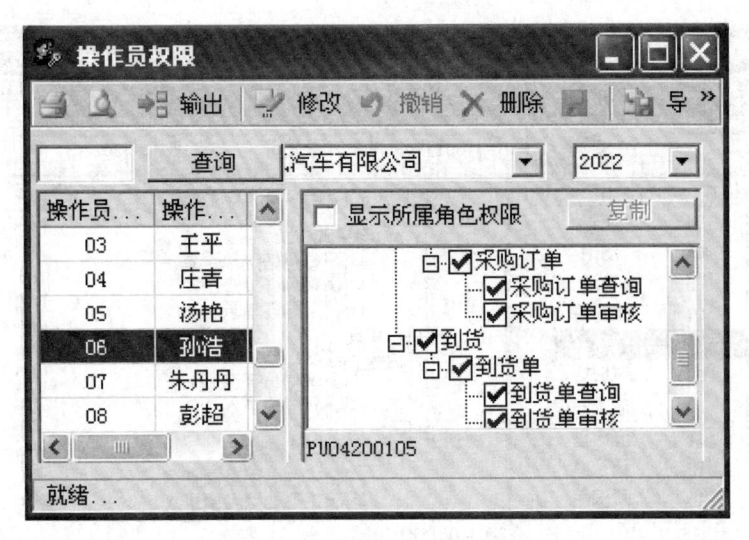

图 5-5

点击"保存"。

实验步骤参考 5：

"admin"执行"系统管理"→"权限"→"权限"，进入"操作员权限"窗口。授予操作员"08 彭超"拥有"采购入库单查询""采购入库单录入""请购单查询""请购单录入"等权限，如图 5-6 所示。

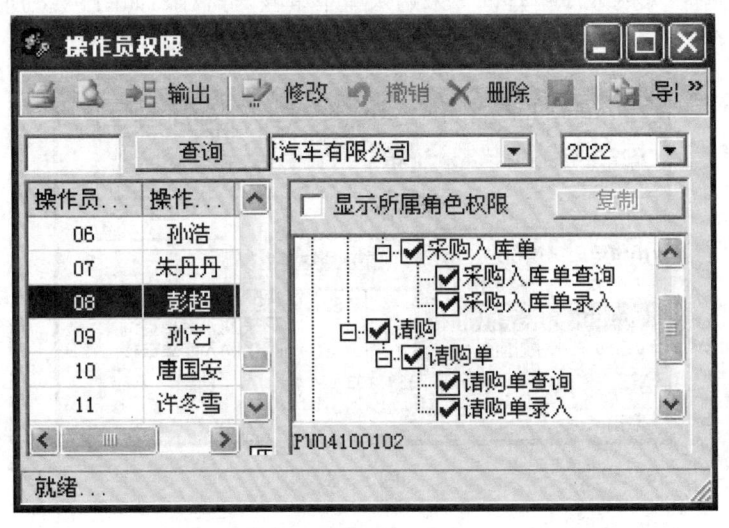

图 5-6

点击"保存"。

实验步骤参考 6：

"admin"执行"系统管理"→"权限"→"权限"，进入"操作员权限"窗口。授予操作员"08 彭超"拥有"参照请购单生单""采购订单查询""采购订单录入""到货单查询""到货单录入""采购专用发票查询""采购专用发票录入"等权限，如图 5-7 所示。

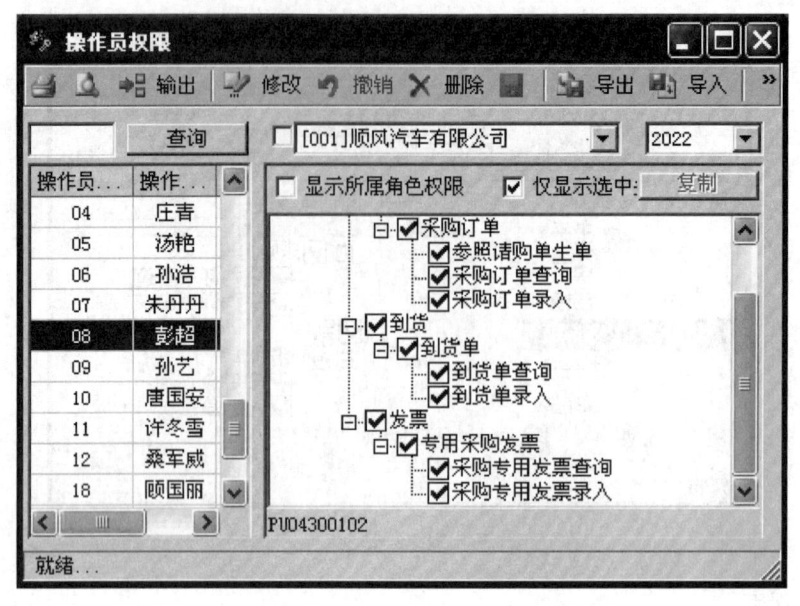

图 5-7

点击"保存"。

实验步骤参考 7：

"admin"执行"系统管理"→"权限"→"权限"，进入"操作员权限"窗口。授予仓库主管"12 桑军威"拥有"采购入库单查询""采购入库单审核"等权限，如图 5-8 所示。

点击"保存"。

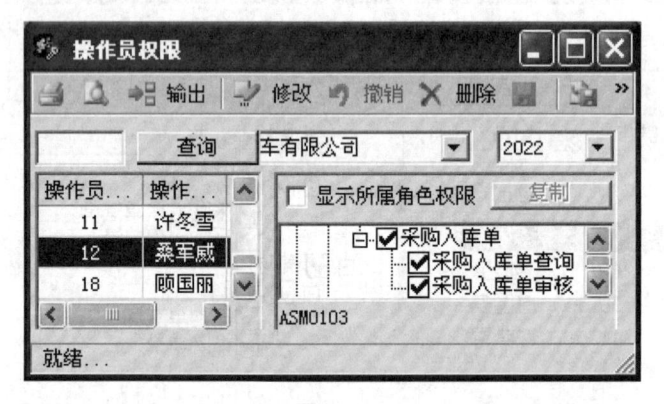

图 5-8

实验 2：

表 5-2

编 号	人 员	权 限
05	汤艳	销售出库单查询（录入）、制单处理（应收款管理）、生成凭证（存货核算）
09	孙艺	销售报价单查询（审核）、销售订单查询（审核）、销售发货单查询（审核）、销售专用发票查询（复核）、应收款管理（应收单审核、卡片查询、列表查询）

续 表

编号	人员	权限
11	许冬雪	销售报价单查询(录入)、销售订单查询(录入)、销售发货单查询(录入)、销售专用发票查询(录入)、根据订单生成发货单
12	桑军威	销售出库单查询(审核)、单据记账

实验步骤参考 1：

"admin"执行"系统管理"→"权限"→"权限"，进入"操作员权限"窗口。授予财务人员"05 汤艳"权限，如图 5-9 所示。

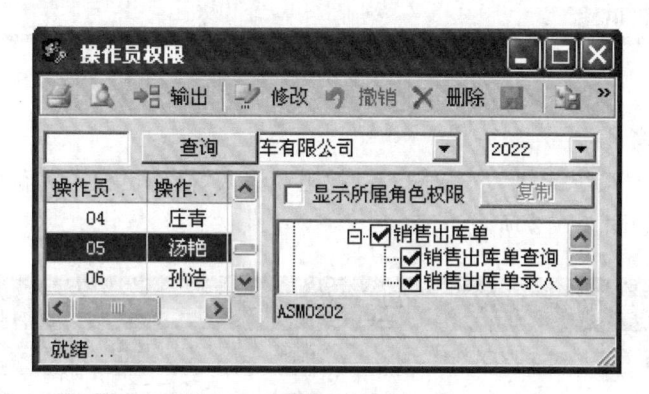

图 5-9

实验步骤参考 2：

"admin"执行"系统管理"→"权限"→"权限"，进入"操作员权限"窗口。授予财务人员"05 汤艳"权限，如图 5-10 所示。

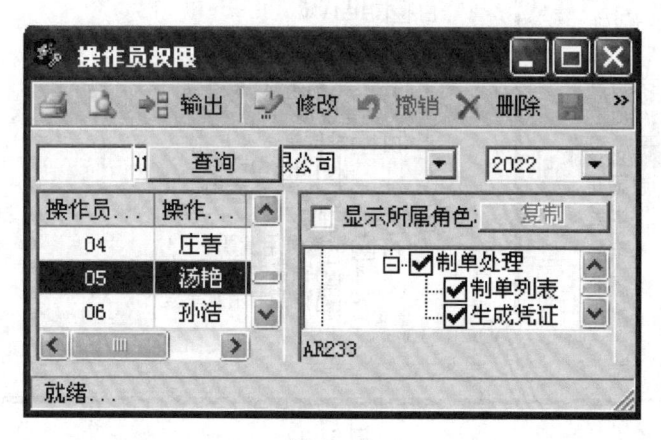

图 5-10

实验步骤参考 3：

"admin"执行"系统管理"→"权限"→"权限"，进入"操作员权限"窗口。授予财务人员"05 汤艳"权限，如图 5-11 所示。

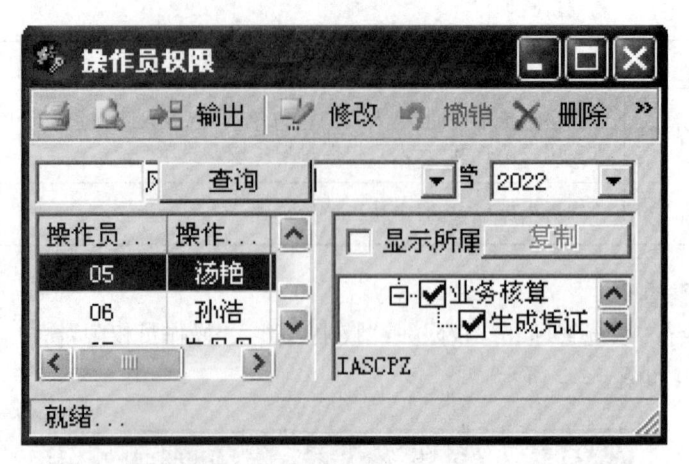

图 5-11

实验步骤参考 4：

"admin"执行"系统管理"→"权限"→"权限"，进入"操作员权限"窗口。授予销售主管"09 孙艺"权限，如图 5-12 所示。

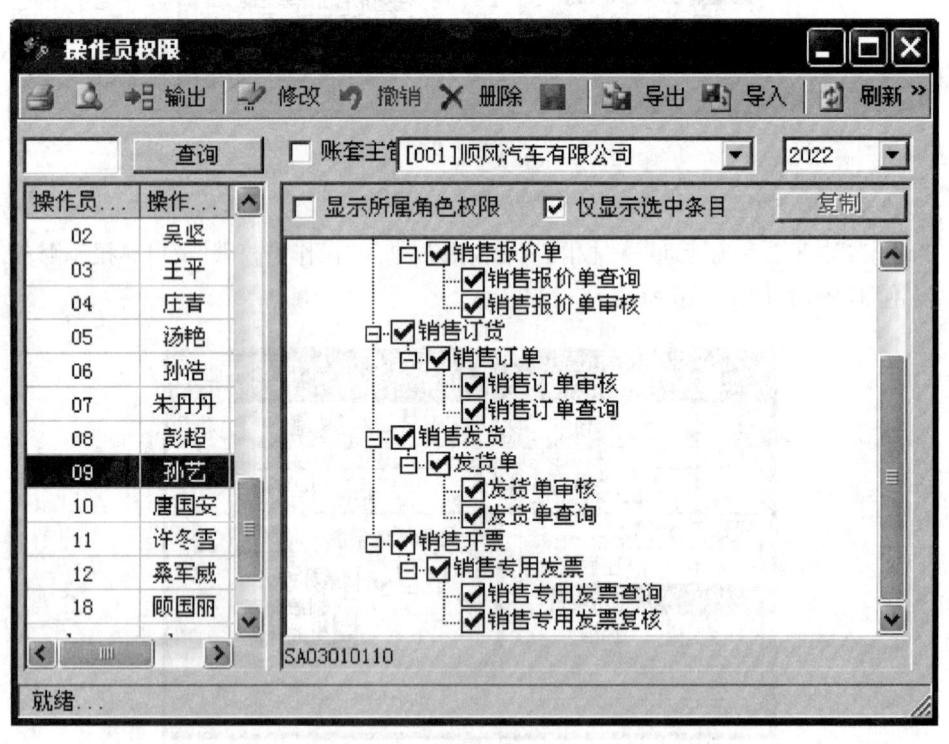

图 5-12

实验步骤参考 5：

"admin"执行"系统管理"→"权限"→"权限"，进入"操作员权限"窗口。授予销售主管"09 孙艺"权限，如图 5-13 所示。

图 5-13

实验步骤参考 6：

"admin"执行"系统管理"→"权限"→"权限"，进入"操作员权限"窗口。授予操作员"11 许冬雪"权限，如图 5-14 所示。

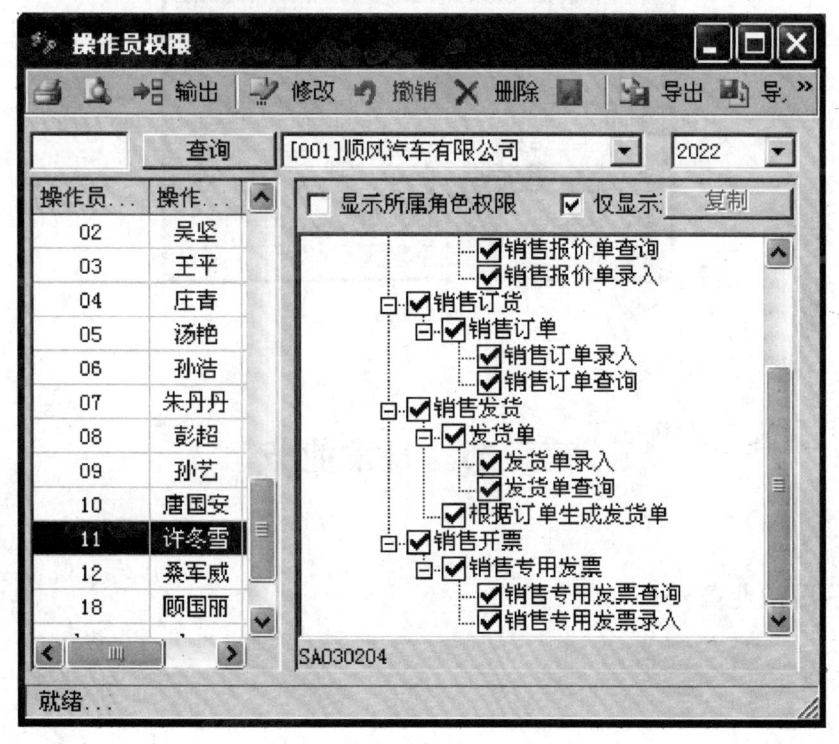

图 5-14

实验步骤参考 7：

"admin"执行"系统管理"→"权限"→"权限"，进入"操作员权限"窗口。授予仓库主管"12 桑军威"权限，如图 5-15 所示。

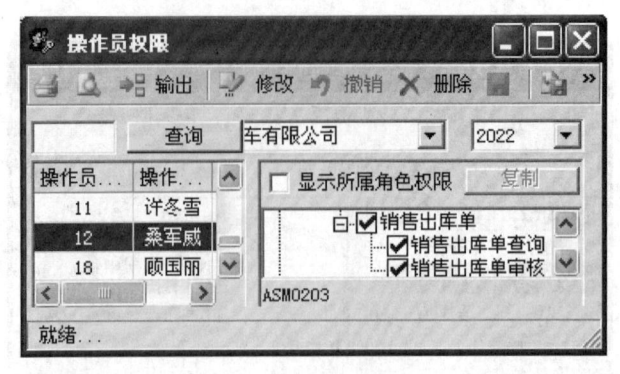

图 5-15

实验步骤参考 8：

"admin"执行"系统管理"→"权限"→"权限"，进入"操作员权限"窗口。授予仓库主管"12 桑军威"权限，如图 5-16 所示。

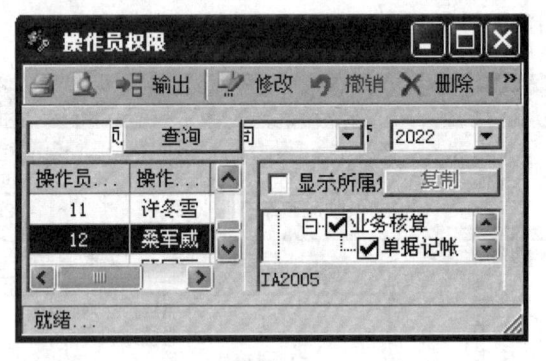

图 5-16

第三节　日常业务

一、日常业务一

（一）实验目标

掌握采购管理和应付款管理日常业务流程。

（二）实验资料

2022 年 3 月 2 日，询价 MG3、MGS，价格分别为 53 000.00 元/辆、61 000.00 元/辆，数量分别为 2 辆、1 辆。3 月 4 日，公司决定订购 MG3 汽车 2 辆、MGS 汽车 1 辆。3 月 6 日，收到南京名爵公司发来的 MG3 汽车、MGS 汽车，单价分别为 54 000.00 元/辆和 62 000.00

元/辆。3月8日,办理入库手续。3月10日,收到名爵公司发来的增值税专用发票一张,税率13%,经财务部门检查无误,确认此项业务应付货款及采购成本。

(三)实验过程

实验步骤参考1:

"08 彭超"执行"开始"→"设置"→"控制面板"→"日期和时间",将系统日期调整为2020年3月2日。或登录界面时,将操作日期改为业务日期。

实验步骤参考2:

"08 彭超"执行"供应链"→"采购管理"→"请购"→"请购单",进入"采购请购单"页签。点击"增加",录入实验内容,如图5-17所示。

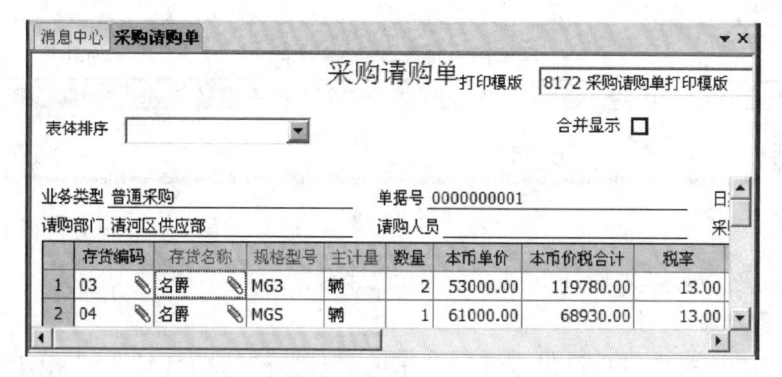

图 5-17

点击"保存"。

实验步骤参考3:

采购主管"06 孙浩"执行"供应链"→"采购管理"→"请购"→"请购单",进入"采购请购单"页签。点击 ← 或 →,选中待审单据,执行"审核"。

※知识点:

如采购业务量大,"06 孙浩"可采用集中批审功能:

"06 孙浩"执行"业务工作"→"供应链"→"采购管理"→"请购"→"请购单列表",弹出"过滤条件选择—采购请购单"窗口。点击"过滤",进入"请购单列表"页签。点击"全选",选择出现"Y"标志;或双击每一行业务前的选择空白处,出现"Y"标志,如图5-18所示。

图 5-18

单击"批审",弹出"本次操作成功[1]张,失败[0]张"信息提示。

实验步骤参考 4:

"08 彭超"执行"供应链"→"采购管理"→"采购订货"→"采购订单",进入"采购订单"页签。点击"增加",参照"生单",选择"请购单",弹出"采购请购单列表过滤"窗口。点击"确定",单击"过滤",弹出"拷贝并执行"窗口。点击"全选",如图 5-19 所示。

图 5-19

点击"确定",进入"采购订单"页签。执行"保存"。

实验步骤参考 5:

采购主管"06 孙浩"执行"供应链"→"采购管理"→"采购订货"→"采购订单",进入"采购订单"页签。执行"审核",如图 5-20 所示。

图 5-20

实验步骤参考 6:

"08 彭超"执行"供应链"→"采购管理"→"采购到货"→"到货单",进入"到货单"页签,点击"增加","生单"选择"采购订单",弹出过滤条件。选中订单号,点击"过滤",进入"拷贝并执行"窗口。点击"全选",单击"确定",进入"到货单"页签。执行"保存",如图 5-21 所示。

图 5-21

实验步骤参考 7：

采购主管"06 孙浩"执行"供应链"→"采购管理"→"采购到货"→"到货单"，进入"到货单"页签。点击 ← 或 →，选中待审单据，执行"审核"。

实验步骤参考 8：

"08 彭超"执行"供应链"→"库存管理"→"入库业务"，进入"采购入库单"页签。点击"生单"，选择"采购到货单（蓝字）"，弹出过滤条件。点击"过滤"，进入"到货单列表"。点击"全选"，单击"确定"，进入"采购入库单"页签，如图 5-22 所示。

图 5-22

实验步骤参考 9：

仓库主管"12 桑军威"执行"供应链"→"库存管理"→"入库业务"，进入"采购入库单"页签。点击 ← 或 →，选中待审单据，执行"审核"。弹出"该单据审核成功"信息提示，点击"确定"。

实验步骤参考 10：

"08 彭超"执行"供应链"→"采购管理"→"采购发票"→"专用采购发票"，进入"专用采购发票"页签。点击"增加","生单"参照"入库单",弹出过滤条件。点击"过滤",弹出"拷贝并执行"窗口。点击"全选",单击"确定"返回"专用发票"页签。执行"保存",如图 5‑23 所示。

图 5‑23

实验步骤参考 11:

"08 彭超"执行"采购管理"→"采购结算"→"手工结算",进入"手工结算"页签。点击"选单",弹出"结算选单"窗口。点击"过滤",弹出过滤条件。采购类型选择"1 汽车采购",点击"过滤",返回"结算选单"窗口,如图 5‑24 所示。

图 5‑24

点击"全选",单击"确定",进入"手工结算"页签,如图 5‑25 所示。

选择"按数量",点击"结算",弹出"完成结算!"信息提示,如图 5‑26 所示。

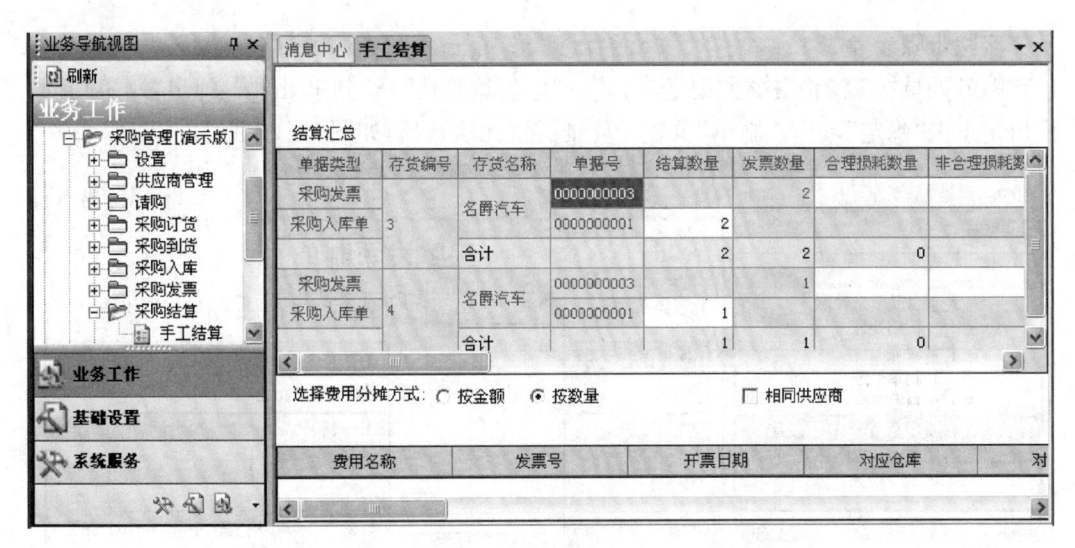

图 5-25

图 5-26

实验步骤参考 12：

财务人员"05 汤艳"执行"财务会计"→"应付款管理"→"应付单据处理"→"应付单据审核"，弹出过滤条件。采购类型选择"1 汽车采购"，制单人选择"08 彭超"，点击"确定"，进入"单据处理"页签，如图 5-27 所示，点击"全选"。

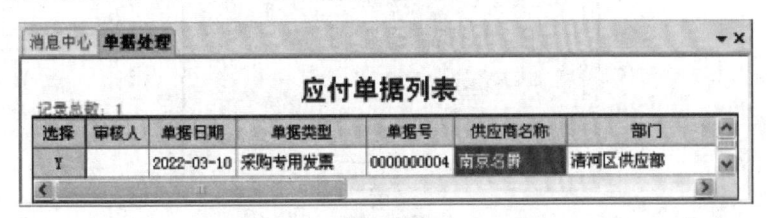

图 5-27

点击"审核"，弹出"提示"窗口，如图 5-28 所示。

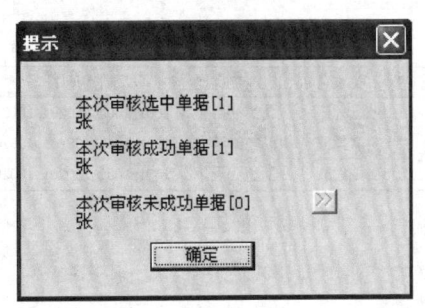

图 5-28

实验步骤参考 13：

财务人员"05 汤艳"执行"财务会计"→"应付款管理"→"制单处理"，弹出"制单查询"窗口。点击"确定"，进入"制单"页签。凭证类别无法选择，如图 5-29 所示。

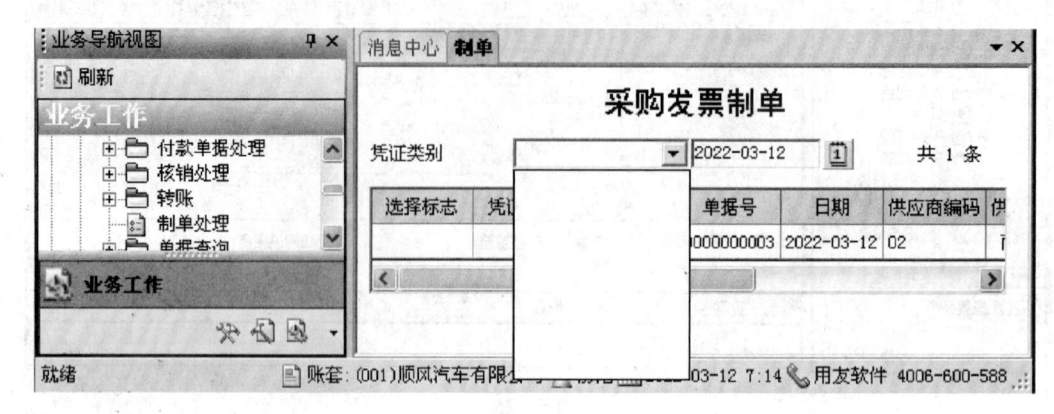

图 5-29

实验步骤参考 14：

总账会计"03 王平"执行"基础设置"→"基础档案"→"财务"→"凭证类别"，弹出"凭证类别预置"窗口，如图 5-30 所示。

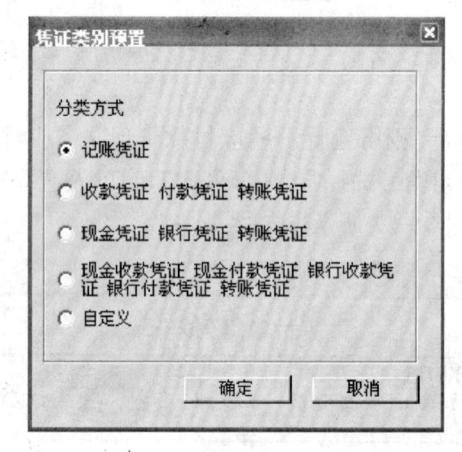

图 5-30

选择"收款凭证 付款凭证 转账凭证"，点击"确定"，进入"凭证类别"窗口。录入实验内容，如图 5-31 所示。

类别字	类别名称	限制类型	限制科目
收	收款凭证	借方必有	1001, 1002, 100201, 100202
付	付款凭证	贷方必有	1001, 1002, 100201, 100202
转	转账凭证	凭证必无	1001, 1002, 100201, 100202

图 5-31

点击"退出"。

实验步骤参考 15：

财务人员"05 汤艳"执行"财务会计"→"应付款管理"→"制单处理"，弹出"制单查询"窗口。选择"发票制单"，点击"确定"，进入"制单"页签。点击"全选"，凭证类别选择"转账凭证"，如图 5-32 所示。

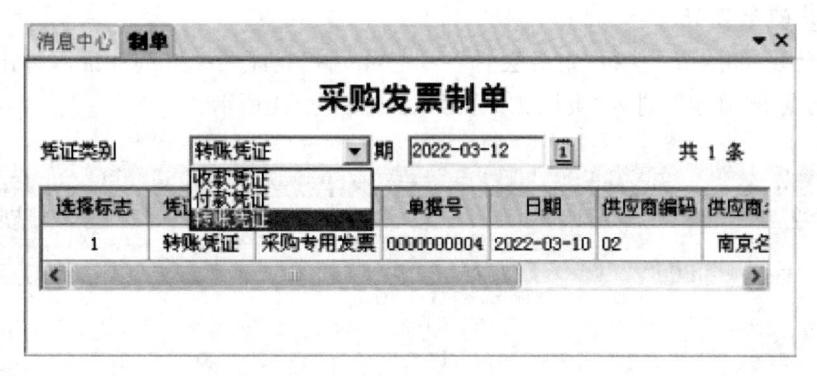

图 5-32

点击"制单"，弹出"填制凭证"窗口。录入实验内容，点击"保存"，出现"已生成"红字提示，如图 5-33 所示。

图 5-33

※**知识点：**

(1) 图 5-33 中，借方无会计科目"库存现金"或"银行存款"，贷方无会计科目"库存现金"或"银行存款"，所以凭证类型应选择"转账凭证"。

(2) 填制凭证的摘要时，可点击 ▦，选择预置的常用摘要；其次，摘要须简练。

(3) 填制凭证的会计科目时，可直接录入科目编码，也可点击 ▦ 进入"科目参照"窗口,选择会计科目。

(4) 填制凭证的附单据数应根据实际所附原始凭证数量汇总填制。

(5) 在实际工作中,常由往来会计负责填制、审核应收(付)凭证,但填制凭证并不是必须由财务部负责。

实验步骤参考 16:

总账会计"03 王平"执行"财务会计"→"总账"→"凭证"→"查询凭证",弹出"凭证查询"窗口。点击"确定",进入"查询凭证"窗口,如图 5-34 所示。

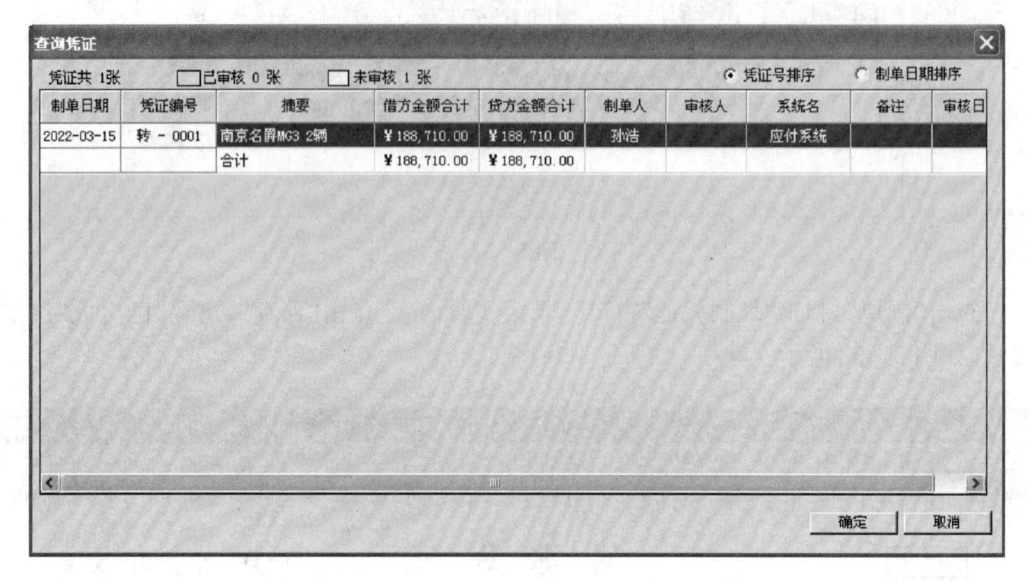

图 5-34

(四) 账套备份

在"E:\2022 顺风公司账套备份"文件夹中建立"业务管理—备份"子文件夹。"admin"执行备份。

二、日常业务二

(一) 实验目标

掌握销售管理、应收款管理日常业务流程。

(二) 实验资料

2022 年 3 月 7 日,淮工后勤询价 S6 汽车 5 辆、MGS 汽车 4 辆,不含税报价分别为 81 000.00 元/辆和 72 000.00 元/辆。3 月 11 日,淮工后勤订购。3 月 17 日,淮工后勤提货。3 月 20 日,公司开出增值税专用发票。

（三）实验过程

实验步骤参考1：

仓库主管"12 桑军威"执行"供应链"→"库存管理"→"初始设置"→"期初结存"，进入"库存期初数据录入"页签。仓库选中"(1)汽车库"，点击"批审"，弹出"批量审核完毕"信息提示，如图5-35所示。

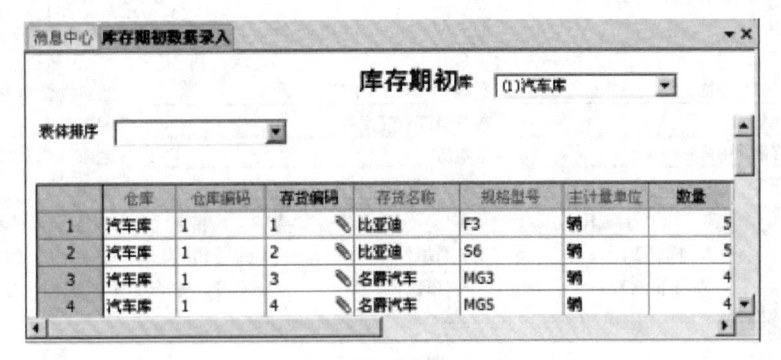

图5-35

执行对"(2)配件库"的批审，如图5-36所示。

图5-36

执行对"(3)原料库"的批审，如图5-37所示。

图5-37

165

实验步骤参考 2：

"11 许冬雪"执行"供应链"→"销售管理"→"销售报价"→"销售报价单"，进入"销售报价单"页签。点击"增加"，录入实验内容，如图 5-38 所示。

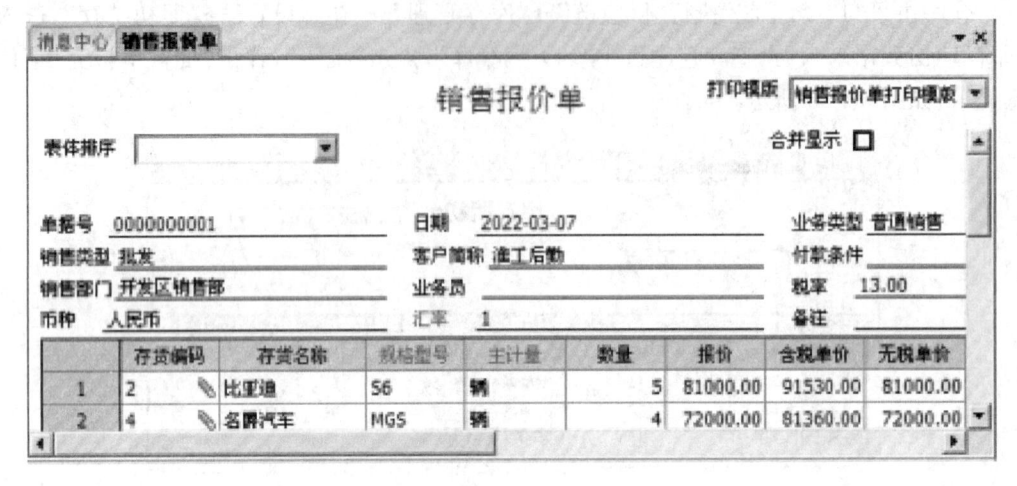

图 5-38

实验步骤参考 3：

销售主管"09 孙艺"执行"供应链"→"销售管理"→"销售报价"，进入"销售报价单"页签。点击 ← 或 →，选中待审单据，执行"审核"。

实验步骤参考 4：

"11 许冬雪"执行"销售管理"→"销售订货"→"销售订单"，进入"销售订单"页签。点击"增加"，"生单"参照"报价单"，弹出过滤条件，如图 5-39 所示。

图 5-39

点击"全选"，单击"确定"，返回"销售订单"页签，如图 5-40 所示。

图 5-40

实验步骤参考 5：

销售主管"09 孙艺"执行"供应链"→"销售管理"→"销售订货"→"销售订单"，进入"销售订单"页签。点击 ← 或 →，选中待审单据，执行"审核"。

实验步骤参考 6：

"11 许冬雪"执行"供应链"→"销售管理"→"销售发货"→"发货单"，进入"发货单"页签。点击"增加"，弹出过滤条件。点击"过滤"，弹出"参照生单"窗口。点击"全选"，如图 5-41 所示。

图 5-41

单击"确定"，返回"发货单"页签，如图 5-42 所示。

实验步骤参考 7：

销售主管"09 孙艺"执行"销售管理"→"销售发货"→"发货单"，进入"发货单"页签。点击 ← 或 →，选中待审单据，执行"审核"。

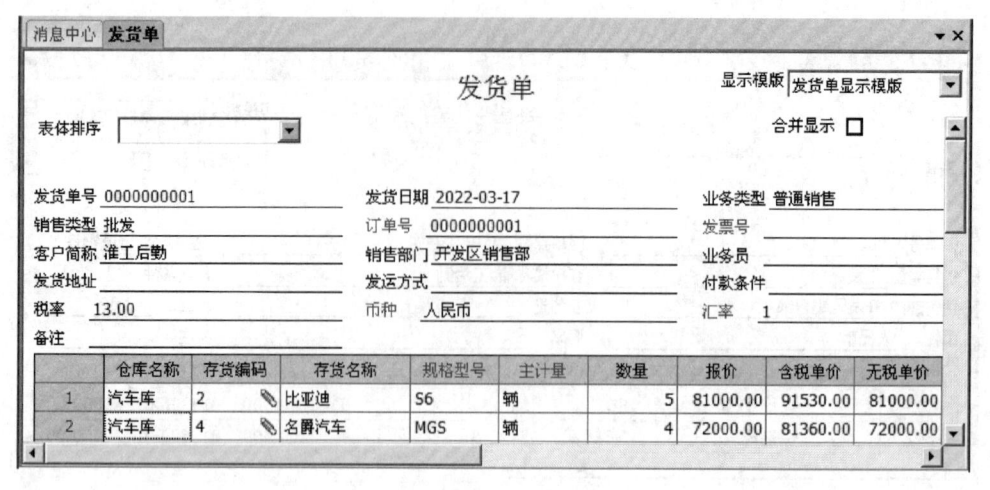

图 5-42

实验步骤参考 8：

仓库主管"12 桑军威"执行"库存管理"→"出库业务"→"销售出库单"，进入"销售出库单"页签。在"销售出库单"页签，无单价，无金额。

实验步骤参考 9：

仓库主管"12 桑军威"执行"库存管理"→"初始设置"→"期初结存"，进入"库存期初数据录入"页签，如图 5-43 所示。

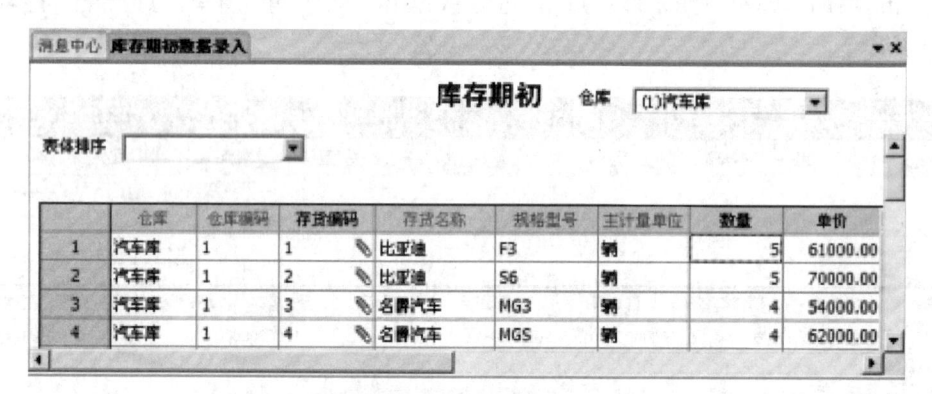

图 5-43

实验步骤参考 10：

仓库主管"12 桑军威"执行"供应链"→"库存管理"→"出库业务"→"销售出库单"，进入"销售出库单"页签。点击 ← 或 →，选中待审单据，执行"审核"，弹出"该操作员无此功能权限！"信息提示，如图 5-44 所示。

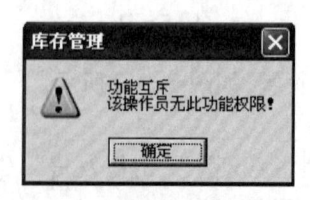

图 5-44

168

点击"确定"。

实验步骤参考 11：

财务人员"05 汤艳"执行"供应链"→"库存管理"→"出库业务"→"销售出库单"，进入"销售出库单"页签。点击 ◀ 或 ▶，选中待修改单据。点击"修改"，录入销售成本"单价"，点击"保存"，如图 5-45 所示。

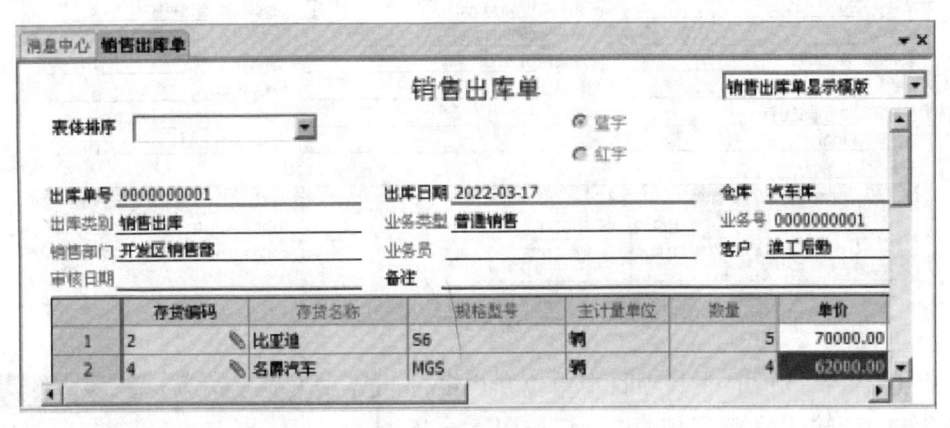

图 5-45

实验步骤参考 12：

仓库主管"12 桑军威"执行"供应链"→"库存管理"→"出库业务"→"销售出库单"，进入"销售出库单"页签。点击 ◀ 或 ▶，选中待审单据，执行"审核"，弹出"该单据审核成功！"信息提示。点击"确定"。

实验步骤参考 13：

"11 许冬雪"执行"供应链"→"销售管理"→"销售开票"→"销售专用发票"，进入"销售专用发票"页签。点击"增加"，单击"生单"，选择"发货单"，弹出"过滤条件选择—发票参照发货单"窗口。点击"过滤"，弹出"参照生单"窗口。点击"全选"，如图 5-46 所示。

图 5-46

单击"确定",返回"销售专用发票"页签,如图5-47所示。

图5-47

点击"保存",弹出"表头项目本单位开户银行不能为空,请输入完整!"信息提示,如图5-48所示。

点击"确定"。

实验步骤参考14:

总账会计"03 王平"执行"基础设置"→"基础档案"→"收付结算"→"修改本单位开户银行",进入"修改本单位开户银行"窗口。点击"增加",录入实验内容,如图5-49所示。

图5-48

图5-49

实验步骤参考 15：

"admin"执行"系统管理"→"权限"→"权限"，进入"操作员权限"窗口。授予"11 许冬雪"有"本单位开户银行"权限，如图 5-50 所示。

图 5-50

实验步骤参考 16：

"11 许冬雪"执行"供应链"→"销售管理"→"销售开票"→"销售专用发票"，进入"销售专用发票"页签。执行"保存"。

实验步骤参考 17：

销售主管"09 孙艺"执行"供应链"→"销售管理"→"销售开票"→"销售专用发票"，进入"销售专用发票"页签。点击"复核"，执行"保存"。

实验步骤参考 18：

销售主管"09 孙艺"执行"财务会计"→"应收款管理"→"应收单据处理"→"应收单据审核"，弹出"应收单过滤条件"窗口。点击"确定"，进入"单据处理"页签。点击"全选"，单击"审核"，弹出"本次审核成功单据[1]"信息提示。

实验步骤参考 19：

财务人员"05 汤艳"执行"业务工作"→"财务会计"→"应收款管理"→"制单处理"，弹出"制单查询"窗口。选择"发票制单"，点击"确定"，进入"制单"页签。点击"全选"，如图 5-51 所示。

图 5-51

凭证类别选择"转账凭证"，点击"全选"，单击"制单"，弹出"填制凭证"窗口。录入实验内容，如图 5-52 所示。

图 5-52

实验步骤参考 20：

仓库主管"12 桑军威"执行"供应链"→"存货核算"→"业务核算"→"正常单据记账"，弹出过滤条件。点击"过滤"，进入"未记账单据一览表"页签，如图 5-53 所示。

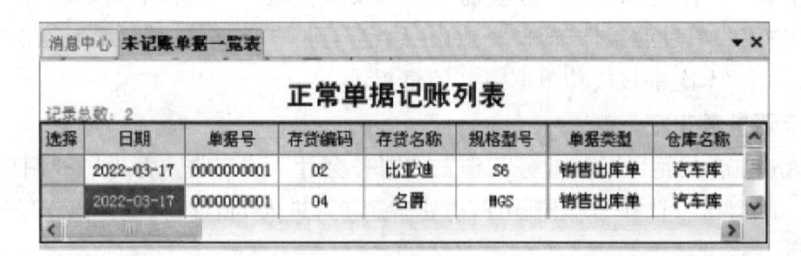

图 5-53

点击"全选"，执行"记账"，弹出"记账成功"信息提示，如图 5-54 所示。

点击"确定"。

实验步骤参考 21：

财务人员"05 汤艳"执行"存货核算"→"财务核算"→"生成凭证"，进入"生成凭证"页签。点击"选择"，弹出查询条件，勾选"销售出库单"，如图 5-55 所示。

单击"确定"，进入"选择单据"窗口。点击"全选"，单击"确定"，进入"生成凭证"页签，如图 5-56 所示。

图 5-54

图 5-55

图 5-56

点击"生成",弹出"填制凭证"窗口,执行"保存",如图 5-57 所示。

图 5-57

（四）账套备份

在"E:\2022顺风公司账套备份"文件夹中建立"业务管理二备份"子文件夹。"admin"执行备份。

三、日常业务三

（一）实验目标

分期收款业务流程。

（二）实验准备

引入"E:\期初管理备份"。

（三）实验资料

3月1日,淮师后勤询价比亚迪F3汽车6辆、南京名爵MG3汽车2辆,分别报价80 230.00元/辆、65 000.00元/辆。3月10日,淮师后勤接受比亚迪F3报价。但不同意南京名爵报价,提出只能接受名爵55 000.00元/辆。公司不同意淮师后勤关于名爵报价,撤销其订购,决定关闭名爵MG3订单。3月20日,大昌公司订购比亚迪F3汽车6辆。合同约定,6辆汽车款项分6个月支付。3月24日,开出销售专用发票。3月24日收到分期收款销售第一笔款项。

（四）实验过程

实验步骤参考1：

销售员"11 许冬雪"执行"供应链"→"销售管理"→"设置"→"销售选项",进入"销售选项"窗口。勾选"有分期收款业务",点击"确定"。

实验步骤参考2：

销售员"11 许冬雪"执行"供应链"→"销售管理"→"销售报价"→"报价单列表",进入"报价单列表"页签。点击"增加",业务类型选择"分期收款",录入实验内容。

实验步骤参考3：

销售主管"09 孙艺"执行"供应链"→"销售管理"→"销售报价"→"销售报价单"→"报价单列表",弹出过滤条件。点击"过滤",进入"销售报价单列表"页签。点击"全选",如图5-58所示。

单击"批审",弹出"批量审核完毕"信息提示,如图5-59所示。

实验步骤参考4：

销售员"11 许冬雪"执行"控制面板"→"日期和时间",将系统时间改为"2022年3月10日"。

图 5-58

实验步骤参考 5：

销售主管"09 孙艺"执行"销售管理"→"销售报价"→"销售报价单"→"报价单列表"，弹出过滤条件。点击"过滤"，进入报价单列表。选中南京名爵单据号，点击"批关"，弹出"批量关闭完毕"信息提示，如图 5-60 所示。

图 5-59 　　　　　图 5-60

实验步骤参考 6：

销售员"11 许冬雪"执行"供应链"→"销售管理"→"销售订货"→"销售订单"，进入"销售订单"页签。点击"增加"，参照"生单"，选择"报价"，弹出过滤条件。点击"过滤"，弹出"参照生单"窗口。点击"全选"，如图 5-61 所示。

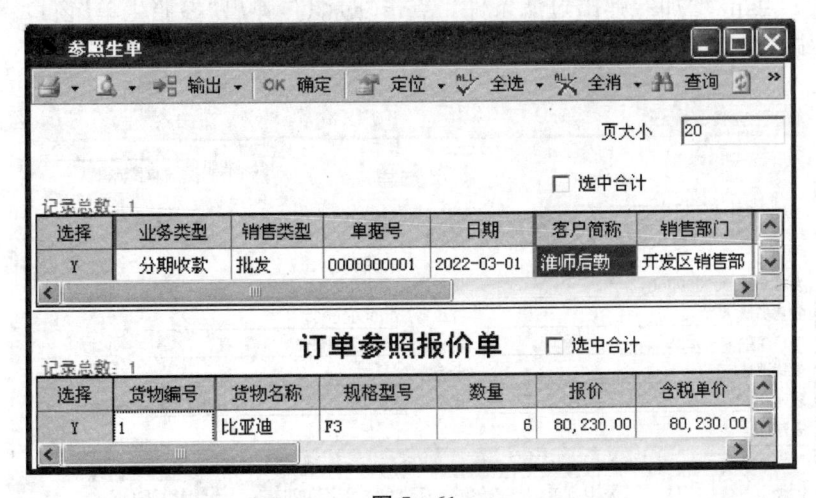

图 5-61

单击"确定"，返回"销售订单"页签，如图 5-62 所示。

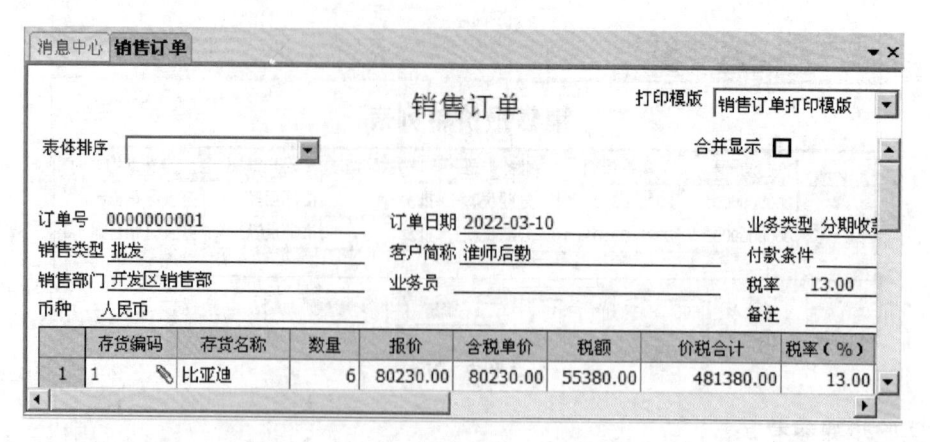

图 5-62

点击"保存"。

实验步骤参考 7：

销售主管"09 孙艺"执行"供应链"→"销售管理"→"销售订货"→"订单列表"，进入"销售订单列表"页签。执行"批审"，弹出"批量审核完毕"信息提示，如图 5-63 所示。

图 5-63

实验步骤参考 8：

销售员"11 许冬雪"执行"供应链"→"销售管理"→"销售发货"→"发货单"，进入"发货单"页签。点击"增加"，弹出过滤条件。点击"过滤"，弹出"参照生单"窗口。点击"全选"，单击"确定"，返回"发货单"页签，如图 5-64 所示。

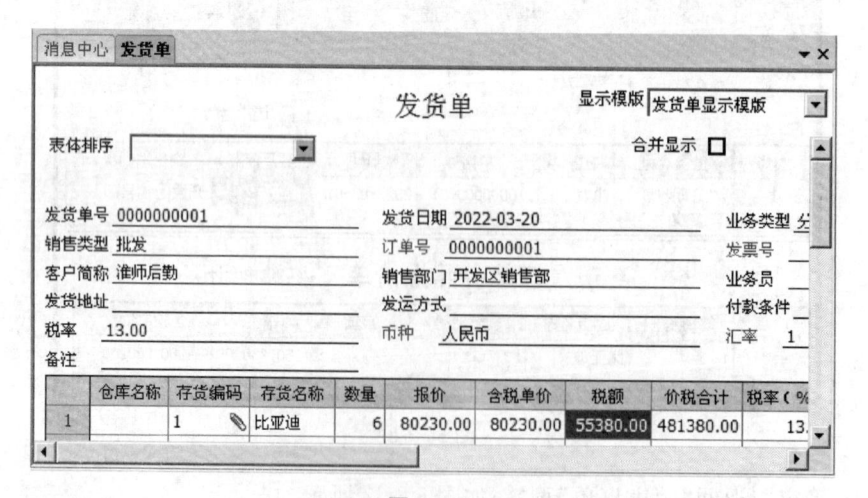

图 5-64

点击"保存",弹出"销售管理"信息提示框,如图 5-65 所示。

图 5-65

点击"仓库名称",参照仓库档案,如图 5-66 所示。

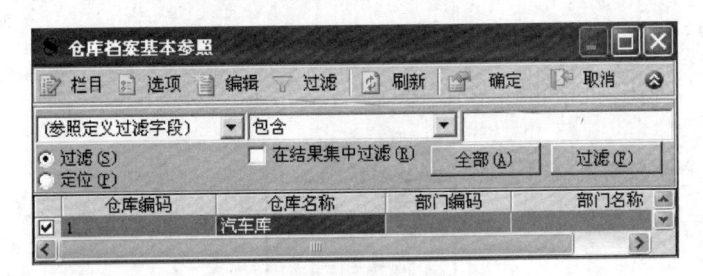

图 5-66

点击"保存",弹出信息提示窗口,如图 5-67 所示。

图 5-67

图 5-67 显示存货可用量不足。"确定"按钮呈现灰色,无法点击。点击"取消"。

[解决方案一]

实验步骤1:

仓库主管"12 桑军威"执行"供应链"→"库存管理"→"初始设置"→"期初结存",进入"库存期初数据录入"页签。仓库选中"(1) 汽车库",如图 5-68 所示。

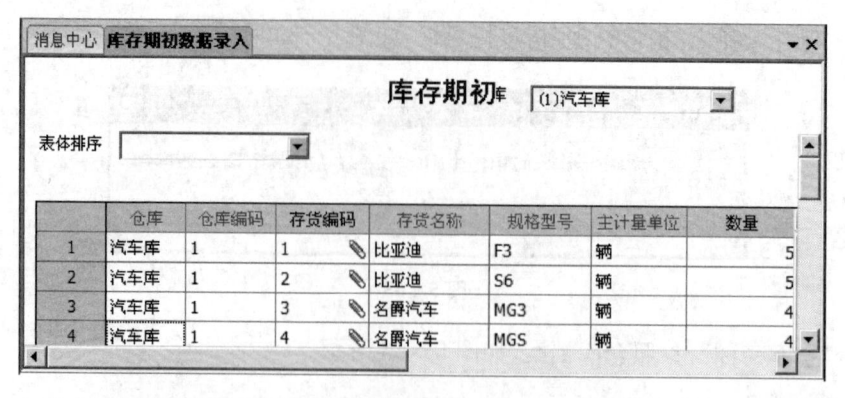

图 5-68

点击"批审",弹出"批量审核完成"信息提示,如图 5-69 所示。

图 5-69

分别选择"(2) 配件库""(3) 原料库",执行"批审"。

实验步骤 2:

销售主管"09 孙艺"执行"供应链"→"销售管理"→"设置"→"销售选项",弹出"销售选项"窗口。点击"可用量控制",勾选"允许非批次存货超可用量发货"。

实验步骤 3:

销售员"11 许冬雪"执行"供应链"→"销售管理"→"销售发货"→"发货单",进入"发货单"页签。执行实验操作,弹出"参照生单"。执行实验操作,返回"发货单"。执行实验操作,弹出"库存现存量控制检查——以下存货可用量不足",如图 5-70 所示。

图 5-70

点击"确定"。

实验步骤4：

销售主管"09 孙艺"执行"供应链"→"销售管理"→"销售发货"→"发货单列表"，进入"发货单列表"页签，如图5-71所示。

图 5-71

点击"全选"，执行"批审"，弹出"批量审核完毕"信息提示，如图5-72所示。

图 5-72

实验步骤5：

销售主管"09 孙艺"执行"供应链"→"销售管理"→"销售发货"，进入"发货单"页签。选中待删除分期收款销售发货单，点击"删除"，弹出"确实要删除本张单据吗?"信息提示，如图5-73所示。

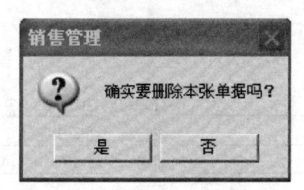

图 5-73

点击"是"。

实验步骤1-5属于解决方案之一，基于该解决方案产生单据的不合规性，建议予以删除。

[**解决方案二**]

实验步骤1：

采购员"08 彭超"执行"供应链"→"采购管理"→"请购"→"请购单"，进入"采购请购单"页签。点击"增加"，录入实验内容，点击"保存"，如图5-74所示。

图 5-74

实验步骤 2：

采购主管"06 孙浩"执行"供应链"→"采购管理"→"请购"→"请购单"，进入"采购请购单"页签。选中待审单据，点击"审核"，执行审核。

实验步骤 3：

采购员"08 彭超"执行"供应链"→"采购管理"→"采购订货"→"采购订单"，进入"采购订单"页签。点击"增加"，参照"生单"选择"请购单"，弹出过滤条件。点击"过滤"，进入"拷贝并执行"窗口。点击"全选"，点击"确定"，返回"采购订单"页签。录入实验内容，点击"保存"。

实验步骤 4：

采购主管"06 孙浩"执行"采购管理"→"采购订货"→"采购订单"，进入"采购订单"页签。选中待审单据，执行"审核"，如图 5-75 所示。

图 5-75

实验步骤 5：

采购员"08 彭超"执行"采购管理"→"采购到货"→"到货单"，进入"到货单"页签。点击"增加"，参照"生单"选择"采购订单"，弹出过滤条件。点击"过滤"，进入"拷贝并执行"窗口。点击"全选"，单击"确定"，返回"到货单"页签，点击"保存"，如图 5-76 所示。

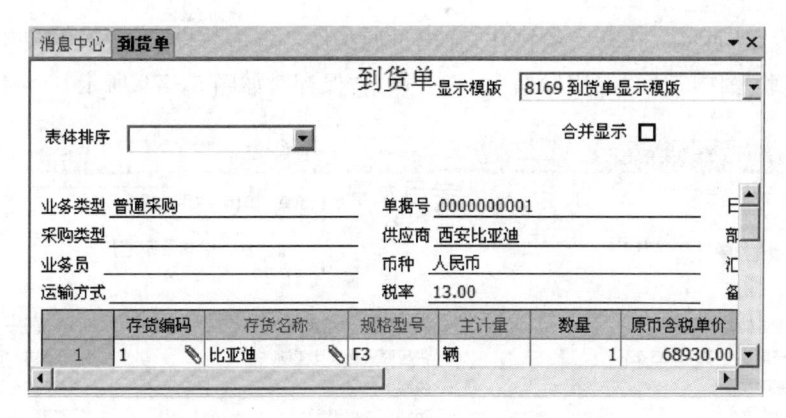

图 5-76

实验步骤 6：

采购主管"06 孙浩"执行"采购管理"→"采购到货"→"到货单"，进入"到货单"页签。选中待审单据，执行"审核"。

实验步骤 7：

仓库主管"12 桑军威"执行"供应链"→"库存管理"→"入库业务"→"采购入库单"，进入"采购入库单"页签。参照"生单"，选择"采购到货单（蓝字）"，弹出过滤条件。点击"过滤"，进入"到货单生单列表"窗口。点击"全选"，单击"确定"，返回"采购入库单"页签。录入实验内容，如图 5-77 所示。

图 5-77

点击"保存"。

实验步骤 8：

采购主管"06 孙浩"执行"供应链"→"库存管理"→"入库业务"→"采购入库单"，进入"采购入库单"页签。选中待审单据，执行"审核"，弹出"该单据审核成功！"信息提示，如图 5-78 所示。

图 5-78

实验步骤 9：

采购员"08 彭超"执行"供应链"→"采购管理"→"采购发票"→"专用采购发票"，进入

"专用采购发票"页签。执行实验操作,弹出过滤条件。点击"过滤",进入"拷贝并执行"窗口。执行实验操作,返回"专用发票"页签。点击"保存",如图 5-79 所示。

图 5-79

实验步骤 10:

采购主管"06 孙浩"执行"供应链"→"采购管理"→"采购发票"→"专用采购发票",进入"专用采购发票"页签,如图 5-80 所示。

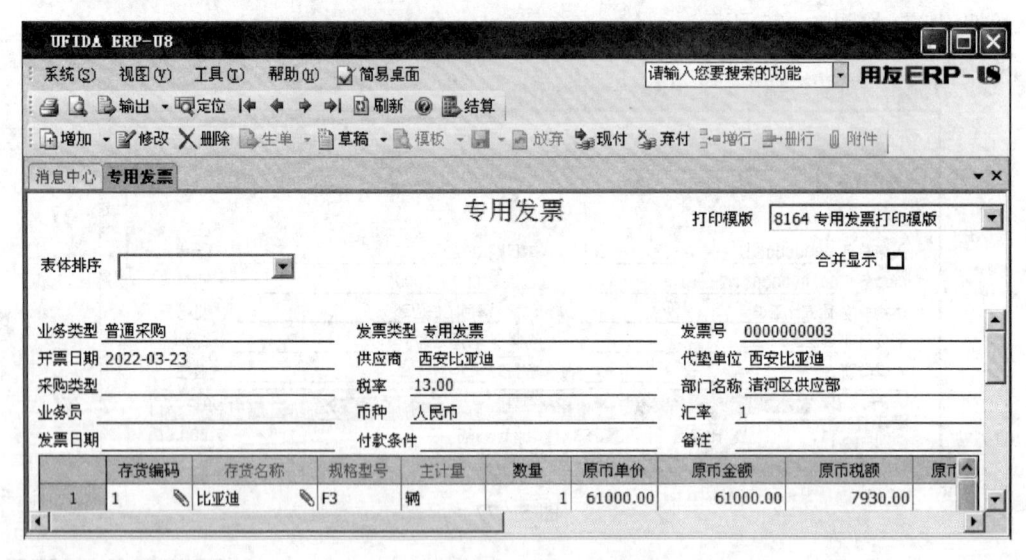

图 5-80

在图 5-80 中,无审核按钮。

实验步骤 11:

财务人员"05 汤艳"执行"财务会计"→"应付款管理"→"应付单据处理"→"应付单据审核",弹出"应付单过滤条件"窗口。点击"确定",进入"单据处理"页签,如图 5-81 所示。

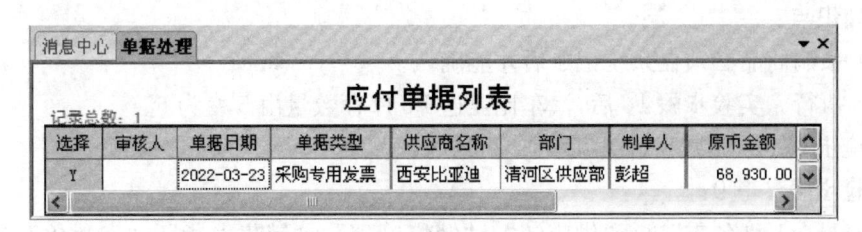

图 5-81

单击"审核",弹出"本次审核选中单据[1]张"信息提示。点击"确定"。

实验步骤 12：

仓库主管"12 桑军威"执行"供应链"→"存货核算"→"账表"→"汇总表"→"收发存汇总表",进入"收发存汇总表查询"窗口。点击"确定",进入"收发存汇总表"页签,如图 5-82 所示。

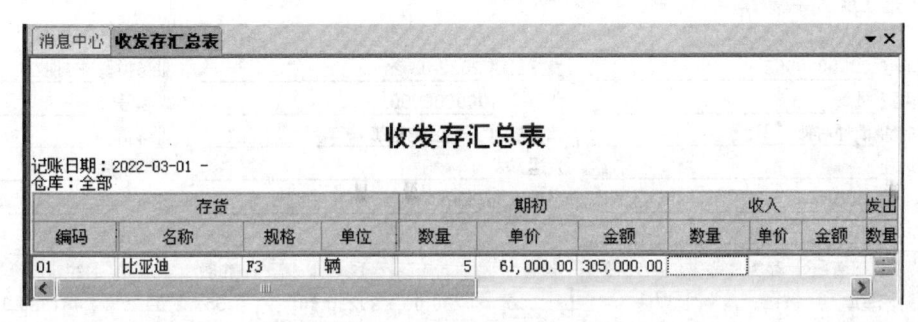

图 5-82

在该表中,比亚迪 F3 本月收入数量为 0。

实验步骤 13：

仓库主管"12 桑军威"执行"存货核算"→"业务核算"→"正常单据记账",弹出过滤条件。点击"过滤",进入"未记账单据一览表"页签,如图 5-83 所示。

图 5-83

点击"全选",点击"记账",弹出"记账成功"信息提示,如图 5-84 所示。

实验步骤 14：

仓库主管"12 桑军威"执行"供应链"→"存货核算"→"账表"→"汇总表"→"收发存汇总表",弹出"收发存汇总表查询"窗口。点击"确定",进入"收发存汇总表"页签,比亚迪 F3 本期购入数量增加 1 辆。

图 5-84

※知识点：
（1）采购商品必须在系统记账后才能确认。
（2）执行完实验步骤 14 后，汽车比亚迪 F3 库存数量由 5 变为 6。
实验步骤 1-14 属于解决方案二。

实验步骤参考 9：

销售员"11 许冬雪"执行"供应链"→"销售管理"→"销售发货"→"发货单"，进入"发货单"页签。点击"增加"，弹出过滤条件。点击"过滤"，弹出"参照生单"窗口。点击"全选"，点击"确定"，返回"发货单"页签，点击"保存"，如图 5-85 所示。

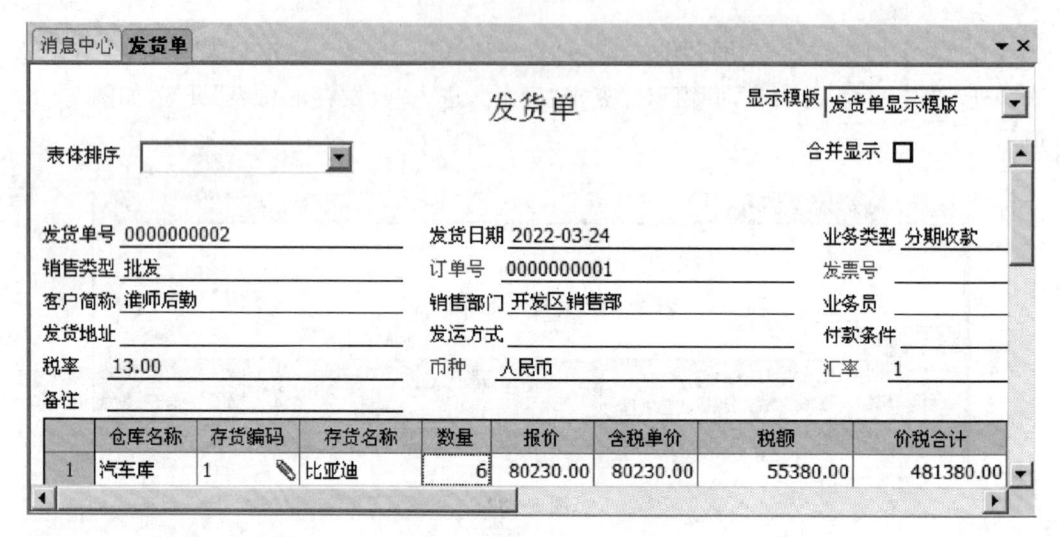

图 5-85

实验步骤参考 10：

销售主管"09 孙艺"执行"供应链"→"销售管理"→"销售发货"→"发货单列表"，进入"发货单列表"页签。点击"增加"，弹出过滤条件。点击"过滤"，返回"发货单列表"页签。执行"批审"，弹出"批量审核完毕"信息提示，如图 5-86 所示。

图 5-86

点击"确定"。

实验步骤参考 11：

财务人员"05 汤艳"执行"供应链"→"库存管理"→"出库业务"→"销售出库单"，进入"销售出库单"页签，如图 5-87 所示。

第五章 业务管理

图 5-87

点击"修改",录入出库成本单价,点击"保存"。

实验步骤参考 12:

仓库主管"12 桑军威"执行"供应链"→"库存管理"→"出库业务"→"销售出库单",进入"销售出库单"页签。选中待审单据,执行"审核",弹出"该单据审核成功!"信息提示,如图 5-88 所示。

图 5-88

点击"确定"。

实验步骤参考 13:

仓库主管"12 桑军威"执行"供应链"→"存货核算"→"业务核算"→"发出商品记账",弹出过滤条件。点击"过滤",进入"未记账单据一览表"页签,如图 5-89 所示。

图 5-89

点击"全选",单击"记账",弹出"记账成功"信息提示,如图 5-90 所示。

图 5-90

点击"确定"。

实验步骤参考 14：

财务人员"05 汤艳"执行"供应链"→"存货核算"→"财务核算"→"生成凭证"，进入"生成凭证"页签。点击"选择"，弹出"查询条件"窗口。选中"分期收款发出商品发货单"，点击"确定"，进入"选择单据"窗口。点击"全选"，如图 5-91 所示。

图 5-91

点击"确定"，返回"生成凭证"页签，如图 5-92 所示。

图 5-92

凭证类别选择"转账凭证"，点击"生成"，弹出"填制凭证"窗口。录入会计分录：

    借：发出商品   366 000.00
    贷：汽车   366 000.00

实验步骤参考 15：

销售员"11 许冬雪"执行"供应链"→"销售管理"→"销售开票"→"销售专用发票"，进入"销售专用发票"页签。点击"增加"，弹出过滤条件。执行"过滤"，点击"全选"，点击"确定"，返回"销售专用发票"页签，如图 5-93 所示。

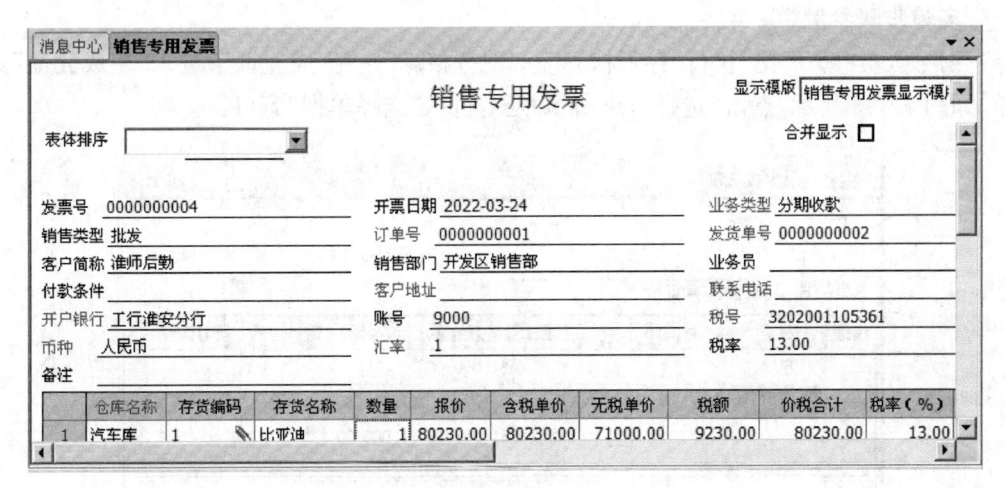

图 5-93

点击"保存"。

实验步骤参考 16：

销售主管"09 孙艺"执行"供应链"→"销售管理"→"销售开票"→"销售专用发票"，进入"销售专用发票"页签。执行"复核"。

实验步骤参考 17：

财务人员"05 汤艳"执行"财务工作"→"应收款管理"→"应收单据处理"→"应收单据审核"，进入"单据处理"页签。点击"全选"，如图 5-94 所示。

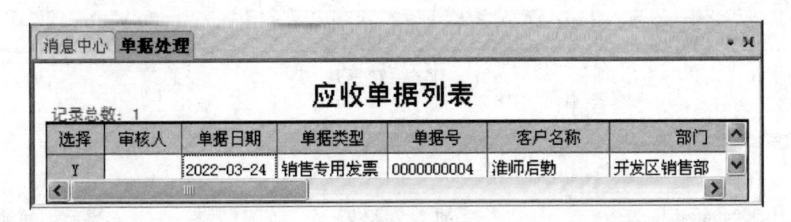

图 5-94

选中单据，执行"审核"，弹出"本次审核选中单据[1]"信息提示。

实验步骤参考 18：

财务人员"05 汤艳"执行"财务会计"→"应收款管理"→"制单处理"，弹出"制单查询"窗口。选中"发票制单"，弹出"填制凭证"窗口，录入会计分录。

借：应收账款　　　　　　　　　　　　　　　　80 230.00
　　贷：主营业务收入　　　　　　　　　　　　　　71 000.00
　　　　应交税费——应交增值税——销项税额　　　9 230.00

实验步骤参考 19：

仓库主管"12 桑军威"执行"供应链"→"存货核算"→"业务核算"→"发出商品记账"，弹出过滤条件。点击"过滤"，进入"未记账单据一览表"页签。点击"全选"，单击"记账"，弹出存货核算"记账成功"信息提示。

实验步骤参考 20：

财务人员"05 汤艳"执行"存货核算"→"财务核算"→"生成凭证"，进入"生成凭证"页签，如图 5-95 所示，点击"选择"，点击"确定"，进入"选择单据"窗口。

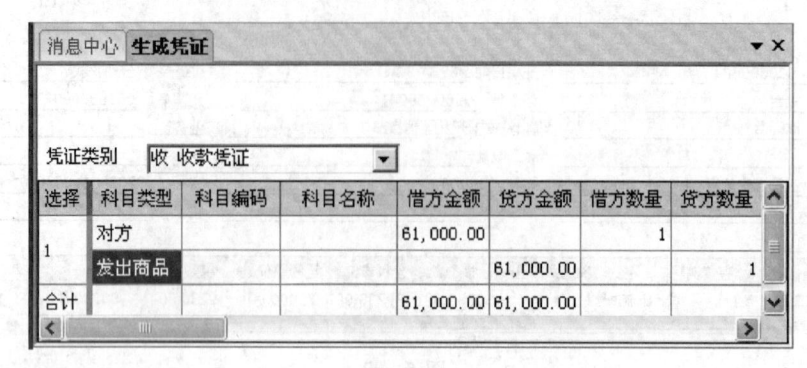

图 5-95

选择"转 转账凭证"，点击"生成"，弹出"填制凭证"窗口。录入会计分录：

    借：主营业务成本   61 000
    贷：发出商品   61 000

实验步骤参考 21：

财务人员"05 汤艳"执行"财务会计"→"应收款管理"→"收款单据处理"→"收款单据录入"，进入"收付款单录入"页签。录入实验内容，如图 5-96 所示。

图 5-96

实验步骤参考 22：

销售主管"09 孙艺"执行"财务会计"→"应收款管理"→"收款单据处理"→"收款单据审核"，弹出"收款单过滤条件"窗口。点击"确定"，进入"收付款单列表"页签。点击"全选"，如图 5-97 所示。

图 5-97

执行"审核",弹出"提示"信息框,如图 5-98 所示。

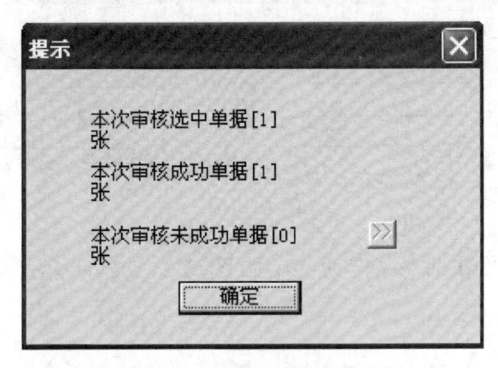

图 5-98

实验步骤参考 23:
财务人员"05 汤艳"执行"应收款管理"→"制单处理",弹出"制单查询"窗口。选中"收付款单制单",点击"确定",进入"制单"页签,如图 5-99 所示。

图 5-99

点击"制单",录入"辅助项"内容,如图 5-100 所示。

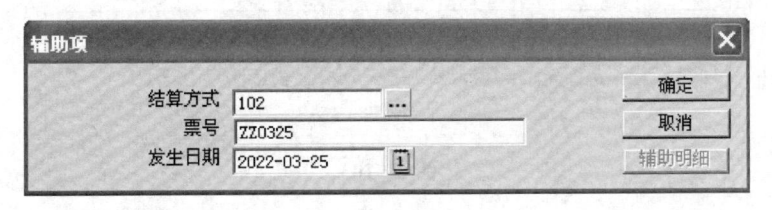

图 5-100

点击"确定",录入会计分录：

    借：银行存款   80 230.00
    贷：应收账款   80 230.00

实验步骤参考 24：

  财务人员"05 汤艳"执行"财务会计"→"应收款管理"→"核销处理"→"手工核销",弹出"核销条件"窗口,如图 5-101 所示。

图 5-101

  点击"确定",进入"单据核销"页签,如图 5-102 所示。本次结算金额应输入"80 230",并执行"保存"。

图 5-102

实验步骤参考 25：

  财务人员"05 汤艳"执行"业务工作"→"财务会计"→"应收款管理"→"制单处理",弹出"制单查询"窗口。选中"核销制单",点击"确定",进入"制单"页签,如图 5-103 所示。

图 5-103

点击"制单",弹出"有效凭证分录数为0,不能生成凭证"信息提示,如图5-104所示。

点击"确定"。

[解决方案]

实验步骤:

财务人员"05 汤艳"执行"财务会计"→"应收款管理"→"设置"→"选项",弹出"账套参数设置"窗口。点击"编辑",受控科目制单方式选择"明细到单据",如图5-105所示。

图5-104

图5-105

点击"确定"。

实验步骤参考26:

财务人员"05 汤艳"执行"财务会计"→"应收款管理"→"制单处理",弹出"制单查询"窗口。选择"核销制单",如图5-106所示。

图5-106

在图 5-106 中,操作员"05 汤艳"无法选择"核销制单"。

[解决方案]

实验步骤:

财务人员"05 汤艳"执行"财务会计"→"应收款管理"→"设置"→"选项",弹出"账套参数设置"窗口。勾选"核销生成凭证",如图 5-107 所示。

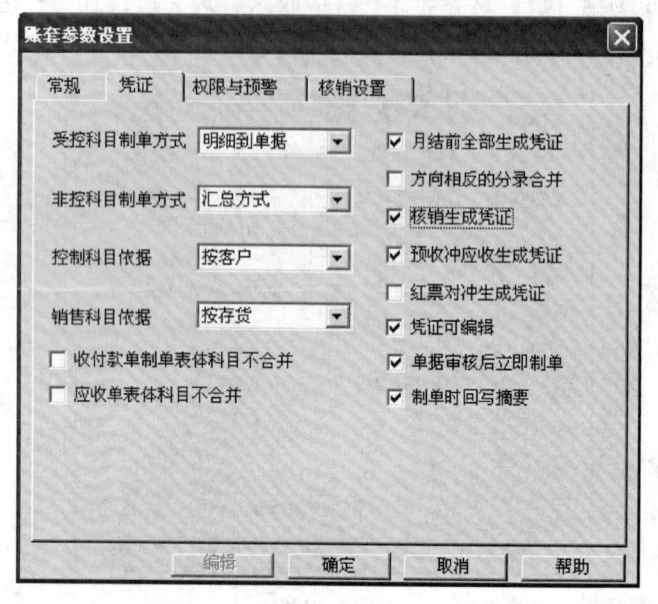

图 5-107

※知识点:

(1) 两种制单方式供选择,即明细到客户、明细到单据。

(2) 明细到客户:当将一个客户的多笔业务合并生成一张凭证时,如果核算这多笔业务的控制科目相同,系统会自动将其合并成一条分录。该方式在总账中能够根据客户来查询其详细信息。

(3) 明细到单据:当将一个客户的多笔业务合并生成一张凭证时,系统会将每一笔业务合并为一条分录。该方式在总账中也能查看到每个客户的每笔业务的详细情况。

实验步骤参考 27:

财务人员"05 汤艳"执行"财务会计"→"应收款管理"→"制单处理",弹出"制单查询"窗口。选择"核销制单",点击"确定",进入"制单"页签。凭证类别选择"转账凭证",点击"制单",弹出"填制凭证"窗口。录入会计分录:

借:应收账款　　　　　　　80 230.00(蓝字)
贷:应收账款　　　　　　　80 230.00(红字)

实验步骤参考 28:

仓库主管"12 桑军威"执行"存货核算"→"账表"→"账簿"→"发出商品明细账",弹出"发出商品明细账查询"窗口。仓库选择"1-汽车库",存货分类选择"1-汽车",存货编码选择"1-比亚迪",如图 5-108 所示。

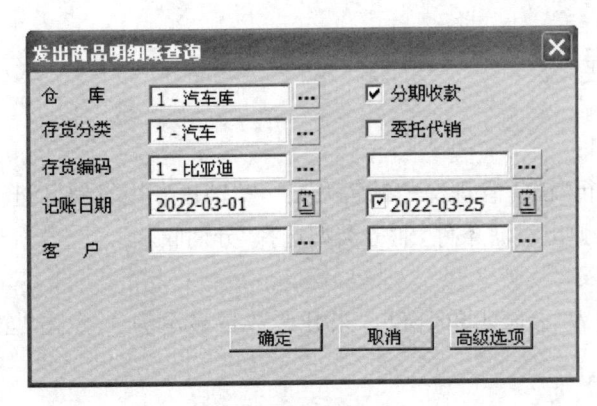

图 5-108

点击"确定",进入"发出商品明细账"页签,如图 5-109 所示。

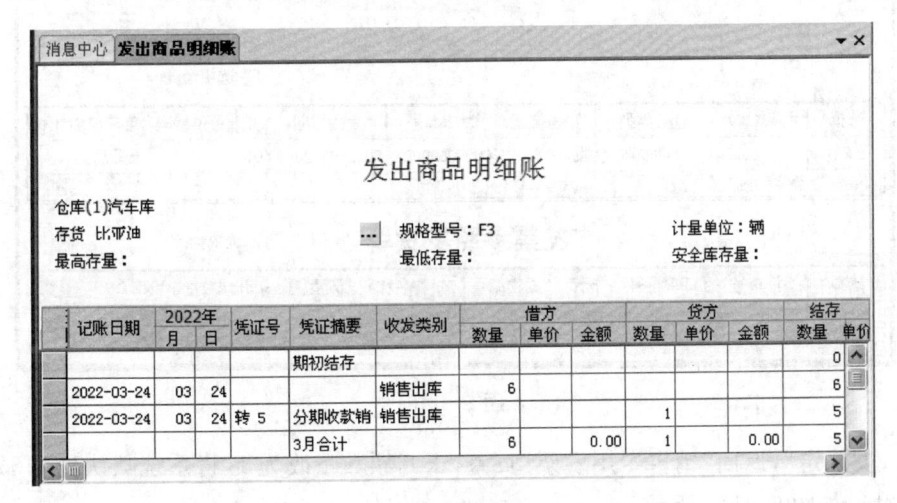

图 5-109

第四节　案例分析

一、实验目标

掌握跨月业务处理流程。

二、实验准备

"11 许冬雪"执行"控制面板"→"日期和时间",将日期设置为"2022-04-15"。

三、实验过程

实验步骤参考 1：

"11 许冬雪"执行"销售管理"→"销售开票"→"销售专用发票"，进入"销售专用发票"页签。点击"增加"，弹出过滤条件，业务类型选择"分期收款"。

实验步骤参考 2：

执行"过滤"，进入"参照生单"窗口，未开票数量显示为 4，点击"全选"，如图 5-110 所示。

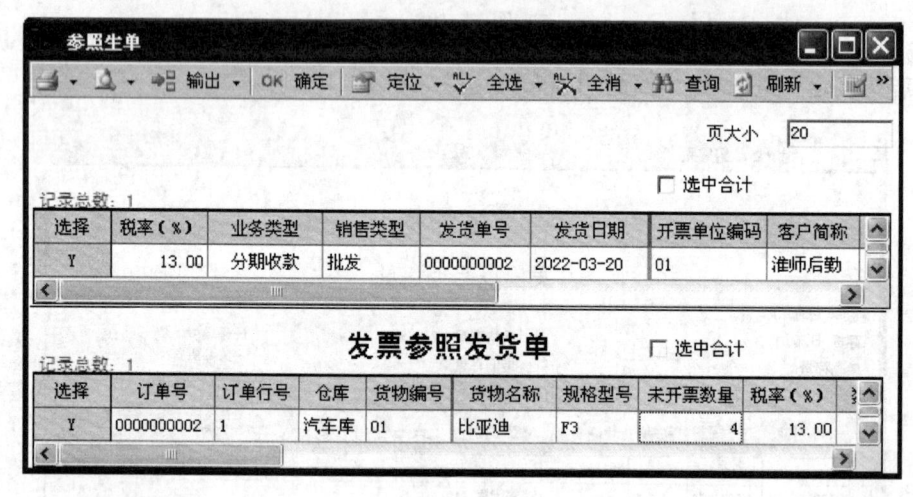

图 5-110

点击"确定"，返回"销售专用发票"页签，未开票数量改为 1，将系统默认税率 17% 设置成 13%，如图 5-111 所示。

图 5-111

执行"保存"。

实验步骤参考 3：

销售主管"09 孙艺"执行"供应链"→"销售管理"→"销售开票"→"销售专用发票"，进入"销售专用发票"页签。执行"复核"。

实验步骤参考 4：

销售主管"09 孙艺"执行"财务会计"→"应收款管理"→"应收单据处理"→"应收单据审核"，弹出"应收单过滤"页签。单据日期选择"2022-04-01"→"2022-04-15"，单据类型选择"销售专用发票"，销售类型选择"批发"。点击"确定"，进入"单据处理"页签，如图5-112所示。

图 5-112

点击"全选"，执行"审核"，弹出"提示"信息框，如图5-113所示。

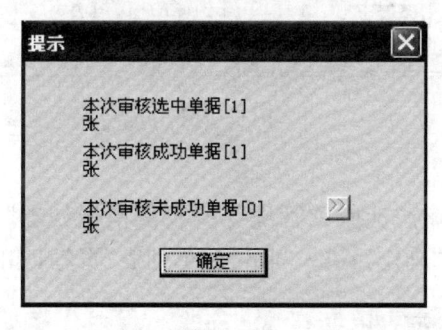

图 5-113

点击"确定"。

实验步骤参考 5：

财务人员"05 汤艳"执行"财务会计"→"应收款管理"→"制单处理"，弹出"制单查询"窗口。选中"发票制单"，点击"确定"，进入"制单"页签，如图5-114所示。

图 5-114

录入会计分录：

借：应收账款　　　　　　　　　　　　　　　　　　78 625.40
　贷：主营业务收入　　　　　　　　　　　　　　　69 580.00
　　　应交税费——应交增值税——销项税额　　　　9 045.40

实验步骤参考 6：

财务人员"05 汤艳"执行"财务会计"→"应收款管理"→"收款单据处理"→"收款单据录入"，进入"收付款单录入"页签，如图 5-115 所示。

图 5-115

实验步骤参考 7：

销售主管"09 孙艺"执行"应收款管理"→"收款单据处理"→"收款单据审核"，弹出"收款单过滤条件"。点击"确定"，进入"收付款单列表"页签，如图 5-116 所示。

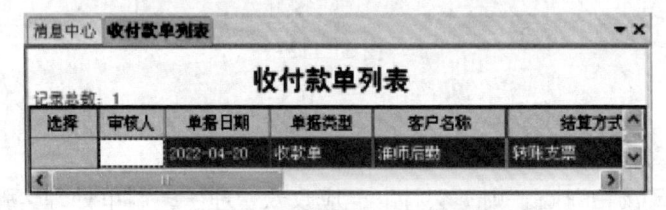

图 5-116

点击"全选"，执行"审核"，弹出"提示"信息框，如图 5-117 所示。

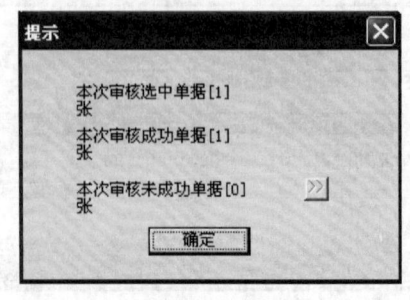

图 5-117

实验步骤参考 8：

财务人员"05 汤艳"执行"财务会计"→"应收款管理"→"制单处理",弹出"制单查询"窗口。选中"收付款单制单",点击"确定",进入"制单"页签。凭证类别选择"收款凭证",点击"全选",单击"制单",弹出"填制凭证"窗口。录入会计分录：

借：银行存款　　　　　　　　78 625.40
　　贷：应收账款　　　　　　　　78 625.40

实验步骤参考 9：

财务人员"05 汤艳"执行"财务会计"→"应收款管理"→"核销处理"→"手工核销",弹出"核销条件"窗口。客户选中"淮师后勤",点击"确定",进入"单据核销"页签,如图 5-118 所示。

图 5-118

本次结算输入"78 625.40",点击"保存"。

实验步骤参考 10：

财务人员"05 汤艳"执行"财务会计"→"应收款管理"→"制单处理",弹出"制单查询"窗口。选中"核销制单",点击"确定",进入"制单"页签。点击"全选",凭证类别选择"转账凭证",单击"制单",弹出"填制凭证"窗口。录入会计分录：

借：应收账款　　　　　　　　78 625.40（蓝字）
　　贷：应收账款　　　　　　　　78 625.40（红字）

实验步骤参考 11：

仓库主管"12 桑军威"执行"供应链"→"存货核算"→"业务核算"→"发出商品记账",弹出"登录日期不在当前会计月(3)月内,不能执行此功能！"信息提示,如图 5-119 所示。

图 5-119

点击"确定"。

实验步骤参考 12：

仓库主管"12 桑军威"执行"控制面板"→"日期和时间",将系统日期设为"2022-03-"。

实验步骤参考 13：

仓库主管"12 桑军威"执行"供应链"→"存货核算"→"业务核算"→"期末处理",弹出"期末处理"窗口。点击"全选",点击"确定",弹出"期末处理有未记账单据,是否继续?"信息提示,如图 5-120 所示。

点击"是",弹出"期末处理完毕!"信息提示,如图 5-121 所示。

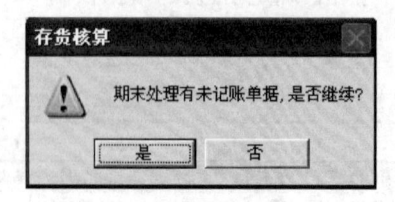

图 5-120    图 5-121

点击"确定"。

实验步骤参考 14：

仓库主管"12 桑军威"执行"供应链"→"存货核算"→"业务核算"→"月末结账",弹出"月末结账"窗口,如图 5-122 所示。

点击"确定",弹出"采购系统尚未结账,不能继续!"信息提示,如图 5-123 所示。

图 5-122    图 5-123

点击"确定"。

实验步骤参考 15：

采购主管"06 孙浩"执行"供应链"→"采购管理"→"月末结账",弹出"月末结账"窗口。选中"会计月份 3",选择标记出现"选中"。点击"结账",弹出"月末结账完毕!"信息提示,如图 5-124 所示。

点击"确定"。

实验步骤参考 16：

销售主管"09 孙艺"执行"供应链"→"销售管理"→"月末结账",弹出"月末结账"窗口。执行"月末结账"退出。

实验步骤参考 17：

仓库主管"12 桑军威"执行"供应链"→"库存管理"→"月末结账",弹出"月末结账"窗口。执行"月末结账"退出。

实验步骤参考 18：

仓库主管"12 桑军威"执行"供应链"→"存货核算"→"业务核算"→"月末结账"，弹出"月末结账"窗口，如图 5-125 所示。

图 5-124 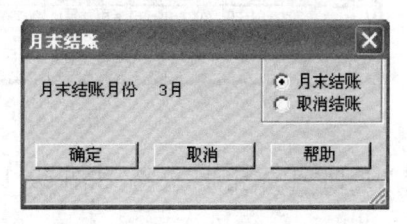　　　　图 5-125

点击"确定"，弹出"存货核算"信息提示框，如图 5-126 所示。

图 5-126

点击"确定"。

实验步骤参考 19：

仓库主管"12 桑军威"执行"控制面板"→"日期和时间"，将日期改为"2022-04-"。

实验步骤参考 20：

仓库主管"12 桑军威"执行"存货核算"→"业务核算"→"发出商品记账"，弹出"过滤条件选择"窗口。点击"过滤"，进入"未记账单据一览表"页签，如图 5-127 所示。

点击"全选"，单击"记账"，弹出"记账成功"信息提示，如图 5-128 所示。

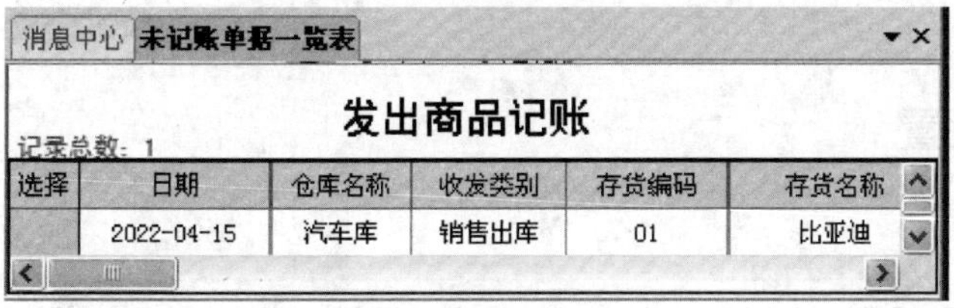

图 5-127 　　　　图 5-128

点击"确定"。

实验步骤参考 21：

财务人员"05 汤艳"执行"存货核算"→"财务核算"→"生成凭证"，进入"生成凭证"页签。点击"选择"，点击"全消"。选中"分期收款发出商品专用发票"，点击"确定"，进入"选择单据"窗口。点击"全选"，如图 5-129 所示。

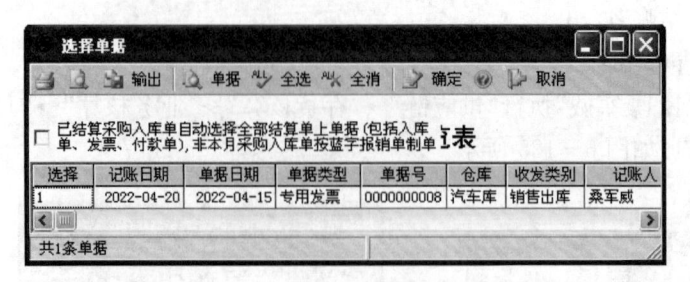

图 5-129

点击"确定",返回"生成凭证"页签,如图 5-130 所示。

图 5-130

凭证类别选择"转 转账凭证",点击"生成",弹出"填制凭证"窗口。录入会计分录:

　　　　借:主营业务成本　　　　　　　　　　　61 000.00
　　　　贷:发出商品　　　　　　　　　　　　　61 000.00

第五节　问题探讨

一、销售选项无权设置

实验资料:

在图 5-131 中,控制客户权限、控制业务员权限、控制部门权限、控制操作员权限、控制存货权限和控制仓库权限均呈现灰色,无法进行勾选。

※**知识点:**

控制客户权限:打勾选择。如控制,查询时只能显示有查询权限的客户及其记录,填制单据时只能参照录入有录入权限的客户。控制业务员、部门、操作员权限等类同控制客户权限。

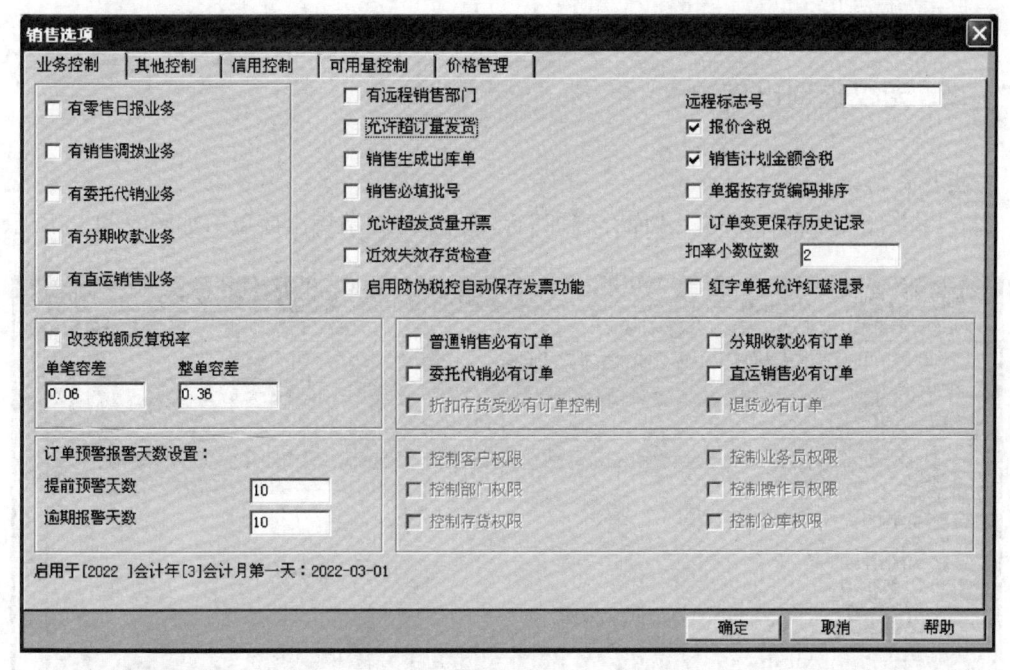

图 5-131

解决方案：

实验步骤参考：

"02 吴坚"执行"企业应用平台"→"系统服务"→"权限"→"数据权限控制设置"，弹出"数据权限控制设置"窗口。选中业务员、部门、操作员、存货等，如图 5-132 所示。

图 5-132

点击"确定"。

二、无权查询出库单

实验资料：

仓库主管"18 桑军威"进入"库存管理"后，无权查询"销售出库单"，如图 5-133 所示。

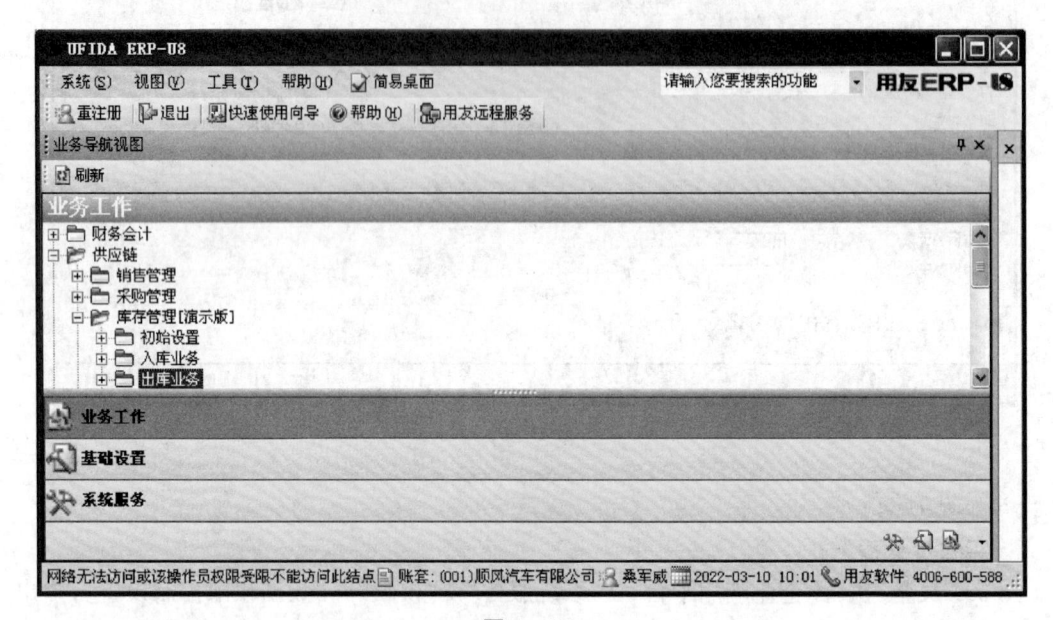

图 5-133

图 5-133 中，显示网络无法访问或该操作员权限受限不能访问此结点。

实验步骤参考：

账套主管"02 吴坚"执行"供应链"→"库存管理"→"出库业务"→"销售出库单"，进入"销售出库单"页签。执行实验操作，进入"销售出库单"页签，如图 5-134 所示。

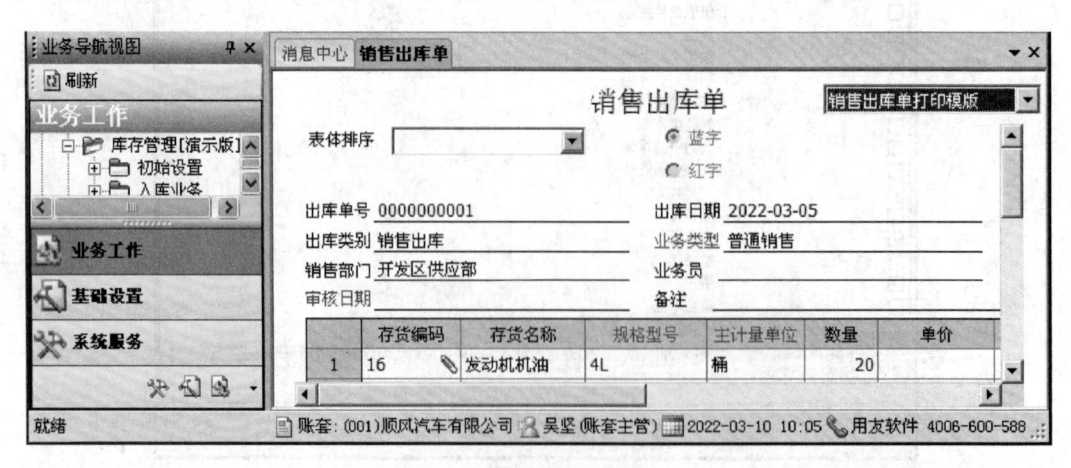

图 5-134

解决方案：

实验步骤参考 1：

"admin"执行"系统管理"→"权限"→"权限"，进入"操作员权限"窗口。选中仓库主管"12 桑军威"，勾选"显示所属角色权限"，如图 5-135 所示。

图 5-135

点击"修改"，授予"12 桑军威"有"库存管理"模块的所有权限。点击"保存"，如图 5-136 所示。

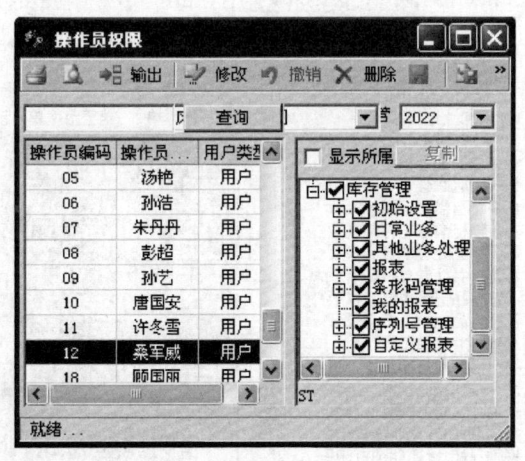

图 5-136

实验步骤参考 2：

"12 桑军威"执行"供应链"→"库存管理"→"出库业务"→"销售出库单"，信息提示：网络无法访问或该操作员权限受限不能访问此结点。

实验步骤参考 3：

"admin"执行"系统管理"→"权限"→"权限"，进入"操作员权限"窗口。取消"12 桑军威"对库存管理"初始设置"之外的权限。

备注： 通过实验步骤参考 1~2，验证了"12 桑军威"无库存管理的销售出库权限，与系统管理授权不足无关（即便在授予库存管理模块所有权限基础上）。

实验步骤参考 4：

"admin"执行"系统管理"→"权限"→"权限"，进入"操作员权限"窗口。授予"12 桑军威"有"销售出库单"权限，如图 5-137 所示。

图 5-137

实验步骤参考 5：

"02 吴坚"执行"企业应用平台"→"系统服务"→"权限"→"数据权限分配"，授权操作员"12 桑军威"有"销售出库单"模板权限，如图 5-138 所示。

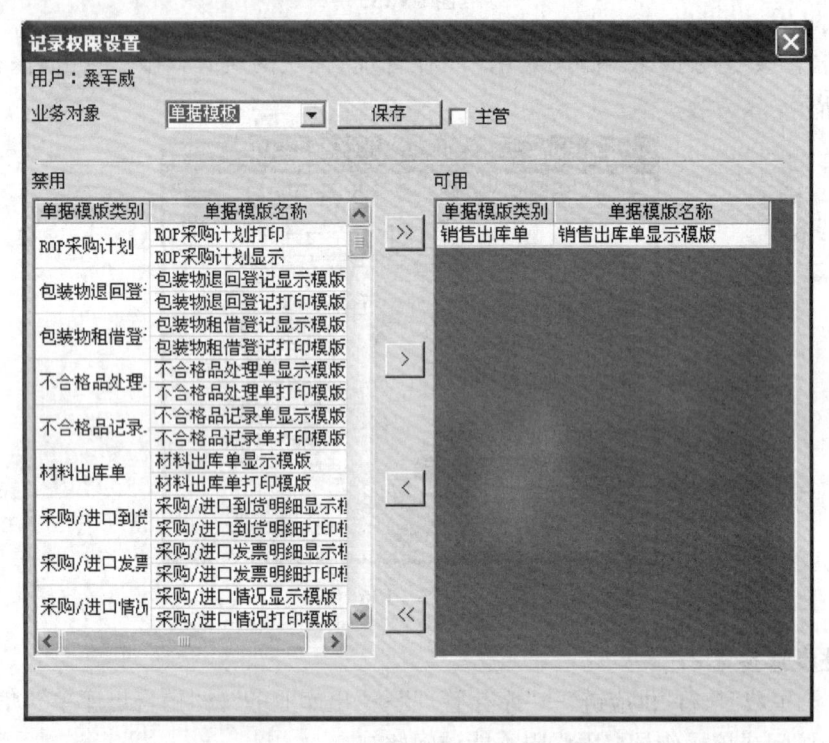

图 5-138

点击"保存"，弹出"保存成功，重新登录门户，此配置才能生效！"信息提示，如图 5-139 所示。

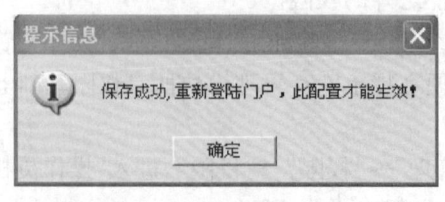

图 5-139

点击"确定"。

三、无权填制单据

实验资料：

"11 许冬雪"进入"销售管理"后，填制"发货单""销售专用发票"等，弹出"您没有模板使用权限"信息提示，如图 5-140 所示。

点击"确定"。

※**知识点：**

ERP 软件提供的记录级和字段级数据权限控制功能，必须在系统管理功能权限分配之后才能执行。

图 5-140

解决方案：

实验步骤参考 1：

"02 吴坚"执行"系统服务"→"权限"→"数据权限控制设置"，弹出"数据权限控制设置"窗口。点击"记录级"，业用对象选中"单据模板"，点击"确定"退出。

实验步骤参考 2：

"02 吴坚"执行"系统服务"→"权限"→"数据权限分配"，进入"权限浏览"。用户选中"11 许冬雪"，点击"授权"，弹出"记录权限设置"窗口。业务对象选择"单据模板"，模板类别选择"发货单""销售专用发票"等，单击 > ，如图 5-141 所示。

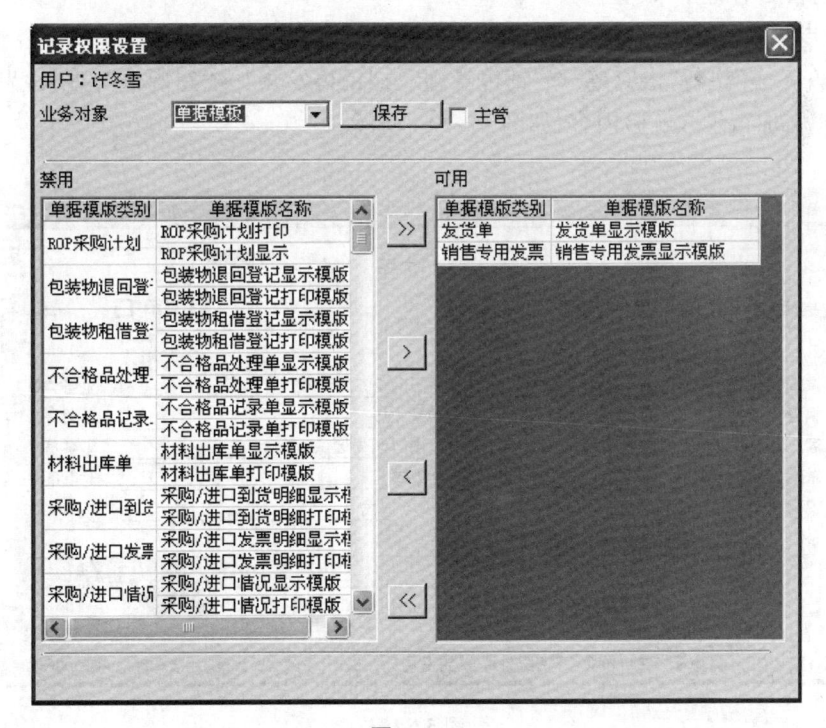

图 5-141

点击"保存",弹出"提示信息"信息框,如图 5-142 所示。

图 5-142

点击"确定"。

※知识点:

应按提示要求,先退出企业应用平台,再进入企业应用平台,可避免配置失效。

四、无权记账

实验资料:

淮师后勤购买发动机机油 4 L 共 20 桶,不含税价格为 150 元/桶。2022 年 3 月 5 日发货,3 月 10 日开出销售专用发票。

实验步骤参考 1:

"09 孙艺"执行"供应链"→"销售管理"→"设置"→"选项",进入"销售选项"窗口,取消"普通销售必有订单"设置。

实验步骤参考 2:

"11 许冬雪"执行"供应链"→"销售管理"→"销售发货"→"发货单",进入"发货单"页签。点击"增加",录入实验内容,如图 5-143 所示。

图 5-143

实验步骤参考 3：

"09 孙艺"执行"供应链"→"销售管理"→"销售发货"→"发货单"，进入"发货单"页签。选中待审单据，执行"审核"，如图 5-144 所示。

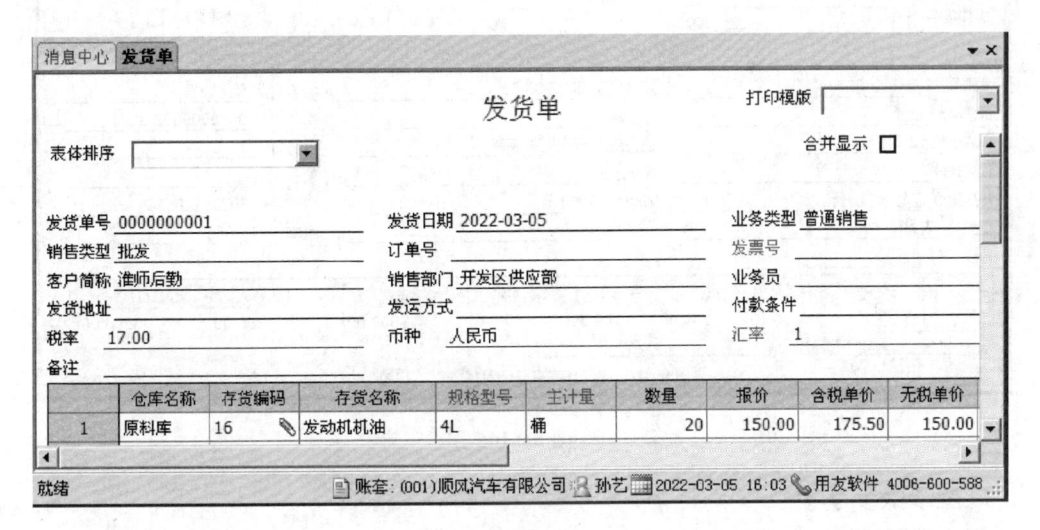

图 5-144

实验步骤参考 4：

"11 许冬雪"执行"销售管理"→"销售开票"→"销售专用发票"，进入"销售专用发票"页签。执行实验操作，进入"参照生单"窗口，如图 5-145 所示。

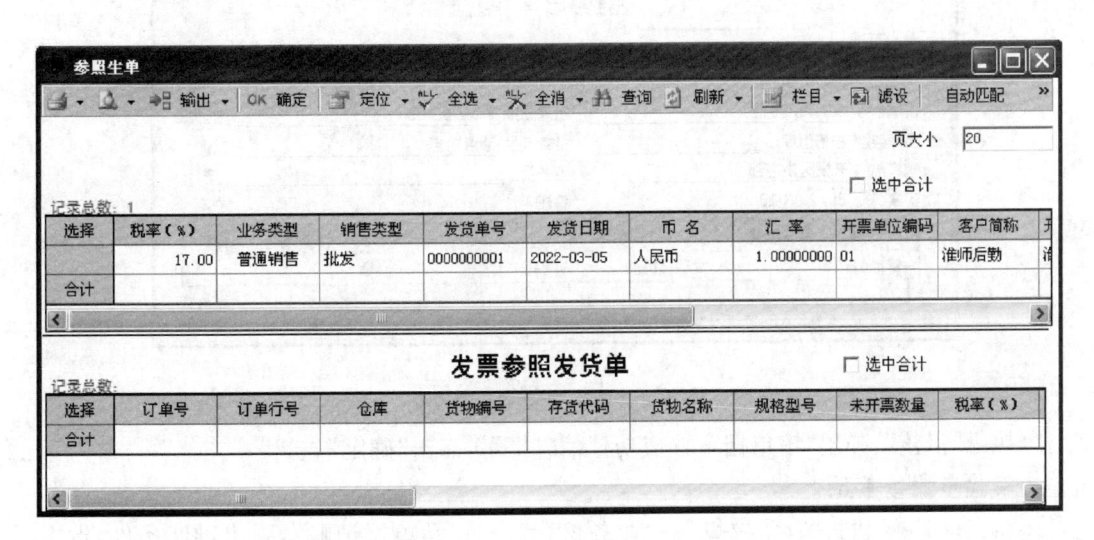

图 5-145

点击"全选"，点击"确定"，返回"销售专用发票"页签，如图 5-146 所示。

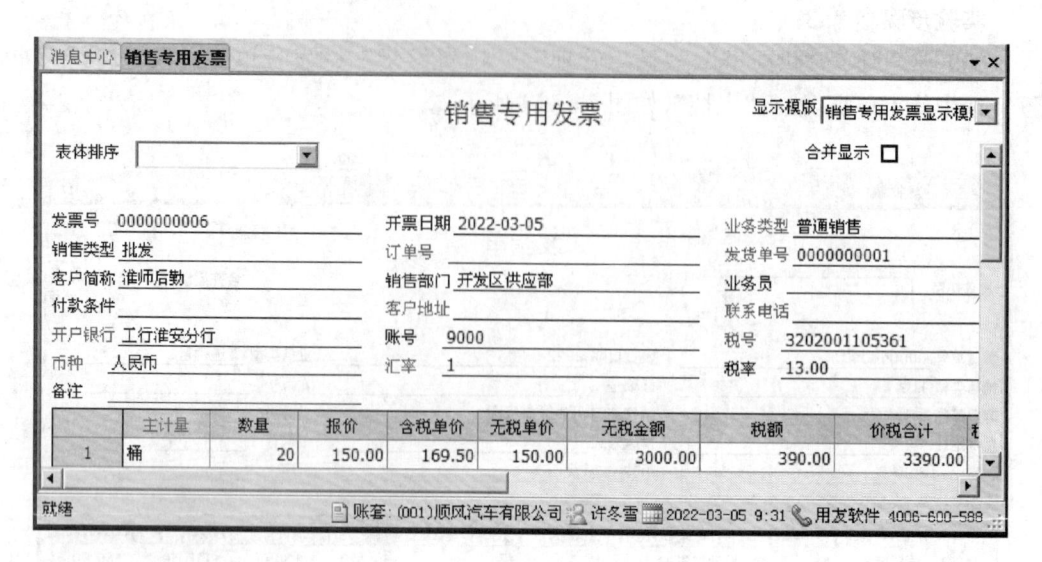

图 5-146

实验步骤参考 5：

"12 桑军威"执行"供应链"→"库存管理"→"出库业务"→"销售出库单"，进入"销售出库单"页签。点击 ← 或 →，选中待审单据，如图 5-147 所示。

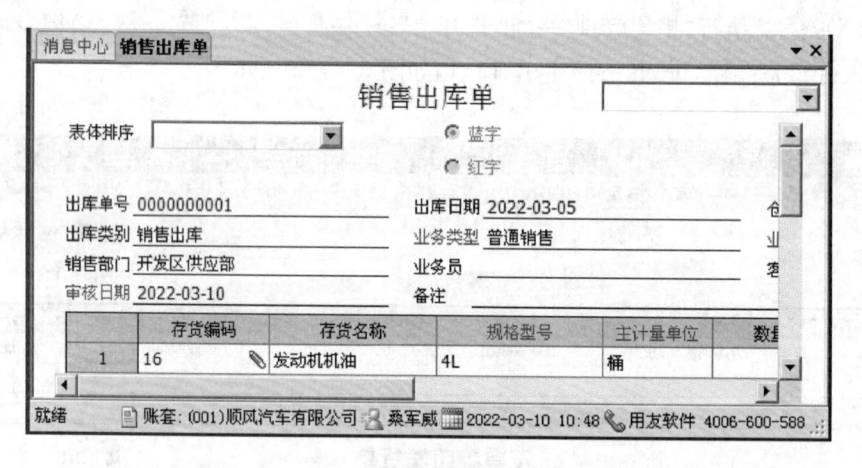

图 5-147

执行"审核"，弹出"该单据审核成功！"信息提示，点击"确定"。

实验步骤参考 6：

"12 桑军威"执行"存货核算"→"业务核算"→"正常单据记账"，弹出过滤条件，点击"过滤"，进入"未记账单据一览表"页签，如图 5-148 所示。

208

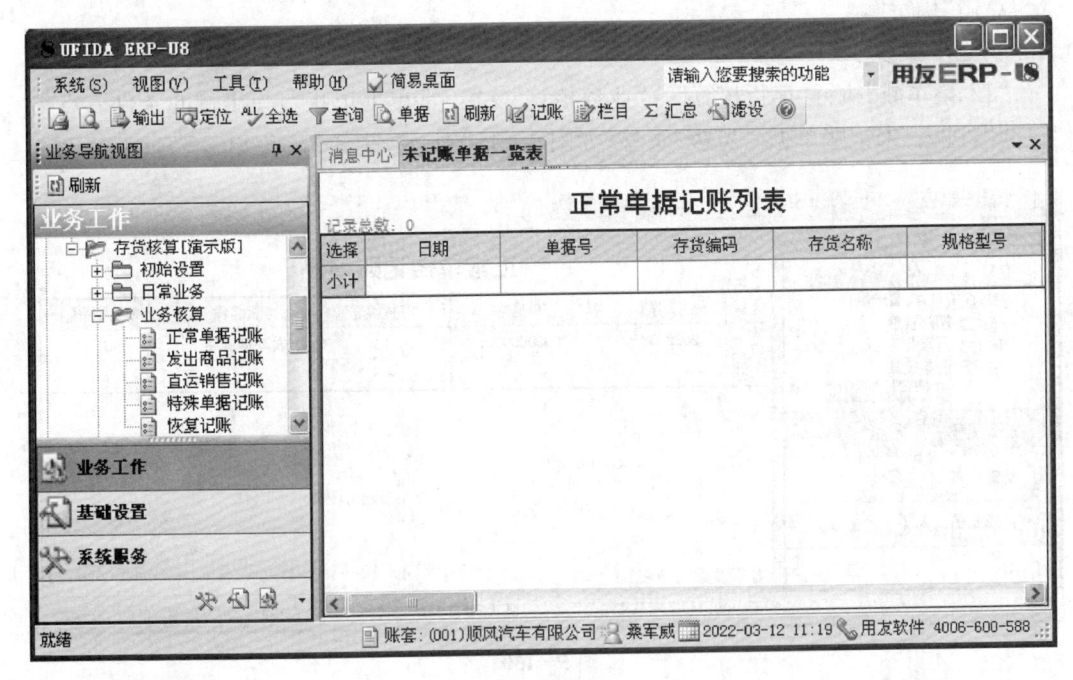

图 5-148

解决方案：

实验步骤参考 1：

"12 桑军威"执行"供应链"→"存货核算"→"初始设置"→"选项"→"选项录入"，弹出"选项录入"窗口。执行实验操作，如图 5-149 所示。

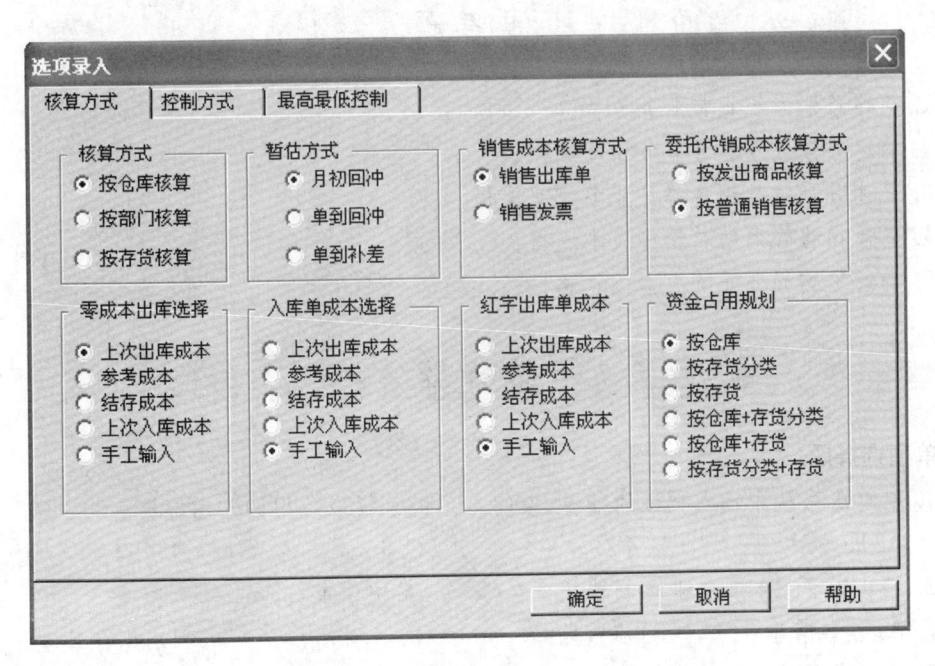

图 5-149

点击"确定"。

实验步骤参考2：

"12 桑军威"执行"存货核算"→"业务核算"→"正常单据记账"，弹出过滤条件。点击"过滤"，进入"未记账单据一览表"页签，如图5-150所示。

图 5-150

点击"全选"，点击"记账"，弹出"记账成功"信息提示，如图5-151所示。

点击"确定"。

图 5-151

思 考 题

1. 简述总账系统日常业务流程。
2. 简述分期收款销售业务处理流程。
3. 简述分期收款销售跨月业务处理流程。
4. 简述销售管理结转销售成本流程。
5. 简述采购管理采购成本核算流程。

选 择 题

一、单项选择题

1. 在总账系统中输入凭证的摘要，按（　　）键可提取备用的常用摘要。
   A. F1　　　　　　B. F2　　　　　　C. F3　　　　　　D. F4
2. 销售管理系统日常业务制单凭证在（　　）系统中审核。
   A. 销售管理　　　B. 应收账款　　　C. 总账　　　　　D. 库存管理
3. 普通发票的默认税率为（　　）。

A. 0　　　　　　　B. 17%　　　　　　C. 13%　　　　　　D. 23%

4. 固定资产系统初始化向导不包括( )。

　　A. 启用月份　　　B. 折旧信息　　　C. 会计科目　　　D. 编码方式

5. 建立工资账套可供选择的工资类别有( )个。

　　A. 1　　　　　　B. 2　　　　　　　C. 3　　　　　　　D. 4

二、多项选择题

1. 固定资产系统折旧方式中属于加速折旧的有( )。

　　A. 平均年限法　　　　　　　　　　B. 工作量法
　　C. 年数总和法　　　　　　　　　　D. 双倍余额递减法

2. 应收款管理系统受控科目制单方式有( )。

　　A. 明细到部门　　B. 明细到客户　　C. 明细到单据　　D. 明细到产品

3. 应付款账套参数设置中,应付款可以按( )核销。

　　A. 发票　　　　　B. 单据　　　　　C. 产品　　　　　D. 供应商

4. 薪资管理系统可以设置的分摊类型有( )。

　　A. 制造费用　　　B. 管理费用　　　C. 应付福利费　　D. 职工教育经费

5. 总账系统中,填制凭证时必须录入的项目包含( )。

　　A. 凭证日期　　　B. 凭证编号　　　C. 内容摘要　　　D. 会计分录

第六章　分配管理

分配管理是企业一项重要的管理工作。加强对分配费用管控,有利于提升企业的管理水平和利润水平。加大分配费用管控的力度能使企业节约费用支出,可以避免不必要的浪费。有效分配费用的前提是不断进行技术、方法等创新研究。只有不断进行技术、方法等创新研究,才能更好地提升精细化管理水平,为企业的科学决策和发展提供强大的管理保障。

第一节　分配概述

企业费用分配的管控有利于明确相关部门、人员的责任,也可以作为企业考核员工绩效的重要依据。因此,费用分摊管控可以通过对预算管理的实施更直观、更科学地对企业员工进行考核,企业对员工实行奖惩,激励员工通过执行预算标准做好自己的本职工作。

一、折旧分配

固定资产是指企业为生产产品、提供劳务、出租或经营管理而持有的,使用寿命超过一年的有形资产。固定资产是企业效益产生的源泉,固定资产的结构、状况、管理水平等直接影响着企业的运营与发展。在 ERP 系统中,固定资产管理系统作为一个独立的模块出现。固定资产系统可以实现原值增加、原值减少、资产增加、资产减少、资产盘盈、资产盘亏、折旧分摊等功能。其中原值增加和减少、资产增加和减少、资产盘盈和盘亏属于常规的管理,而折旧分配是影响整个企业绩效的重要环节。

固定资产折旧可以增加企业现金流量,通过折旧分摊到费用,可以对企业利润起到冲减作用。折旧资金的回笼可以扩大企业技术改造投入,有利于提高企业生产力。固定资产折旧分为有形损耗和无形损耗,而无形损耗是由于技术进步和劳动生产率提高所引起的资产贬值。在税务部门同意的前提下,可以通过加速折旧法来减少无形损耗对企业的冲击。

二、薪资分配

薪资分配适用于各类企业、事业单位进行工资核算、工资发放、工资费用分摊和个人所得税核算等。薪资管理系统可以与总账系统集成使用,也可以与成本管理系统集成使用,为成本管理提供人员的费用信息。工资管理系统主要包括初始化设置、业务处理和统计分析报表业务处理功能。初始设置主要包括人员类别、人员档案等。日常业务处理主要包括工资数据变动、工资分发、扣缴所得税、薪资分摊等。工资数据变动和分发、代扣和代缴所得税属于日常管理工作，而薪资分摊是企业对员工绩效考核量化标准的重要依据。

通过计提职工工资、工会经费、养老保险、医疗保险、应付福利费等，工资分配根据各部门和单位的属性，分配到销售费用、管理费用等期间费用中去。薪资分摊的科学性、合理性等对职工的工作积极性和工作热情会产生关键性影响，能提高企业整体工作效率，企业必须予以高度重视。

三、业务流程

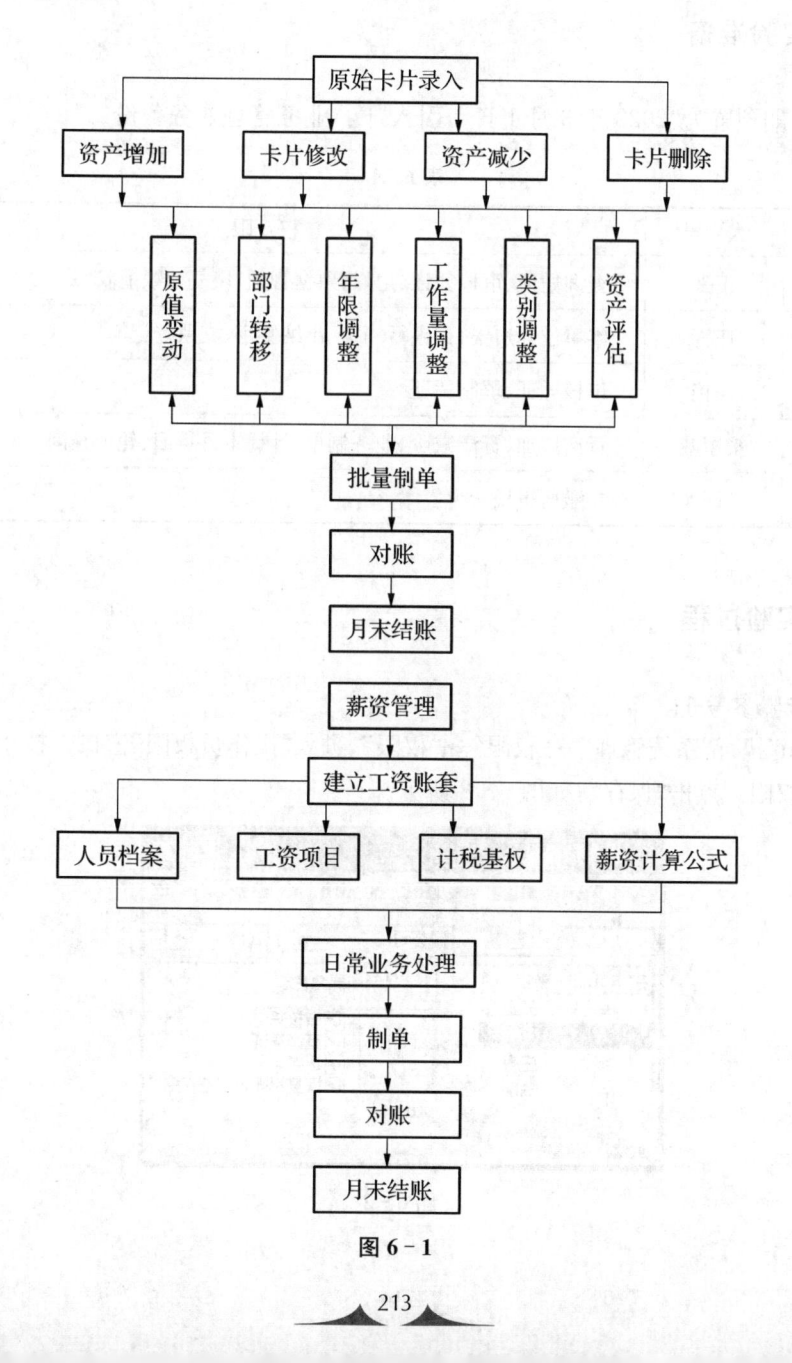

图 6-1

第二节　制单权限

一、实验目标

填制单据及权限授予。

二、实验准备

系统日期预置为"2022年3月1日",引入"E:\业务管理业务备份二"。

表 6-1

编号	人员	权限
03	王平	查询凭证、审核凭证、记账、票据管理、恢复记账前状态
04	庄青	本单位开户银行、银行档案、出纳签字、支票登记簿
05	汤艳	审核凭证、填制凭证
12	桑军威	资产增加、资产减少、业务制单、计提本月折旧、凭证查询
18	顾国丽	扣缴所得税

三、实验过程

实验步骤参考 1:

"admin"执行"系统管理"→"权限"→"权限",进入"操作员权限"窗口。授予总账会计"03 王平"权限。点击"保存",如图 6-2 所示。

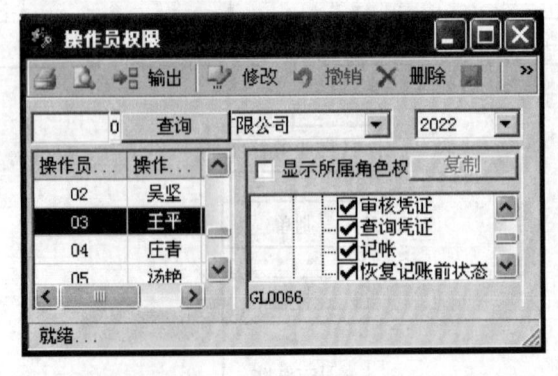

图 6-2

实验步骤参考 2：

总账会计"03 王平"执行"基础设置"→"基础档案"→"收付结算"→"结算方式"，进入"结算方式"窗口。选择"转账支票"，勾选"是否票据管理"，如图 6-3 所示。

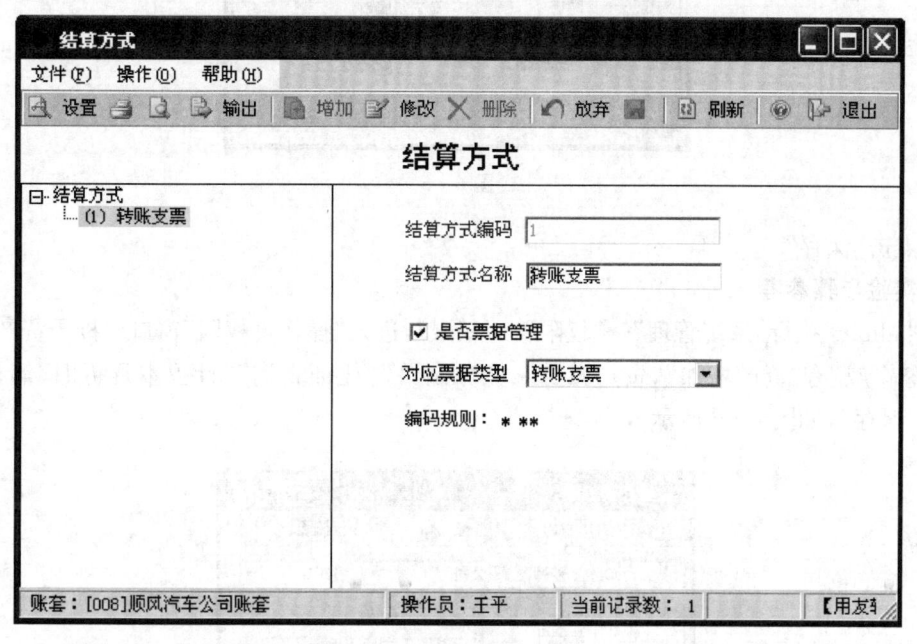

图 6-3

实验步骤参考 3：

"admin"执行"系统管理"→"权限"→"权限"，进入"操作员权限"窗口。授予出纳"04 庄青"有"本单位开户银行""银行档案""支票登记簿"权限，如图 6-4 所示。

图 6-4

点击"保存"。

实验步骤参考 4：

"admin"执行"系统管理"→"权限"→"权限"，进入"操作员权限"窗口。授予财务人员"05 汤艳"有"填制凭证""审核凭证"权限，如图 6-5 所示。

图 6-5

点击"保存"。

实验步骤参考 5：

"admin"执行"系统管理"→"权限"→"权限"，进入"操作员权限"窗口。授予资产会计"12 桑军威"有"资产增加""资产减少""业务制单""凭证查询""计提本月折旧"等权限。点击"保存"，如图 6-6 所示。

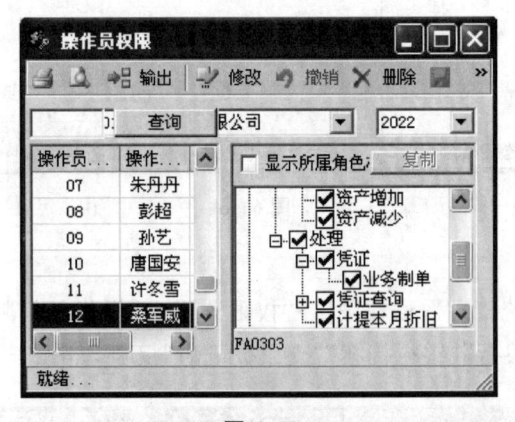

图 6-6

实验步骤参考 6：

"admin"执行"系统管理"→"权限"→"权限"，进入"操作员权限"窗口。授予人事主管"18 顾国丽"有"扣缴所得税"权限，如图 6-7 所示。

图 6-7

点击"保存"。

实验步骤参考 7：

"admin"执行"系统管理"→"权限"→"权限"，进入"操作员权限"窗口。授予出纳"04 庄青"有"出纳签字"权限，如图 6-8 所示。

图 6-8

点击"保存"。

实验步骤参考 8：

总账会计"03 王平"执行"基础档案"→"财务"→"会计科目"，进入"会计科目"窗口。执行"编辑"，指定现金科目"库存现金"、银行科目"银行存款"，如图 6-9 所示。

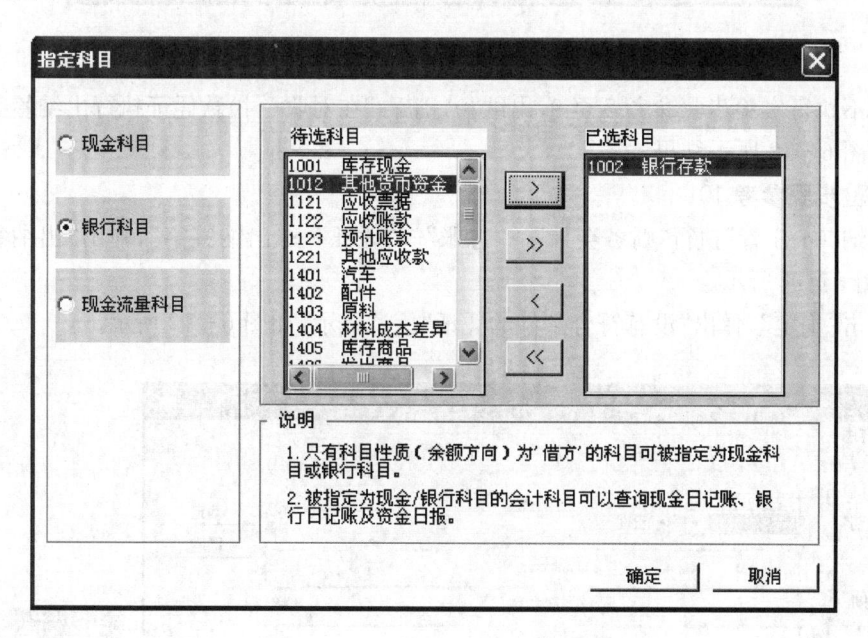

图 6-9

实验步骤参考 9：

总账会计"03 王平"执行"财务会计"→"总账"→"设置"→"选项"，进入"选项"窗口。点击"编辑"，勾选"出纳凭证必须经由出纳签字"，如图 6-10 所示。

图 6-10

如不执行实验步骤参考 7 至 9,出纳"04 庄青"在对收(付)款凭证执行出纳签字时,会出现如图 6-12 所示结果。

实验步骤参考 10:

出纳"04 庄青"执行"财务会计"→"总账"→"凭证"→"出纳签字",弹出"出纳签字"窗口,如图 6-11 所示。

点击"确定",弹出"没有符合条件的凭证"信息提示,如图 6-12 所示。

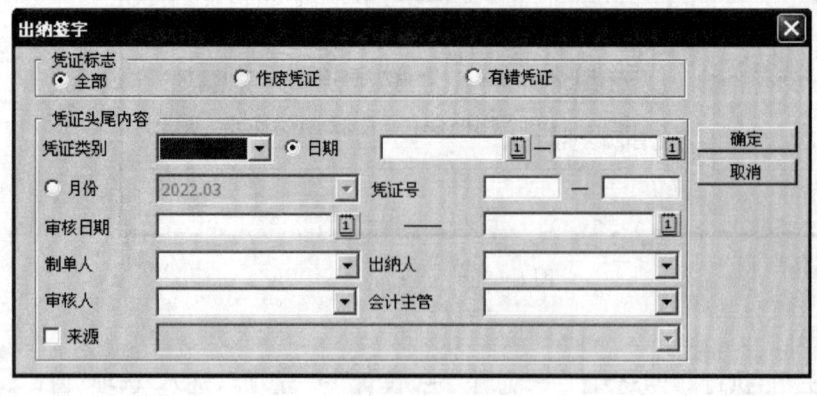

图 6-11　　　　　　　　　　　　　图 6-12

点击"确定"。

第三节 费用分配

一、实验目标

资产常规管理、折旧分配、薪资分配。

二、实验过程

实验1：资产常规管理

1. 实验资料

2022年3月12日,清河区销售部购买投影机,净残值率5%,预计使用年限5年。收到普通发票1张,含税金额8 000元。签发一张转账支票支付货款,票号"ZZ0312"。

2. 实验过程

实验步骤参考1：

资产会计"12 桑军威"执行"企业应用平台"→"业务工作"→"财务会计"→"固定资产"→"处理"→"对账",弹出"与账务对账结果"窗口,如图6-13所示。

图6-13

点击"确定"。

备注：

(1) 实验步骤参考1验证了固定资产账套与财务账套的期初原值一致。

(2) 实验步骤参考1验证了固定资产账套与财务账套的期初累计折旧一致。

实验步骤参考2：

资产会计"12 桑军威"执行"开始"→"设置"→"控制面板"→"日期和时间",系统日期调整为2022年3月12日。

实验步骤参考3：

资产会计"12 桑军威"执行"财务会计"→"固定资产"→"设置"→"选项",弹出"选项"窗口。点击"编辑",点击"折旧信息",取消勾选"新增资产当月计提折旧",勾选"原值增减变动当期生效""净残值率调整当期生效""累计折旧调整当期生效",点击"确定"。于账务系统接口勾选"业务发生后立即制单",点击"确定"。

※知识点：
企业当月增加的固定资产，当月不计提折旧。

实验步骤参考4：
资产会计"12 桑军威"执行"固定资产"→"卡片"→"资产增加",弹出"固定资产类别档案"窗口。选中"电子设备",如图6-14所示。

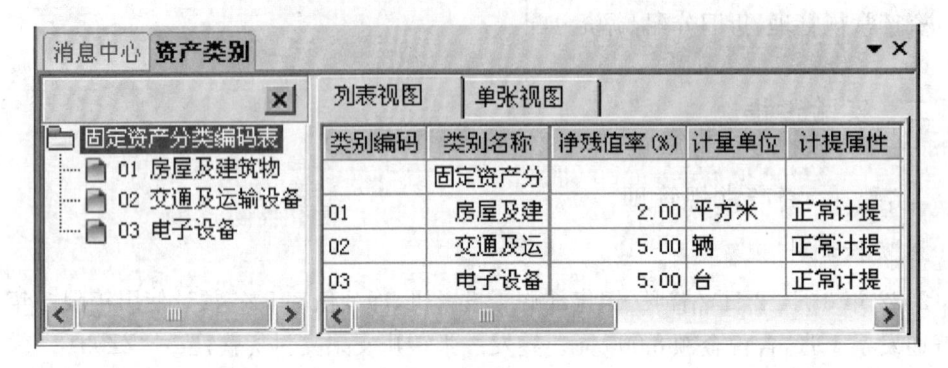

图6-14

点击"确定",进入"固定资产卡片"页签。增加方式选择"直接购入",使用状况选择"在用",开始使用日期输入"2022-03-12",原值输入"8000",累计折旧为"0",使用年限输入"60",录入其余实验内容,如图6-15所示。

图6-15

点击"保存",弹出"填制凭证"窗口。录入会计分录：

借：固定资产　　　　　　　8 000.00
　　贷：银行存款　　　　　　　8 000.00

点击"退出",弹出"数据成功保存!"信息提示,如图6-16所示。

点击"确定"。

实验步骤参考5:

资产会计"12 桑军威"执行"财务会计"→"固定资产"→"设置"→"处理"→"对账",弹出"与账务对账结果"窗口。对账结果显示:固定资产账套原值为"686 400.00",而账务账套原值为"678 400.00",固定资产账套原值和账务账套原值差值为8 000。结果表明:固定资产账套原值和账务账套原值不一致,所以"与账务对账结果"窗口显示结果:不平衡,如图6-17所示。

图6-16

图6-17

点击"确定"。

实验步骤参考6:

总账会计"03 王平"执行"业务工作"→"财务会计"→"总账"→"凭证"→"查询凭证",弹出"凭证查询"窗口。凭证类别选择"付 付款凭证",制单人选择"桑军威",如图6-18所示。

图6-18

点击"确定",弹出"查询凭证"窗口,如图6-19所示。

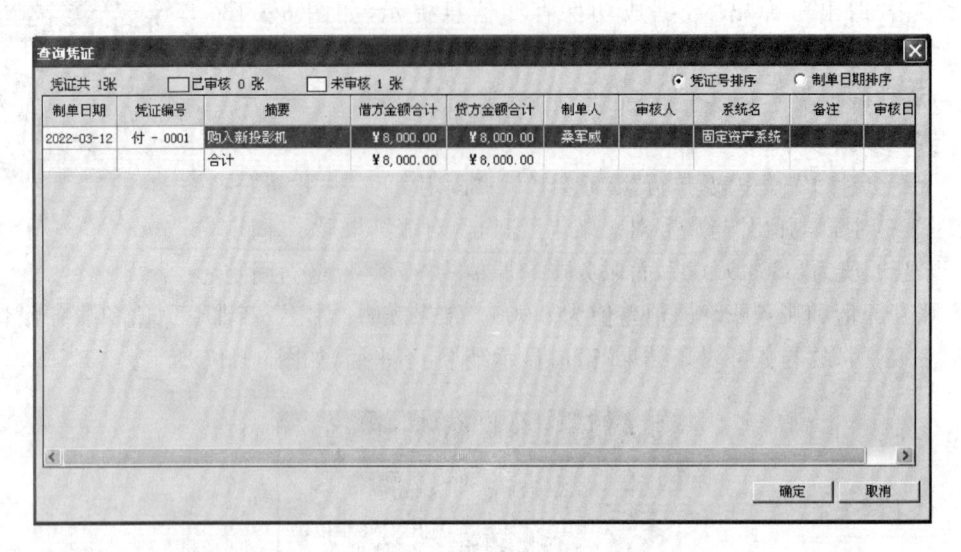

图 6-19

图 6-19 显示：未审核凭证 1 张。点击"确定"，弹出"出纳签字"窗口，如图 6-20 所示。

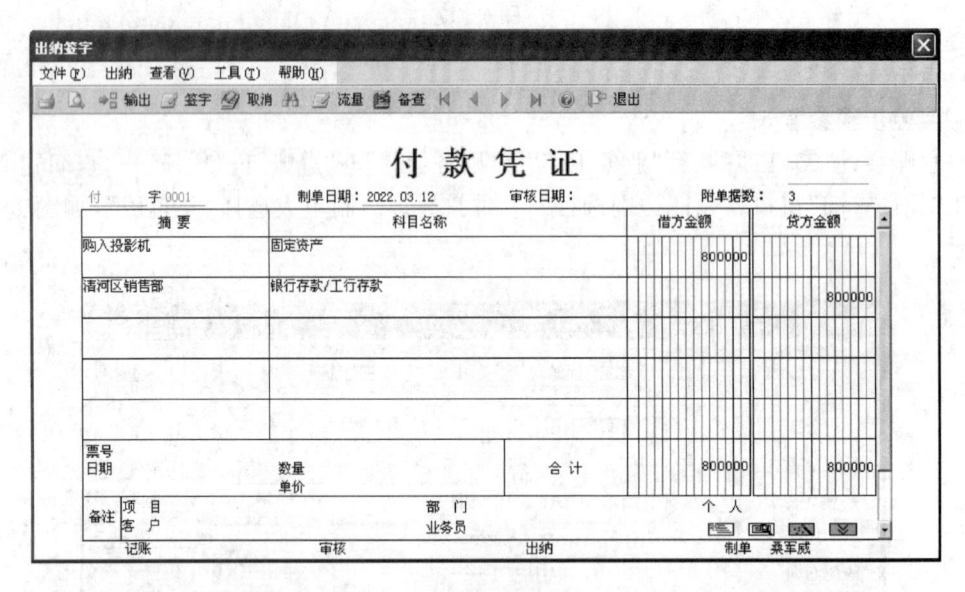

图 6-20

图 6-20 中显示：付款凭证未记账、未审核、出纳未签字。

实验步骤参考 7：

出纳"04 庄青"执行"业务工作"→"财务会计"→"总账"→"凭证"→"出纳签字"，弹出"出纳签字"窗口。凭证类别选择"付 付款凭证"，制单人选择"桑军威"，如图 6-21 所示。

点击"确定"，进入"出纳签字"窗口，如图 6-22 所示。

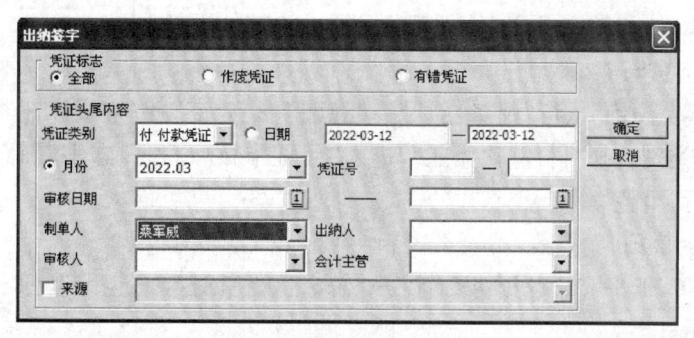

图 6-21

图 6-22

点击"确定",进入"出纳签字"窗口。执行"签字",如图 6-23 所示。

图 6-23

图6-23中,执行签字后,"出纳"后出现"04 庄青"。

实验步骤参考8：

财务人员"05 汤艳"执行"财务会计"→"总账"→"凭证"→"审核凭证",弹出"凭证审核"窗口。凭证类别选择"付 付款凭证",进入"凭证审核"窗口。点击"确定",进入"审核凭证"窗口,执行"审核"。

实验步骤参考9：

总账会计"03 王平"执行"财务会计"→"总账"→"凭证"→"记账",弹出"记账"窗口,如图6-24所示。

期间	类别	未记账凭证	已审核凭证	记账范围
2022.03	付	1-1	1-1	

图6-24

记账范围输入"1-1",点击"记账",弹出"期初试算平衡表"。点击"确定",弹出"记账完毕!"信息提示,如图6-25所示。

点击"确定"。

图6-25

实验步骤参考10：

总账会计"03 王平"执行"财务会计"→"总账"→"凭证"→"查询凭证",弹出"凭证查询"窗口。记账范围选择"已记账凭证",点击"确定",弹出"查询凭证"窗口,如图6-26所示。

图6-26

在图6-26中,付款凭证显示已记账,记账人为总账会计"03 王平"。

实验步骤参考 11：

资产会计"12 桑军威"执行"财务会计"→"固定资产"→"设置"→"处理"→"对账"，弹出"与账务对账结果"窗口，如图 6-27 所示。

图 6-27

点击"确定"。

对账结果显示：

（1）固定资产账套原值为"686 400.00"，账务账套原值为"686 400.00"，结果表明：固定资产账套原值和账务账套原值一致。

（2）686 400.00＝期初固定资产原值 678 400.00＋本月新购入固定资产原值 8 000.00。

（3）由于未计提本月折旧，所以固定资产账套累计折旧金额、账务账套累计折旧金额均和月初累计折旧金额一致。

（4）图 6-27 结果与图 6-17 结果不一致的根本原因：购买固定资产后，固定资产系统已确认该笔资产，而总账系统确认该笔资产的前提是必须对付款凭证执行记账。

3. 账套备份

在"E:\2022 顺风公司账套备份"文件夹中建立"分配管理备份一"子文件夹。"admin"执行备份。

实验 2：折旧分配

1. 实验资料

2022 年 3 月 15 日，投影机损坏，报废处理。

2. 实验过程

实验步骤参考 1：

资产会计"12 桑军威"执行"财务会计"→"固定资产"→"卡片"→"资产减少"，弹出"本账套需要进行计提折旧后，才能减少资产！"信息提示，如图 6-28 所示。

图 6-28

点击"确定"。

实验步骤参考2：

资产会计"12 桑军威"执行"财务会计"→"固定资产"→"处理"→"计提本月折旧"，弹出"是否要查看折旧清单？"信息提示，如图6-29所示。

点击"是"，弹出"本操作将计提本月折旧，并花费一定时间，是否要继续？"信息提示，如图6-30所示。

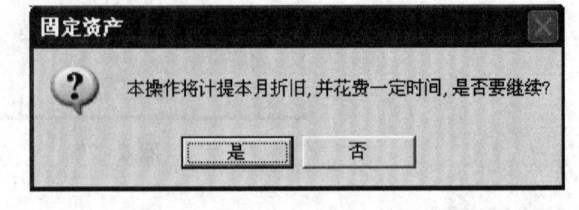

图6-29

图6-30

点击"是"，弹出"折旧清单"窗口，如图6-31所示。

卡片编号	资产名称	原值	计提原值	本月计提折旧额	累计折旧	减值准备	净值	净残值	折旧率
00001	综合楼	540,000.00	540,000.00	1,470.00	195,510.00	0.00	490.00	0,800.00	0.0027
00002	比亚迪汽车	70,000.00	70,000.00	1,385.42	34,635.42	0.00	364.58	3,500.00	0.0198
00003	服务器	34,500.00	34,500.00	910.42	22,760.42	0.00	739.58	1,725.00	0.0264
00004	投影机	19,500.00	19,500.00	514.58	12,864.58	0.00	635.42	975.00	0.0264
00005	笔记本	14,400.00	14,400.00	380.00	9,500.00	0.00	900.00	720.00	0.0264
合计		678,400.00	678,400.00	4,660.42	275,270.42	0.00	129.58	7,720.00	

图6-31

点击"退出"，弹出"折旧分配表"，如图6-32所示。

部门编号	部门名称	项目编号	项目名称	科目编号	科目名称	折旧额
1	总经理办公					1,385.42
1	总经理办公			660203	折旧费	147.00

图6-32

点击"凭证"，弹出"填制凭证"窗口。录入会计分录，点击"保存"，如图6-33所示。

点击"退出"，弹出"固定资产"信息提示框，如图6-34所示。

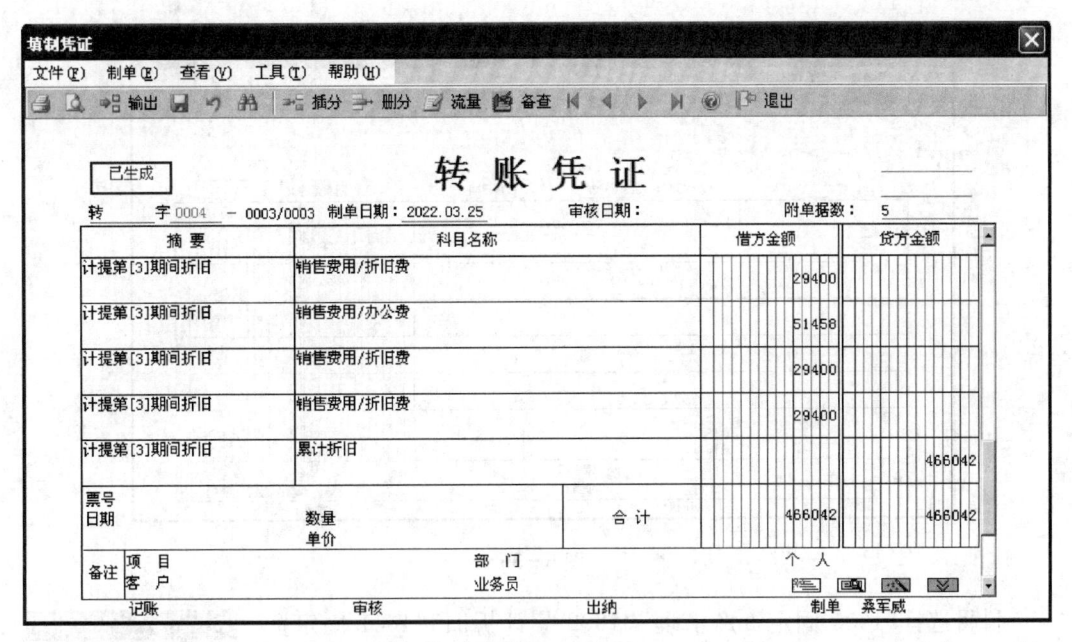

图 6-33

图 6-34

点击"确定"。

实验步骤参考 3：

资产会计"12 桑军威"执行"财务会计"→"固定资产"→"卡片"→"资产减少"，弹出"资产减少"窗口。选择报废资产的"卡片编号"，点击"增加"，显示出资产减少的信息，如图 6-35 所示。

图 6-35

点击"确定"，弹出"填制凭证"窗口，如图 6-36 所示。

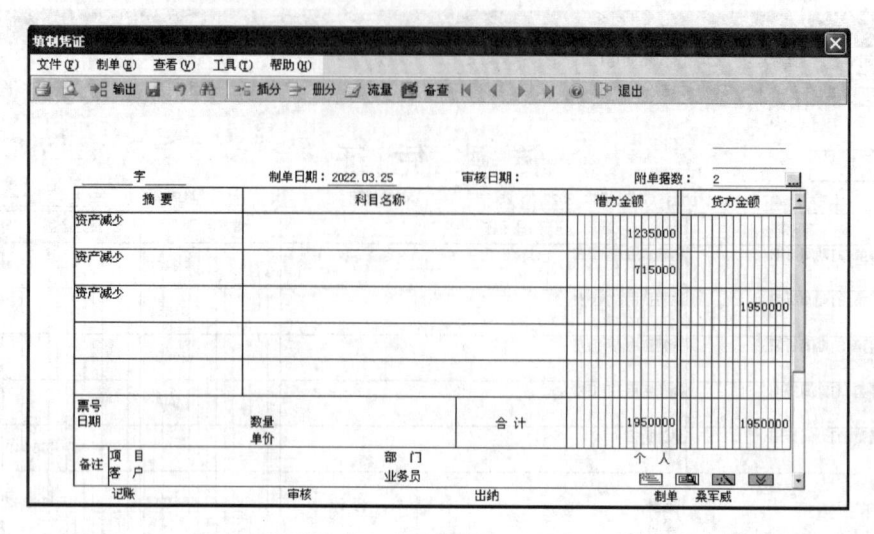

图 6-36

科目选择"1606 固定资产清理""1602 累计折旧""1601 固定资产"。点击"保存",弹出"所选卡片已经减少成功!"信息提示,如图 6-37 所示。

点击"确定"。

图 6-37

实验步骤参考 4:

资产会计"12 桑军威"执行"财务会计"→"固定资产"→"账表"→"我的账表",进入"报表"页签。点击"折旧表",点击"固定资产折旧清单表",如图 6-38 所示。

图 6-38

点击"取消"。

实验步骤参考 5:

财务人员"05 汤艳"执行"财务会计"→"总账"→"凭证"→"审核凭证",弹出"凭证审核"窗口。凭证类别选择"转 转账凭证",制单人选择"桑军威",来源选择"固定资产系统",如图 6-39 所示。

点击"确定",进入"凭证审核"窗口。点击"确定",执行"审核",如图 6-40 所示。

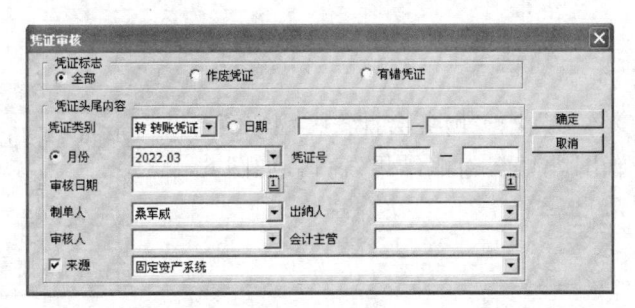

图 6-39

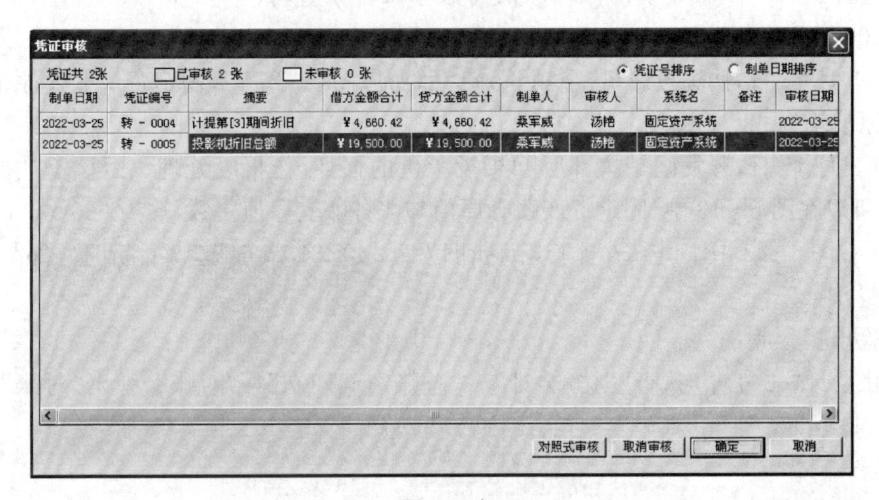

图 6-40

点击"取消"。

实验步骤参考 6：

总账会计"03 王平"执行"财务会计"→"总账"→"凭证"→"记账"，弹出"记账"窗口。记账范围录入"已审核凭证"范围的"1-2"，如图 6-41 所示。

点击"记账"，弹出"记账完毕！"信息提示，如图 6-42 所示。

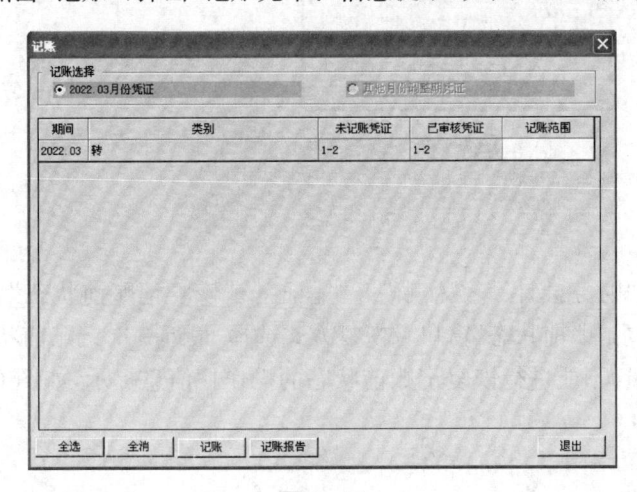

图 6-41 　　　　　　　　　　　图 6-42

点击"确定"。

实验步骤参考 7：

资产会计"12 桑军威"执行"财务会计"→"固定资产"→"处理"→"对账",弹出"与账务对账结果"窗口,如图 6 - 43 所示。

点击"确定"。

图 6 - 43

※ 知识点：

(1) 图 6 - 13 中,固定资产账套原值与账务账套原值均为 678 400.00。

(2) 3 月 12 日,购买投影机,金额 8 000 元,所以图 6 - 27 中,固定资产账套原值与账务账套原值均为 686 400.00。

(3) 3 月 15 日,开发区销售部所购买投影机的损坏,作报废处理。因该资产原值为 19 500,所以在图 6 - 43 中,固定资产账套原值与账务账套原值一致,均为 666 900.00。

(4) 在图 6 - 43 中,固定资产账套累计折旧为 262 405.84,账务账套累计折旧为 262 920.42,两者相差 514.58。

实验步骤参考 8：

总账会计"03 王平"执行"财务会计"→"总账"→"期末"→"对账",弹出"对账"窗口,如图 6 - 44 所示。

图 6 - 44

同时按"Ctrl+H",弹出"恢复记账前状态功能已被激活"信息提示,如图 6 - 45 所示。

图 6 - 45

点击"确定"。

实验步骤参考 9：

总账会计"03 王平"执行"财务会计"→"总账"→"凭证"→"恢复记账前状态",点击"恢复记账前状态",弹出"恢复记账前状态"窗口。恢复方式选择"最近一次记账前状态",点击"确定",弹出"非主管人员,不能进行恢复记账前状态的操作!"信息提示,如图 6 - 46 所示。

图 6-46

点击"确定"。

实验步骤参考 10：

账套主管"02 吴坚"执行"财务会计"→"总账"→"期末"→"对账"，弹出"对账"窗口。执行"总账"→"凭证"→"恢复记账前状态"，如图 6-47 所示。

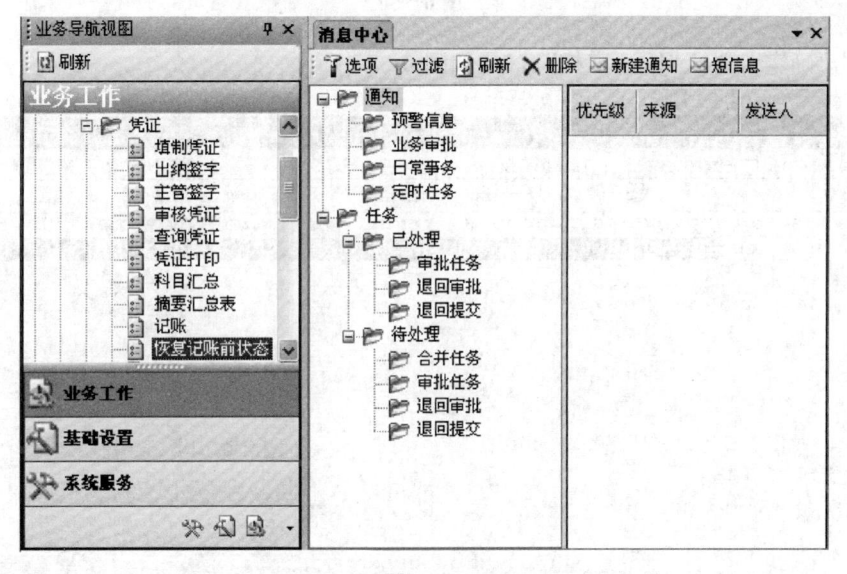

图 6-47

点击"恢复记账前状态"，弹出"恢复记账前状态"窗口。点击"确定"，弹出"输入"信息窗口，如图 6-48 所示。

图 6-48

输入口令，点击"确定"，弹出"恢复记账完毕！"信息提示，如图 6-49 所示。

图 6-49

实验步骤参考 11：

财务人员"03 汤艳"执行"财务会计"→"总账"→"凭证"→"审核凭证"，弹出"凭证审核"窗口。凭证类别选择"转 转账凭证"，制单人

231

选择"12 桑军威",审核人选择"汤艳",来源选择"固定资产系统",如图 6-50 所示。

图 6-50

点击"确定",进入"凭证审核"窗口,如图 6-51 所示。

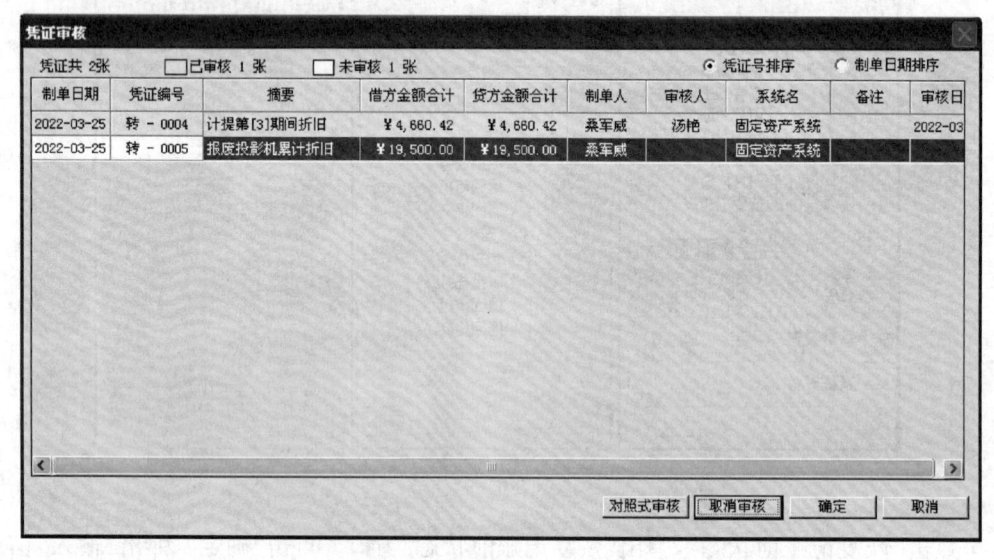

图 6-51

执行"取消审核",点击"确定"。

实验步骤参考 12：

资产会计"12 桑军威"执行"财务会计"→"固定资产"→"处理"→"凭证查询",弹出"凭证查询"窗口,如图 6-52 所示。

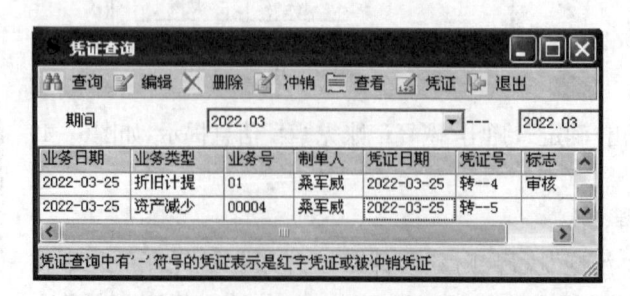

图 6-52

选中"资产减少"业务类型,点击"编辑",弹出"查询凭证"窗口。累计折旧借方金额更正为"12 864.58",固定资产清理金额更正为"6 635.42"。点击"保存",弹出"凭证已成功保存!"信息提示,如图 6-53 所示。

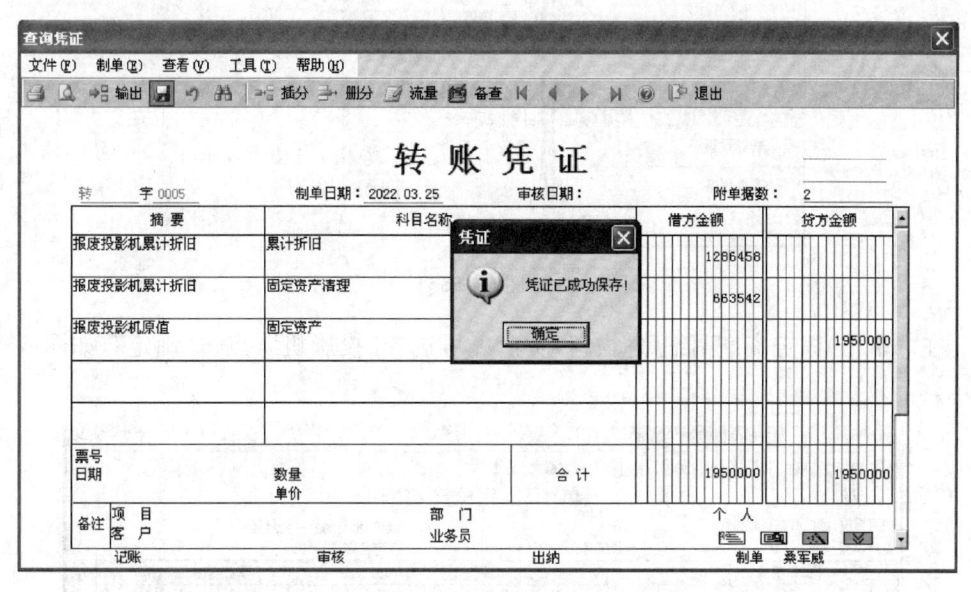

图 6-53

点击"确定"。

实验步骤参考 13:

财务人员"05 汤艳"执行"财务会计"→"总账"→"凭证"→"审核凭证",执行审核。

实验步骤参考 14:

总账会计"03 王平"执行"财务会计"→"总账"→"凭证"→"记账",记账范围录入"已审核凭证"范围,执行"记账"。

实验步骤参考 15:

资产会计"12 桑军威"执行"财务会计"→"固定资产"→"处理"→"对账",弹出"与账务对账结果"窗口,如图 6-54 所示。

图 6-54

实验步骤参考 16:

资产会计"12 桑军威"执行"财务会计"→"固定资产"→"账表"→"我的账表",进入"报表"页签。点击"账簿",选择"(单个)固定资产明细账",如图 6-55 所示。

233

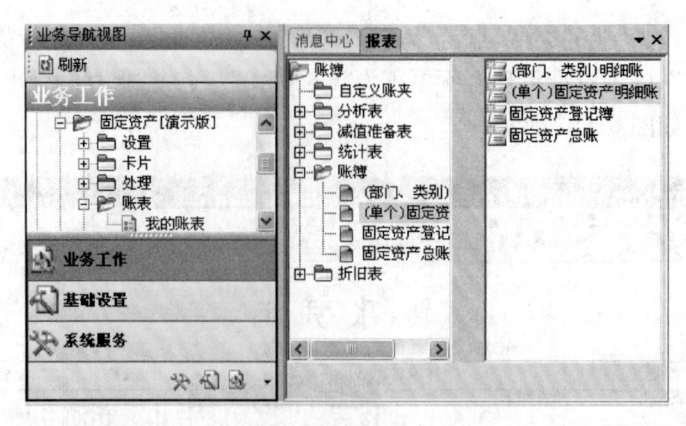

图 6-55

在"(单个)固定资产明细账"窗口,资产编号选择"投影机",点击"确定",如图 6-56 所示。

图 6-56

3. 账套备份

在"E:\2022顺风公司账套备份"文件夹中建立"分配管理备份二"子文件夹。"admin"执行备份。

实验3：薪资分配

1. 实验资料

2022年3月,吴坚事假5天。顺风公司职工工资部分构成:基本工资和岗位工资,如表6-2所示。

表 6-2

姓 名	基本工资	岗位工资
任韦	3 200	900
吴坚	5 000	1 000
王平	3 100	700

续 表

姓 名	基本工资	岗位工资
庄青	2 800	400
汤艳	3 000	400
孙浩	3 500	900
朱丹丹	3 000	600
彭超	3 000	600
孙艺	3 500	1 000
唐国安	3 200	800
许冬雪	3 200	800
桑军威	3 100	700
顾国丽	3 100	800

2. 实验过程

实验步骤参考1：

人力资源主管"18 顾国丽"执行"薪资管理"→"业务处理"→"工资变动"，进入"工资变动"页签。录入基本工资、岗位工资数据，点击"计算"，如图6-57所示。

点击"退出"，弹出"数据发生变动后尚未进行汇总，是否进行汇总？"信息提示，如图6-58所示。

图6-57

图6-58

点击"否"。

※知识点：

只有在启用了人力资源系统中薪资信息管理后，薪资管理中的工资项目界面才能执行取数功能，从人力资源系统获取相关数据。

实验步骤参考2：

人力资源主管"18 顾国丽"执行"薪资管理"→"业务处理"→"扣缴所得税"，弹出"个人所得税申报模板"窗口。选中报表名称"系统扣缴个人所得税年度申报表"，如图6-59所示。

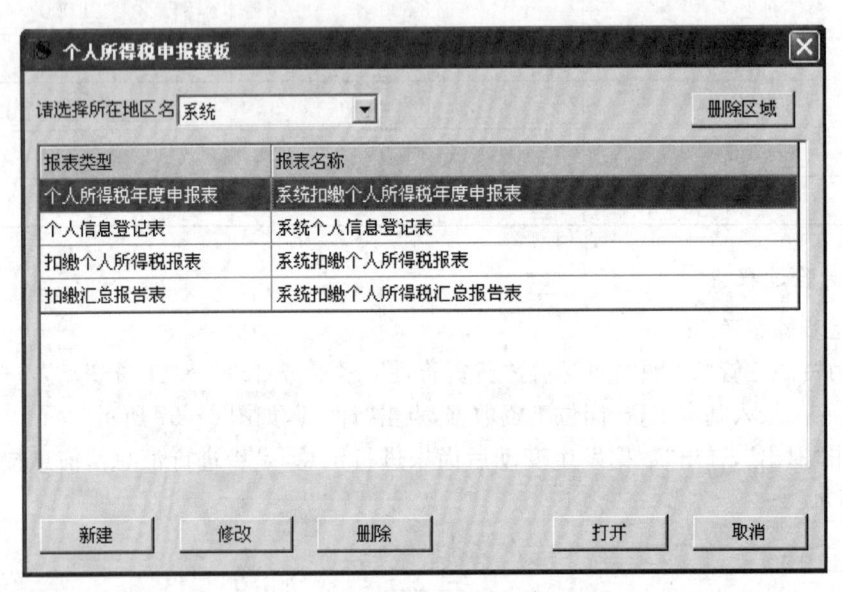

图6-59

点击"打开"，弹出"所得税申报"窗口。选中"是否过滤掉所有不能纳税的记录"，查询范围选择"全部发放次数"，起始期间选择"03"，结束期间选择"03"，查询方式选择"汇总"，如图6-60所示。

图6-60

点击"确定"，弹出"所得税申报"窗口，如图6-61所示。

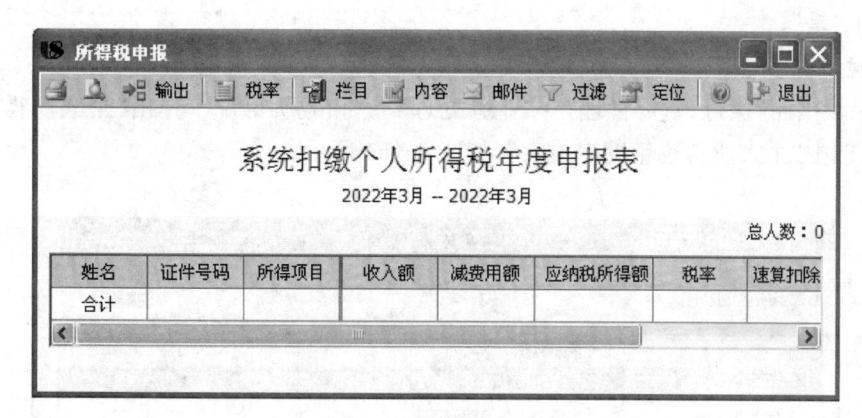

图 6-61

点击"退出"。

实验步骤参考 3：

"18 顾国丽"执行"薪资管理"→"设置"→"选项"，弹出"选项"窗口。点击"编辑"，点击"扣税设置"，勾选"从工资中代扣个人所得税"，如图 6-62 所示。

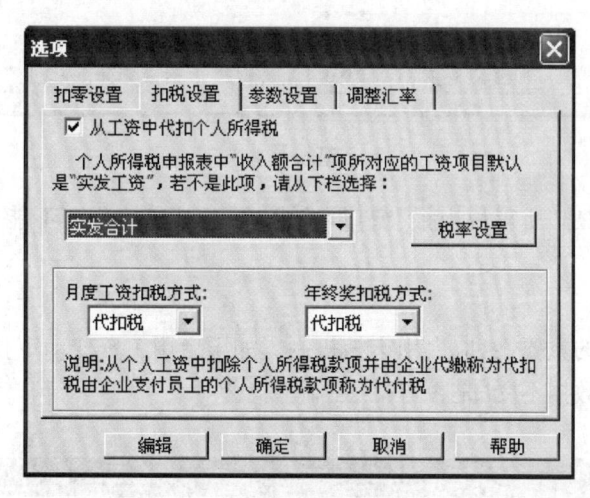

图 6-62

实验步骤参考 4：

"18 顾国丽"执行"薪资管理"→"业务处理"→"工资变动"，进入"工资变动"页签。点击"计算"，退出时，弹出"数据发生变动后尚未进行汇总，是否进行汇总？"信息提示，如图 6-63 所示。

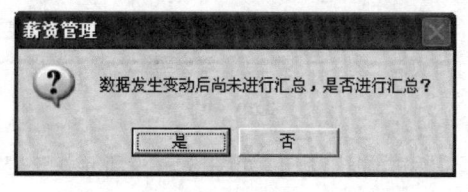

图 6-63

点击"是"。

实验步骤参考5：

"18 顾国丽"执行"薪资管理"→"业务处理"→"扣缴所得税"，弹出"个人所得税申报模板"。选中"个人所得税年度申报表"，如图6-64所示。

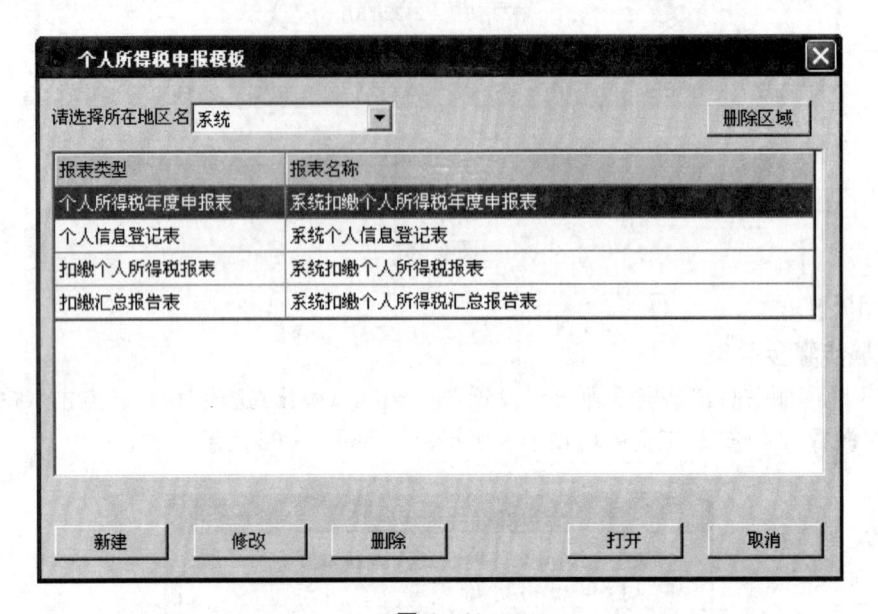

图 6-64

点击"打开"，弹出"所得税申报"窗口，选中"是否过滤掉所有不能纳税的记录"，如图6-65所示。

※**知识点：**

由于薪资数据的重要性，应启用审核机制。如未启用工资变动审核控制功能，则无审核、弃审按钮，薪资数据不受"是否审核"控制。

图 6-65

点击"确定"，弹出"所得税申报"窗口，如图6-66所示。

图 6-66

点击"退出"。

实验步骤参考 6：

"18 顾国丽"执行"薪资管理"→"业务处理"→"工资变动"，进入"工资变动"页签。在"事假天数"中输入"5"，执行"计算"，如图 6-67 所示。

图 6-67

点击"退出"。

※ **知识点：**

(1) 计提工资时：

借：管理费用
　　销售费用
　　在建工程
　　制造费用

生产成本
　　贷:应付职工薪酬——应付职工工资
　　　　　　　　　　——社保费用

(2) 薪资发放及税金、社保等扣除时:

借:应付职工薪酬——应付职工工资
贷:银行存款
　　库存现金
　　其他应收款——社保费
　　　　　　　——公积金
　　应交税费——代缴个税

实验步骤参考7:

"18 顾国丽"执行"薪资管理"→"业务处理"→"工资分摊",弹出"工资分摊"窗口。选中"应付薪酬总额""分配到部门""明细到工资项目"等,如图6-68所示。

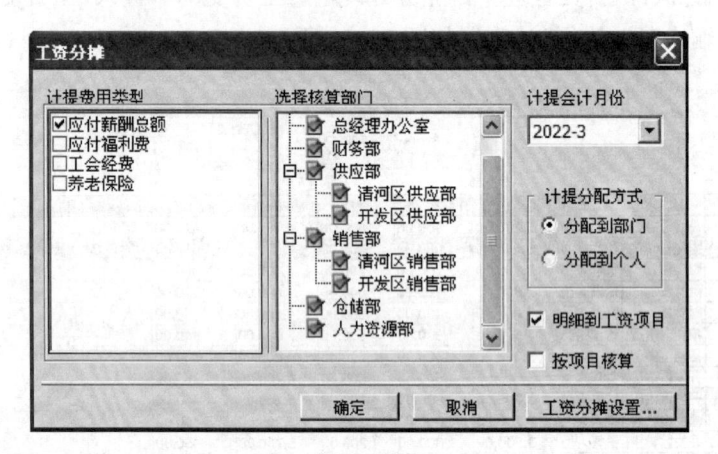

图 6-68

点击"确定",进入"工资分摊明细"页签,如图6-69所示。

部门名称	人员类别	应发合计		
		分配金额	借方科目	贷方科目
总经理办公室	管理人员	4700.00	660201	2211
财务部		18800.00	660201	2211
清河区供应部		9200.00	660201	2211
开发区供应部		4200.00	660201	2211
清河区销售部	销售人员	5200.00	660101	2211
开发区销售部		5700.00	660101	2211
仓储部	管理人员	4400.00	660201	2211
人力资源部		4500.00	660201	2211

图 6-69

备注：
如果计提方式选择"分配到个人"，则如图 6-70 所示。

部门名称	人员类别	人员姓名	应发合计		
			分配金额	借方科目	贷方科目
财务部	管理人员	吴坚	6600.00	660201	22
		王平	4400.00	660201	22
		庄青	3800.00	660201	22
		汤艳	4000.00	660201	22
仓储部		桑军威	4400.00	660201	22
开发区供应部		朱丹丹	4200.00	660201	22
开发区销售部	销售人员	孙艺	5700.00	660101	22

图 6-70

点击"制单"，弹出"填制凭证"窗口。执行"保存"，如图 6-71 所示。

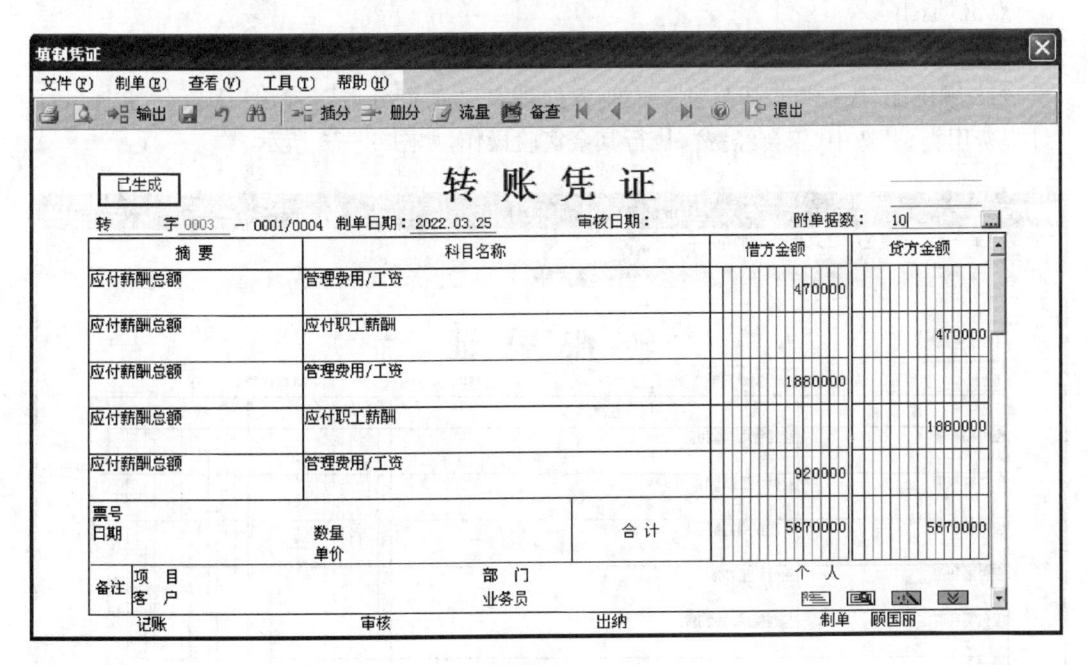

图 6-71

点击"退出"。

实验步骤参考 8：
"18 顾国丽"执行"薪资管理"→"业务处理"→"工资分摊"，弹出"工资分摊"窗口。"计提费用类型"勾选"应付福利费"，并执行其余实验操作，如图 6-72 所示。

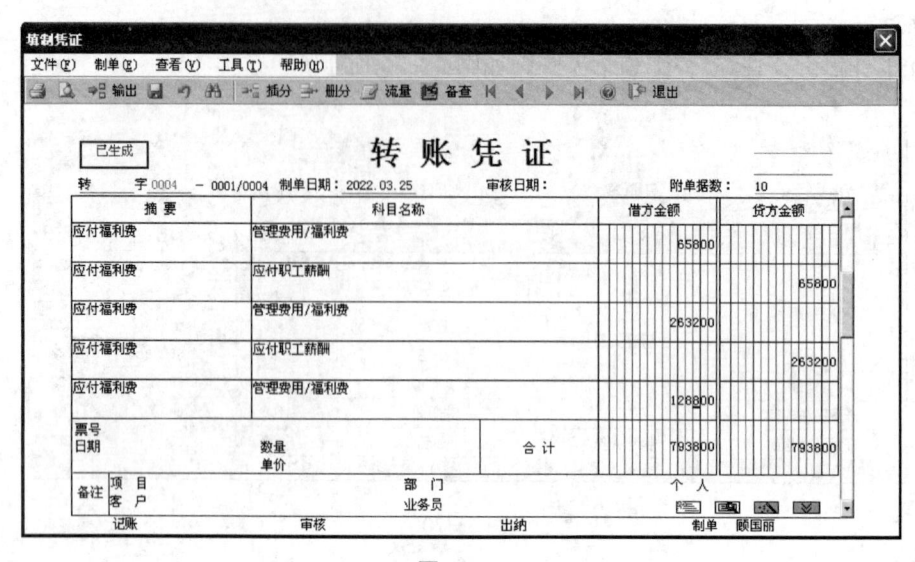

图 6-72

点击"退出"。

实验步骤参考 9：

"18 顾国丽"执行"薪资管理"→"业务处理"→"工资分摊"，弹出"工资分摊"窗口。"计提费用类型"选中"工会经费"，执行其余实验操作，如图 6-73 所示。

图 6-73

实验步骤参考 10：

"18 顾国丽"执行"薪资管理"→"业务处理"→"工资分摊"，弹出"工资分摊"窗口。"计提费用类型"选中"养老保险"，执行其余实验操作，如图 6-74 所示。

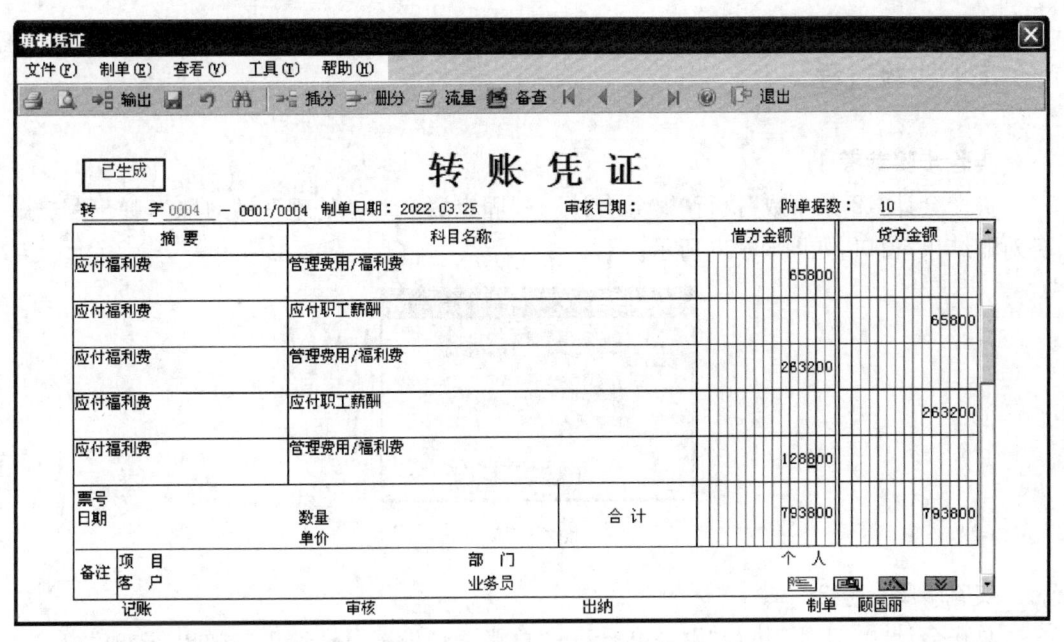

图 6-74

※**知识点：**

(1) 企业计提养老保险：

借：管理费用 —— 社会保险（企业负担部分）
　　管理费用 —— 社会保险（个人负担部分）
贷：其他应付款 —— 社会保险

(2) 企业缴纳养老保险：

借：其他应付款 —— 社会保险（企业负担部分）
　　其他应付款 —— 社会保险（个人负担部分）
贷：银行存款

3. 账套备份

在"E:\2022顺风公司账套备份"文件夹中建立"分配管理备份三"子文件夹。"admin"执行备份。

第四节　案例分析

一、实验资料

2022年3月6日，总办任韦因公出差，领取转账支票（票号：ZZ0306），金额1 200元。3月12日，出纳"04 庄青"据实报销1 200元，附住宿、餐饮等普通发票单据共5张。

二、实验过程

实验步骤参考 1：

资产会计"12 桑军威"执行"财务会计"→"固定资产"→"处理"→"对账",弹出"与账务对账结果"窗口,如图 6-75 所示。

图 6-75

实验步骤参考 2：

总账会计"03 王平"执行"财务会计"→"总账"→"设置"→"选项",弹出"选项"窗口。点击"编辑",勾选"支票控制""凭证录入时结算方式及票据号必录""出纳凭证必须经由出纳签字",如图 6-76 所示。

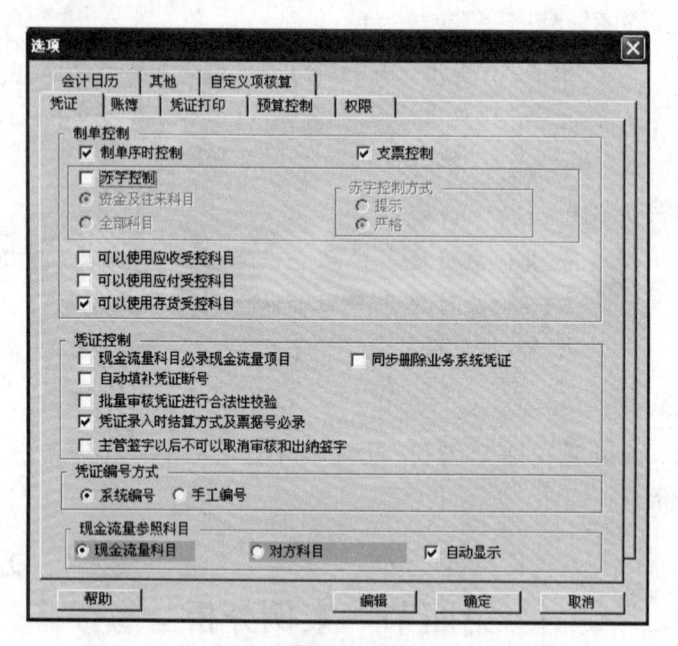

图 6-76

实验步骤参考 3：

出纳"04 庄青"执行"财务会计"→"总账"→"出纳"→"支票登记簿",弹出"银行科目选择"窗口,如图 6-77 所示。

科目选择"100201 工行存款",点击"确定",进入"支票登记簿"页签。点击"增加",选择"领用部门",弹出"部门基本参照"窗口,显示无可参照部门,如图 6-78 所示。

图 6-77

图 6-78

点击"退出"。

实验步骤参考 4：

"02 吴坚"执行"企业应用平台"→"系统服务"→"权限"→"数据权限分配"→"权限浏览"，进入"权限浏览"页签。用户选中"04 庄青"，执行授权，如图 6-79 所示。

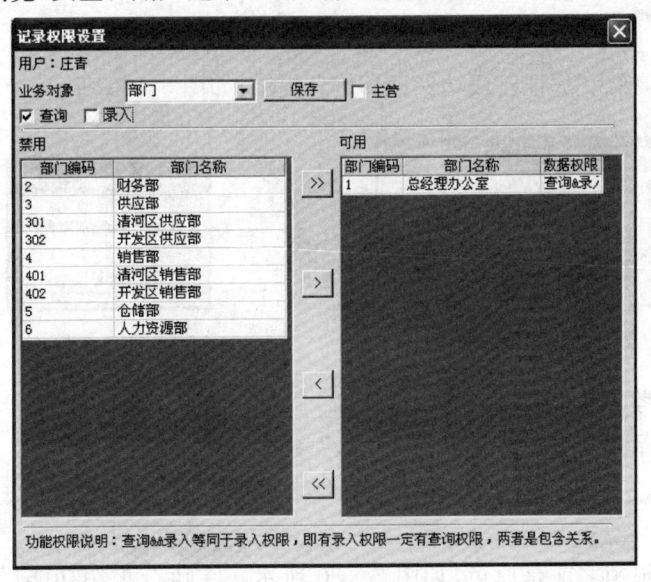

图 6-79

实验步骤参考 5：

出纳"04 庄青"执行"财务会计"→"总账"→"出纳"→"支票登记簿"，进入"支票登记簿"页签。录入实验内容，点击"保存"，如图 6-80 所示。

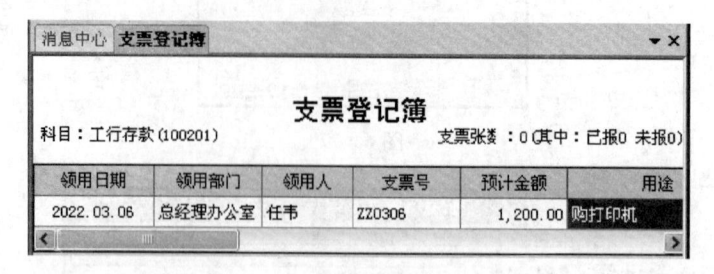

图 6-80

实验步骤参考 6：

财务人员"05 汤艳"执行"总账"→"凭证"→"填制凭证"，弹出"填制凭证"窗口。执行"制单"→"增加凭证"，弹出"辅助项"窗口。执行实验操作，如图 6-81 所示。

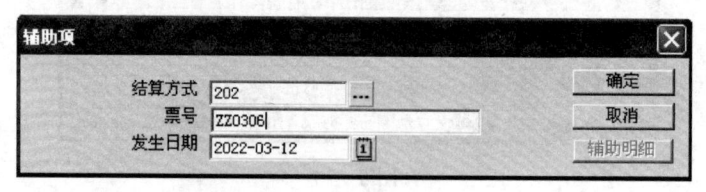

图 6-81

点击"保存"，弹出"凭证"窗口，如图 6-82 所示。
点击"是"，弹出"填制凭证"窗口。录入会计分录：

借：固定资产　　　　　　1 200
贷：银行存款　　　　　　1 200

点击"保存"，弹出"凭证已成功保存！"信息提示，如图 6-83 所示。

图 6-82 　　　　　　图 6-83

实验步骤参考 7：

出纳"04 庄青"执行"财务会计"→"总账"→"出纳"→"支票登记簿"，弹出"银行科目选择"窗口。进入"支票登记簿"页签，如图 6-84 所示。

※知识点：

支票登记簿报销之前是原色，如图 6-80 所示。在执行报销功能后呈现黄色，如图 6-84 所示。

图 6-84

实验步骤参考 8：

资产会计"12 桑军威"执行"固定资产"→"处理"→"对账"，弹出"与账务对账结果"窗口，如图 6-85 所示。

图 6-85

实验步骤参考 9：

出纳"04 庄青"执行"总账"→"凭证"→"出纳签字"，弹出"出纳签字"窗口。凭证类别选择"付 付款凭证"，制单人选择"05 汤艳"，如图 6-86 所示。

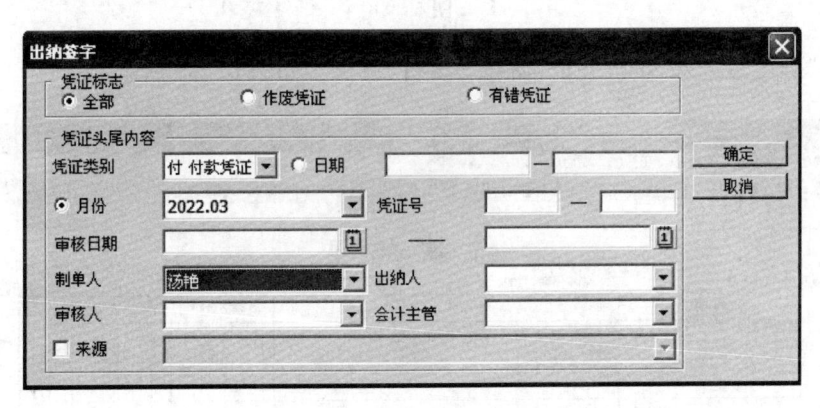

图 6-86

点击"确定"，弹出"出纳签字"窗口。点击"确定"，弹出"出纳签字"凭证。执行"签字"，如图 6-87 所示。

实验步骤参考 10：

总账会计"03 王平"执行"财务会计"→"总账"→"凭证"→"审核凭证"，弹出"凭证审核"窗口。凭证类别选择"付 付款凭证"，制单人选择"汤艳"，出纳人选择"庄青"，如图 6-88 所示。

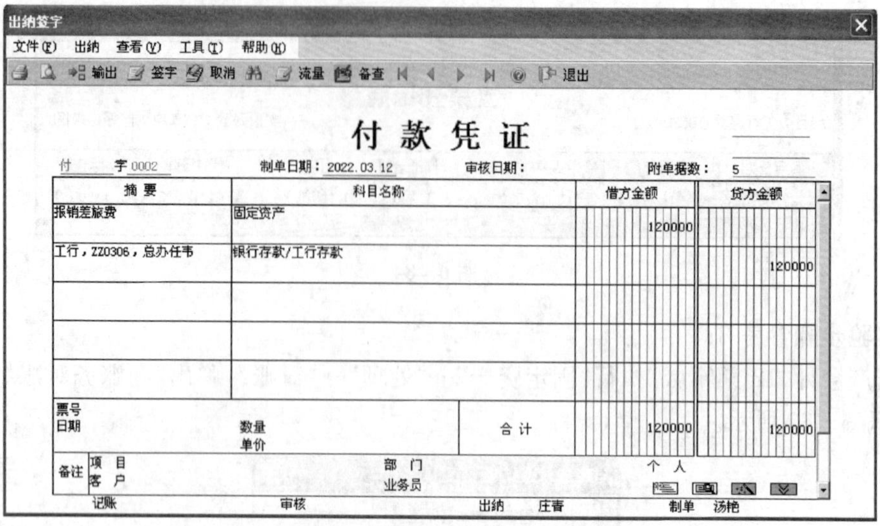

图 6 - 87

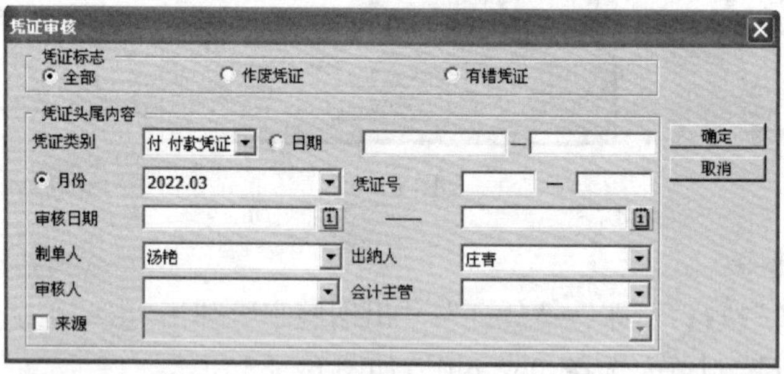

图 6 - 88

点击"确定",进入"审核凭证"窗口。执行"审核",如图 6 - 89 所示。

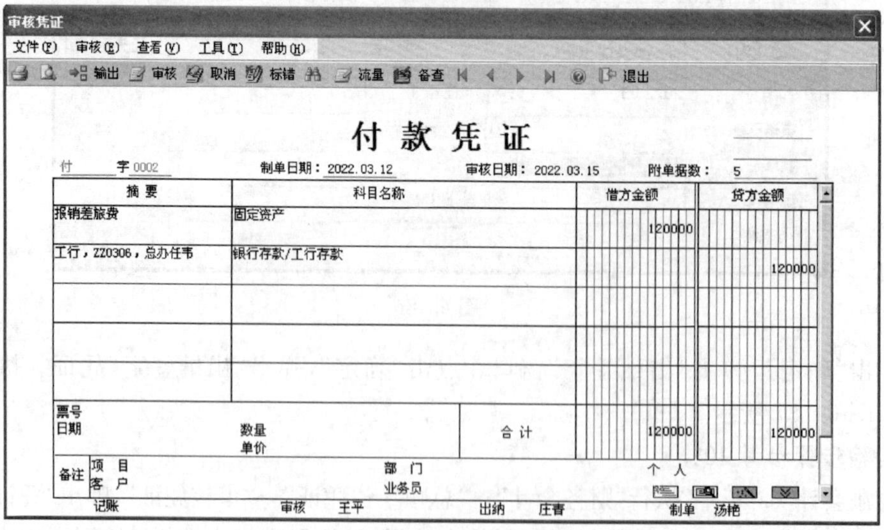

图 6 - 89

点击"退出"。

实验步骤参考 11：

总账会计"03 王平"执行"财务会计"→"总账"→"凭证"→"记账"，弹出"记账"窗口。录入"记账范围"，如图 6-90 所示。

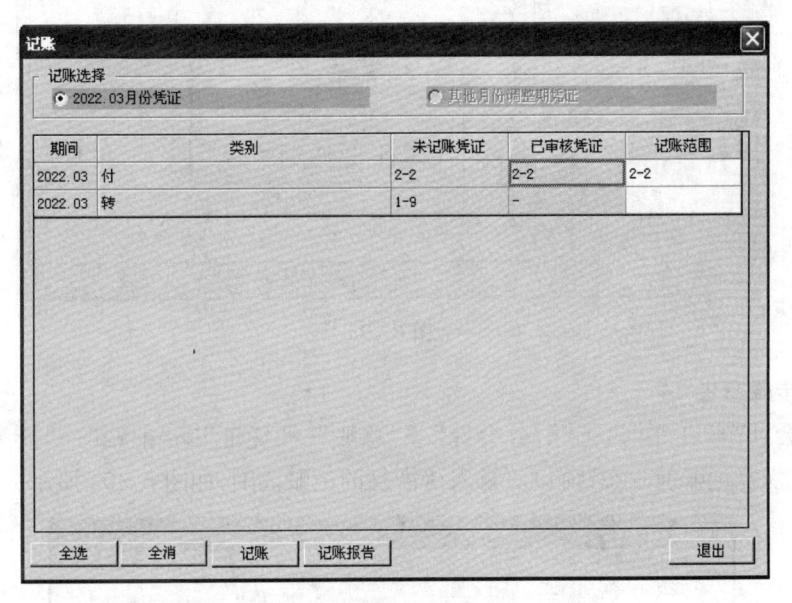

图 6-90

执行"记账"，弹出"记账完毕！"信息提示，如图 6-91 所示。

实验步骤参考 12：

资产会计"12 桑军威"执行"财务会计"→"固定资产"→"处理"→"对账"，弹出"与账务对账结果"窗口，如图 6-92 所示。

图 6-91 　　　　图 6-92

点击"确定"。

图 6-92 中，固定资产账套原值为 666 900.00，账务账套原值为 668 100.00。账务账套原值比固定资产账套原值多 1 200.00。经审计发现，由于"05 汤艳"在填制付款凭证时，误将会计科目"管理费用"记为"固定资产"，导致固定资产账套和账务账套的原值不等。

实验步骤参考 13：

总账会计"03 王平"执行"财务会计"→"总账"→"期末"→"对账"，弹出"对账"窗口。同时按 Ctrl＋H，弹出"总账"信息提示框，如图 6-93 所示。

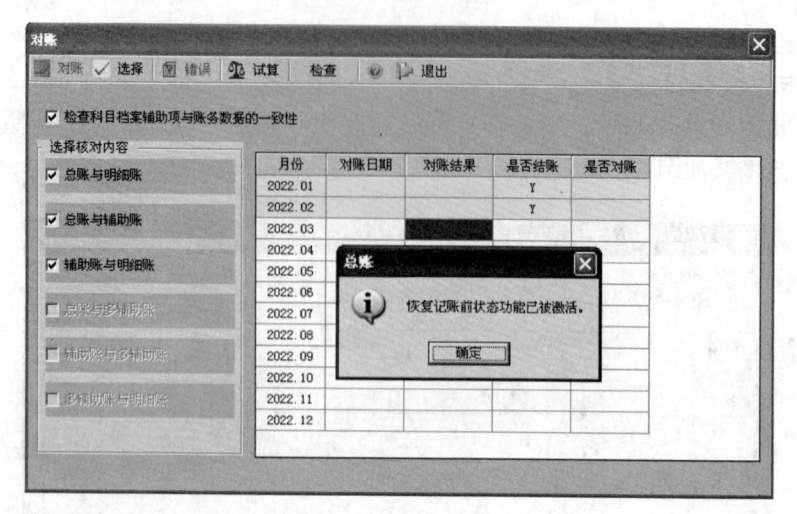

图 6-93

实验步骤参考 14：

总账会计"03 王平"执行"财务会计"→"总账"→"凭证"→"记账"→"恢复记账前状态"，弹出"恢复记账前状态"窗口。录入待恢复的记账范围，如图 6-94 所示。

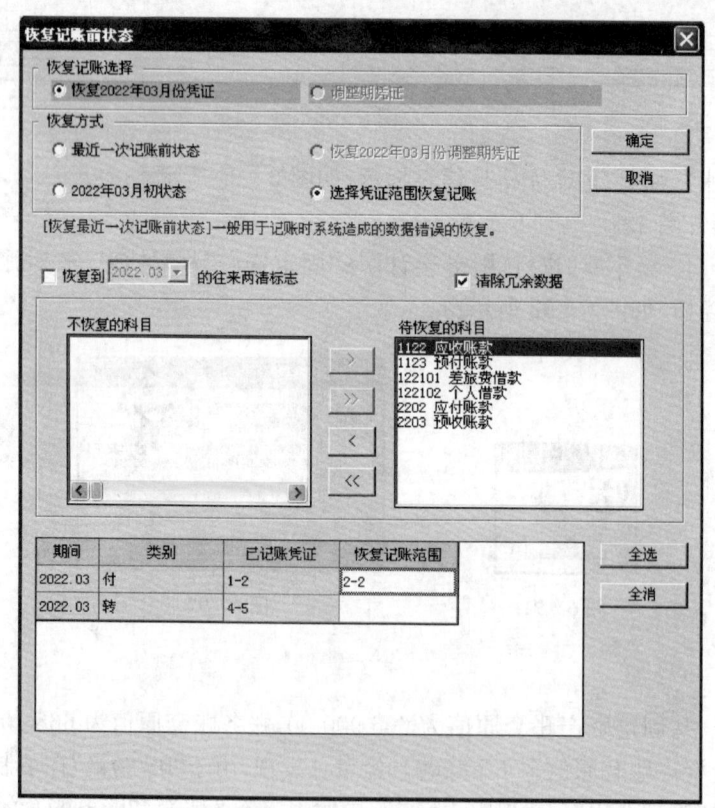

图 6-94

点击"确定"，弹出"非主管人员，不能进行恢复记账前状态的操作！"信息提示，如图 6-95 所示。

点击"确定"。

实验步骤参考 15：

账套主管"02 吴坚"执行"总账"→"凭证"→"记账"→"恢复记账前状态"，弹出"恢复记账前状态"窗口。选中"选择凭证范围恢复记账"，录入待恢复的记账范围。点击"确定"，弹出"输入"窗口。输入主管口令，点击"确定"，弹出"恢复记账完毕！"信息提示，如图 6-96 所示。

图 6-95

图 6-96

点击"确定"。

实验步骤参考 16：

总账会计"03 王平"执行"总账"→"凭证"→"审核凭证"，弹出"凭证审核"窗口。凭证类别选择"付 付款凭证"、审核人选择"王平"、出纳人选择"庄青"，如图 6-97 所示。

图 6-97

点击"确定"，进入"凭证审核"窗口。点击"取消审核"，单击"确定"。

实验步骤参考 17：

出纳"04 庄青"执行"总账"→"凭证"→"出纳签字"，弹出"出纳签字"窗口。凭证类别选择"付 付款凭证"，制单人选择"汤艳"，出纳人选择"庄青"，如图 6-98 所示。

图 6-98

点击"确定",进入"出纳签字"窗口。点击"确定",点击"取消",如图 6-99 所示。

图 6-99

点击"退出"。
备注:
在执行取消审核后,图 6-99 中审核后面不再有审核人汤艳。
实验步骤参考 18:
总账会计"05 汤艳"执行"总账"→"凭证"→"填制凭证",弹出"填制凭证"窗口。将借方会计科目"固定资产"改为"管理费用/差旅费",如图 6-100 所示。

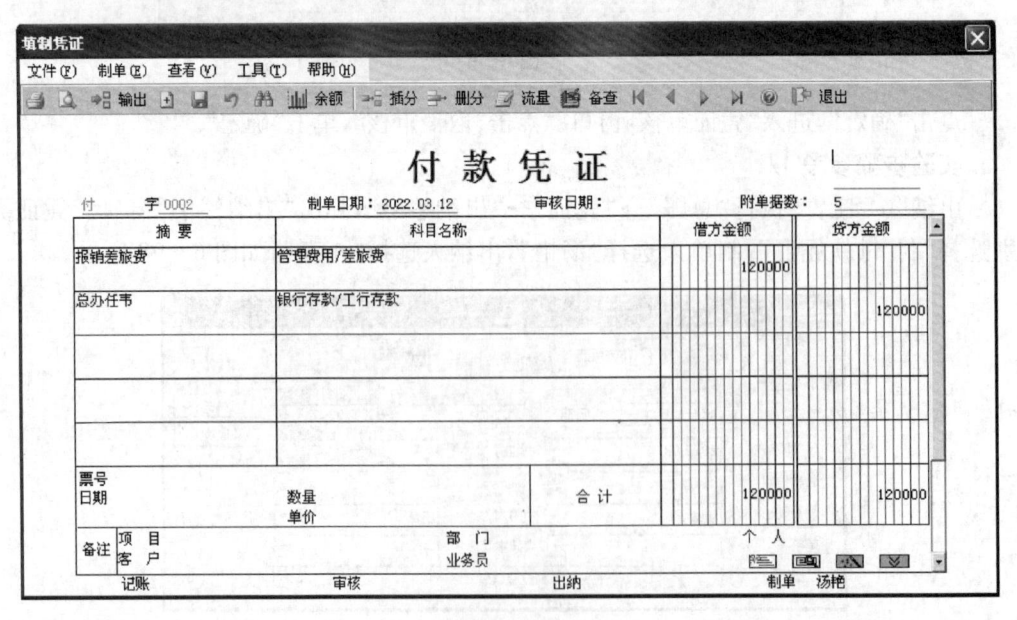

图 6-100

点击"保存",弹出"凭证已成功保存!"信息提示,如图 6－101 所示。

※知识点:

收(付)款凭证应附的原始凭证:现金进账(存款)单,收取现金的发票记账联,现金支付的报销单据、发票、工资表,银行进账(存款)单,收取转账支票发票的记账联,转账支票支付的货款发票,委托银行付款的单据等。

图 6－101

实验步骤参考 19:

出纳"04 庄青"执行"总账"→"凭证"→"出纳签字",弹出"出纳签字"窗口。点击"确定",进入"出纳签字"凭证。执行签字,如图 6－102 所示。

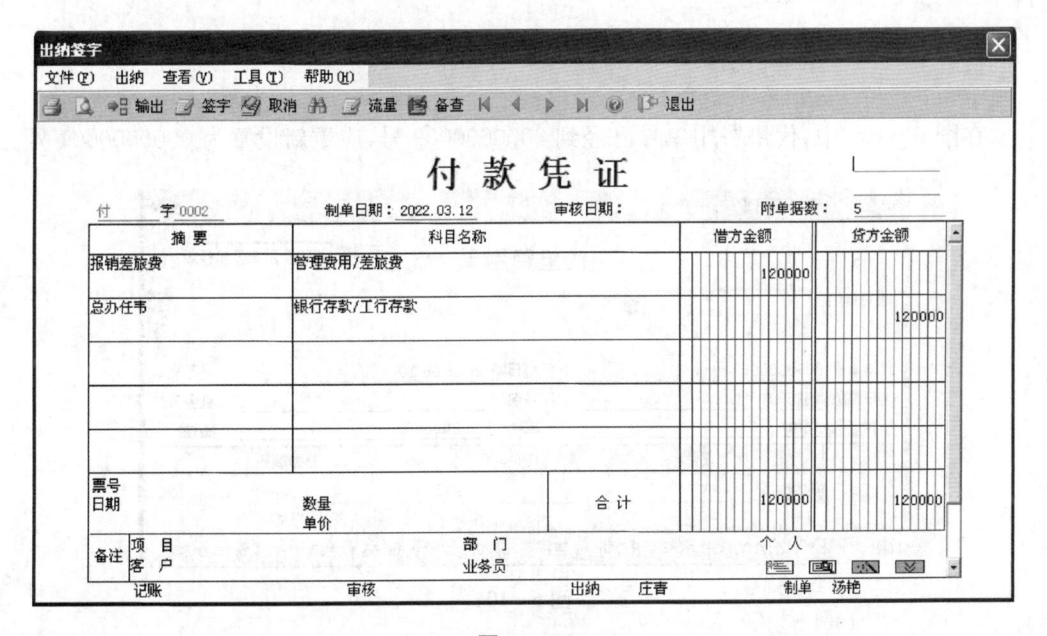

图 6－102

实验步骤参考 20:

资产会计"12 桑军威"执行"固定资产"→"处理"→"对账",弹出"与账务对账结果"窗口,如图 6－103 所示。

图 6－103

三、账套备份

在"E:\2022顺风公司账套备份"文件夹中建立"分配管理案例分析备份"子文件夹。"admin"执行备份。

第五节　问题探讨

一、单据编号错误

在图 6-104 中，代垫费用单号已经到 0000000009 号，应重新设置为 0000000001 号。

图 6-104

解决方案：

实验步骤参考 1：

"admin"执行"系统管理"→"权限"→"权限"，进入"操作员权限"窗口。授予"10 唐国安"有"费用项目""费用项目分类"权限，如图 6-105 所示。

图 6-105

实验步骤参考2：

"10 唐国安"执行"基础设置"→"基础档案"→"业务"→"费用项目分类"，进入"费用项目分类"窗口。点击"增加"，录入实验内容，如图 6-106 所示。

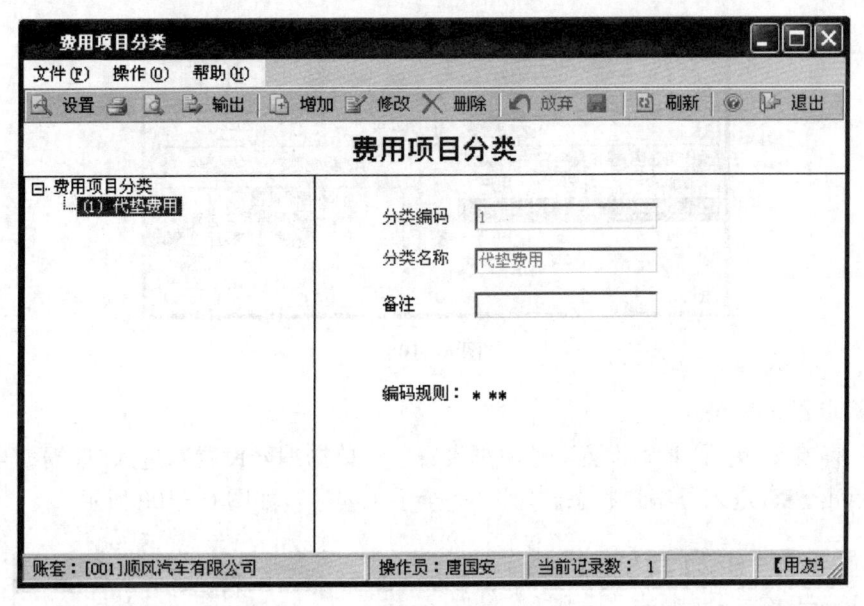

图 6-106

执行"保存"。

实验步骤参考3：

"10 唐国安"执行"基础设置"→"基础档案"→"业务"→"费用项目"，进入"费用项目档案—(1)代垫费用"窗口。点击"增加"，录入实验内容，如图 6-107 所示。

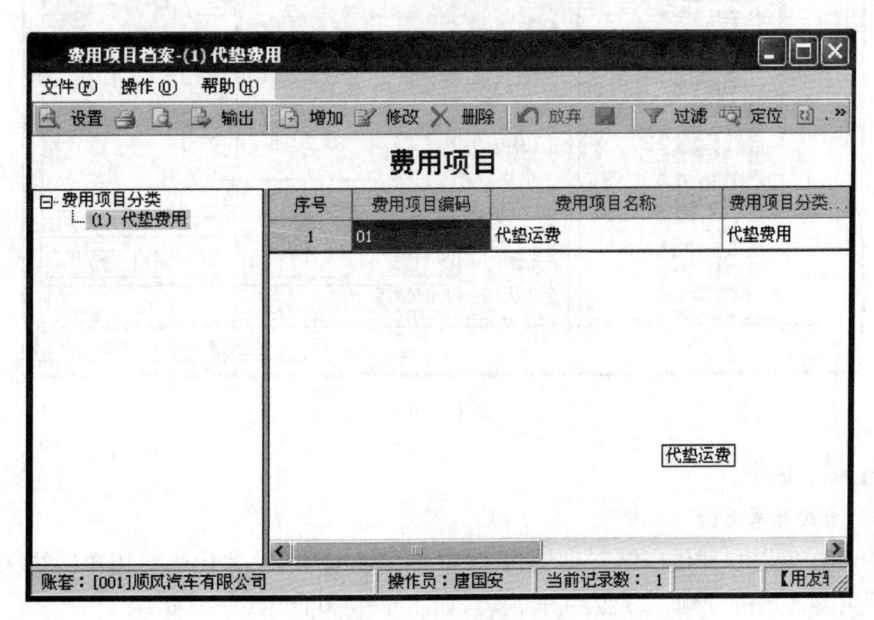

图 6-107

实验步骤参考 4：

"admin"执行"系统管理"→"权限"→"权限"，进入"操作员权限"窗口。授予"10 唐国安"有"编码设置"权限，如图 6-108 所示。

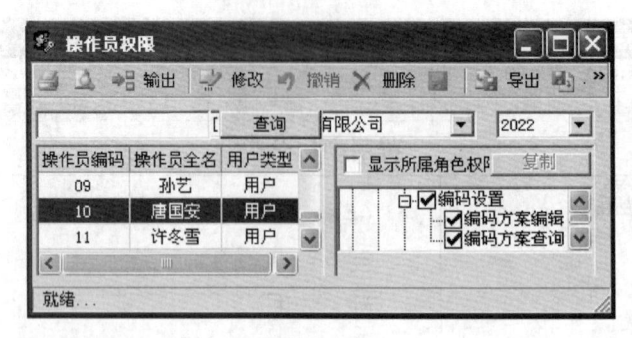

图 6-108

实验步骤参考 5：

"10 唐国安"执行"基础设置"→"单据设置"→"单据编号设置"，进入"单据编号设置"窗口。点击 ![icon]，进入可编辑状态。勾选"完全手工编号"，如图 6-109 所示。

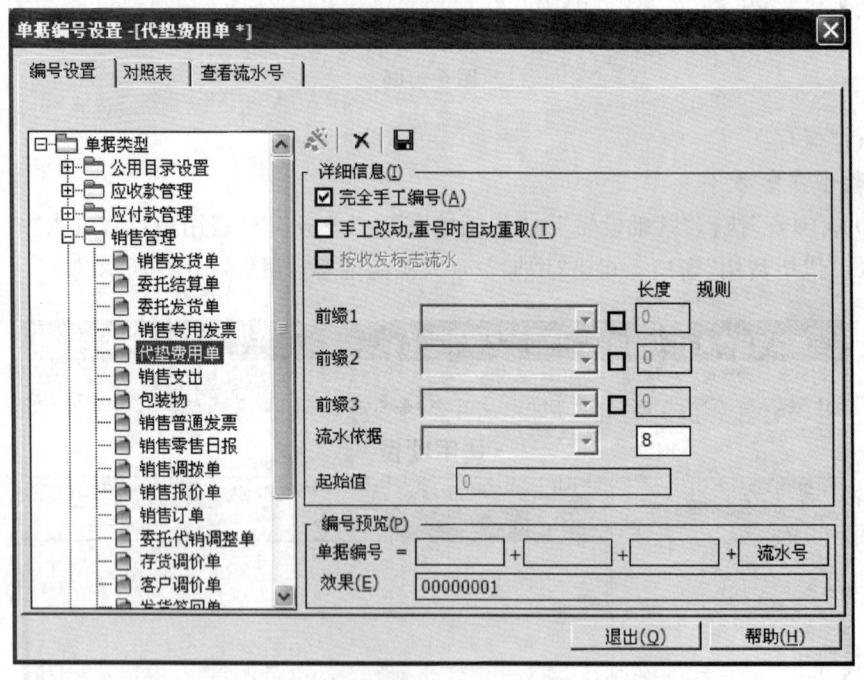

图 6-109

点击 ![icon] 后退出。

实验步骤参考 6：

"10 唐国安"执行"供应链"→"销售管理"→"代垫费用"→"代垫费用单"，进入"代垫费用单"页签。点击"增加"，录入实验内容，如图 6-110 所示。

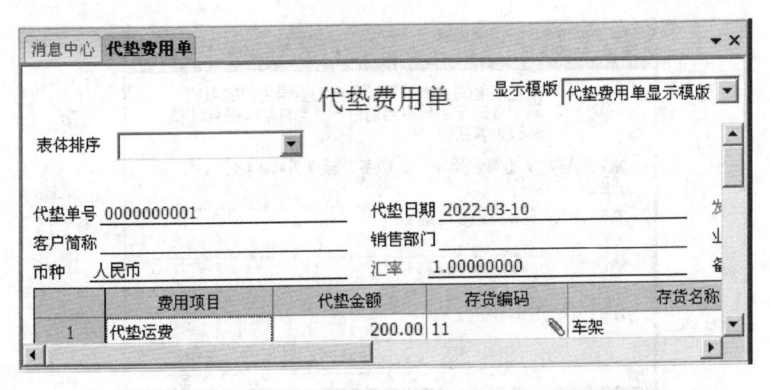

图 6-110

二、密码错误

（一）实验内容

错误密码。

（二）实验过程

实验步骤参考 1：
"admin"执行"系统管理"→"系统"→"注册"，进入"登录"界面，如图 6-111 所示。

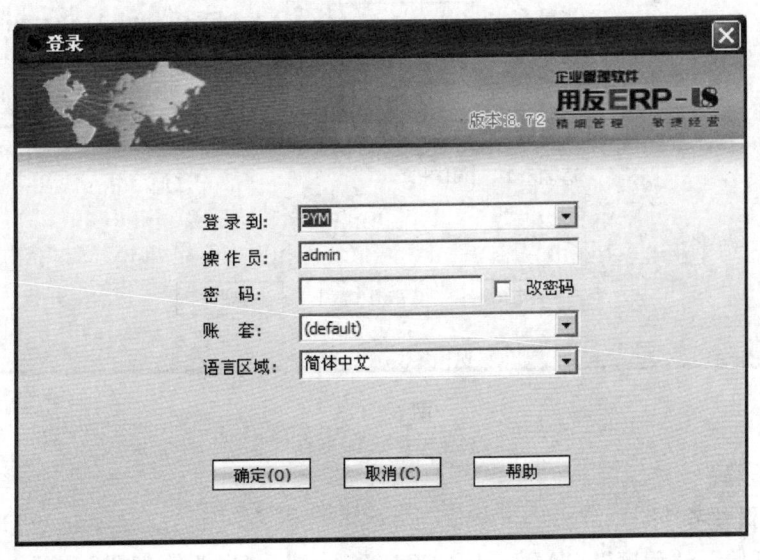

图 6-111

勾选"改密码"，点击"确定"。输入新密码，如图 6-112 所示。

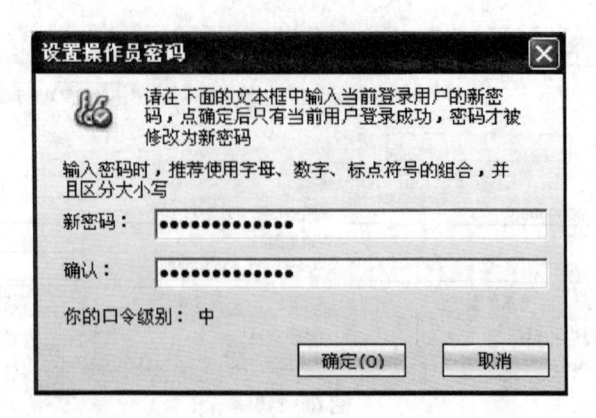

图 6-112

点击"确定"。
实验步骤参考 2：
"admin"执行"系统管理"→"系统"→"注册"，进入"登录"界面。刷新账套"(default)"，弹出"提示信息"框，如图 6-113 所示。

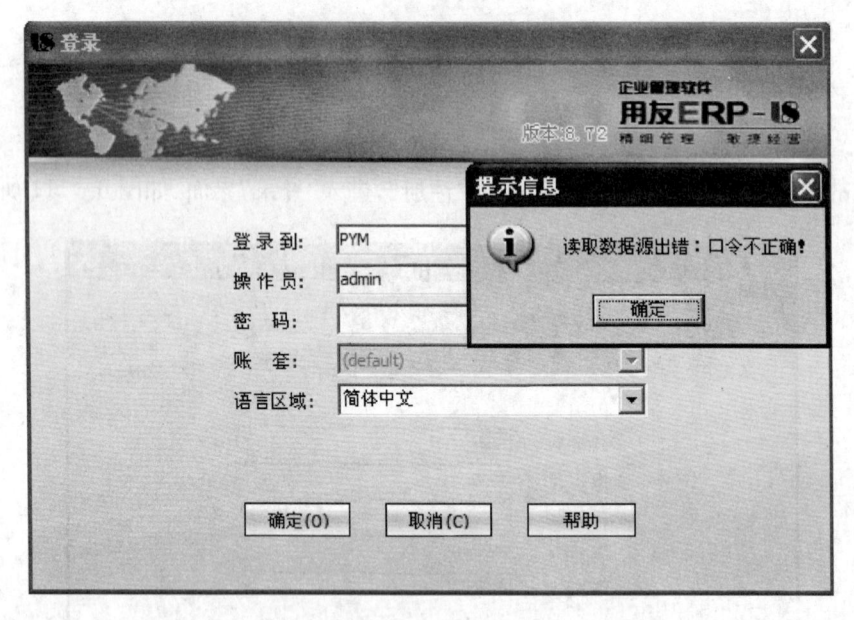

图 6-113

解决方案：
实验步骤参考 1：
执行"开始"→"程序"→"Microsoft SQL Server"→"企业管理器"，进入"控制台根目录"界面，如图 6-114 所示。
依次双击"Microsoft SQL Servers"→"SQL Server 组"→"(local)(Windows NT)"，如图 6-115 所示。

图 6-114

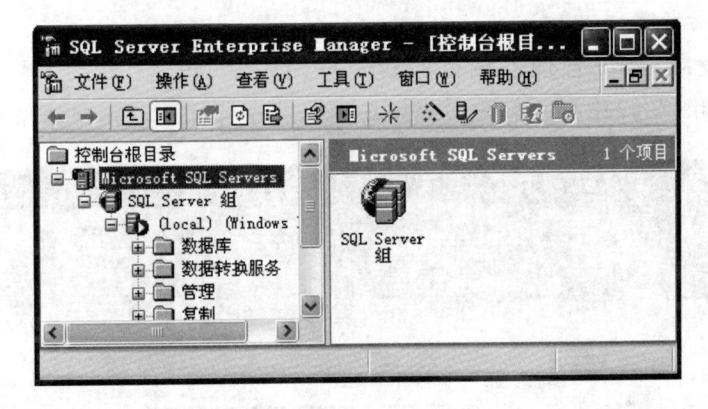

图 6-115

依次双击"数据库"→"UFSystem"→"表",如图 6-116 所示。

图 6-116

选中"UA_User",右键单击选择"打开表,选择"返回所有行,如图 6-117 所示。

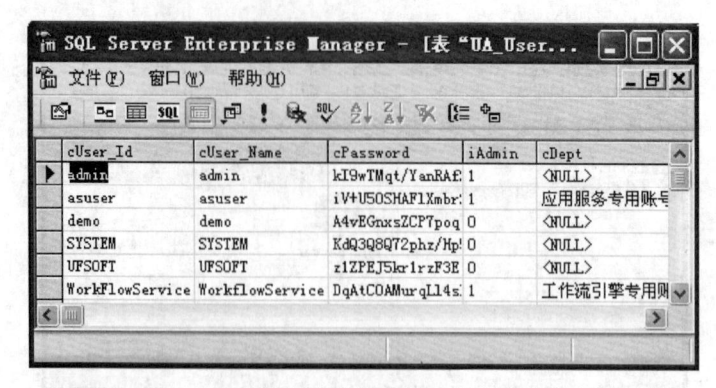

图 6-117

选中"admin"，cPassword 数值设置为空。

实验步骤参考 2：

"admin"登录"系统管理"，执行"系统"→"注册"，进入"登录"界面。刷新账套"(default)"，如图 6-118 所示。

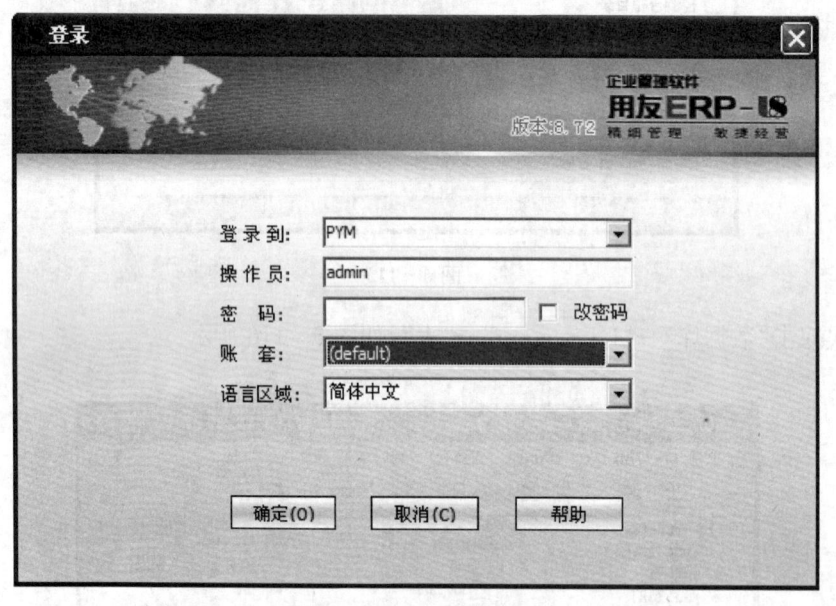

图 6-118

点击"确定"。

思 考 题

1. 简述总账系统期间损益结转的步骤。
2. 简述薪资管理日常业务处理内容。
3. 简述采购管理系统普通采购业务流程。
4. 简述应收款管理系统采购业务流程。

5. 简述分期收款销售业务流程。
6. 简述库存管理系统盘点业务流程。
7. 简述存货核算系统结账前需要做的准备工作。

选 择 题

一、单项选择题

1. 属于期间费用的是（　　）。
   A. 生产成本　　　　B. 制造费用　　　　C. 采购成本　　　　D. 财务费用
2. 总账系统期间损益结转到（　　）。
   A. 本年利润　　　　B. 利润分配　　　　C. 未分配利润　　　D. 资本公积
3. 薪资管理系统计提职工福利费比例为（　　）。
   A. 11%　　　　　　B. 12%　　　　　　C. 13%　　　　　　D. 14%
4. 车间设备折旧计入固定资产系统的（　　）。
   A. 管理费用　　　　B. 制造费用　　　　C. 销售费用　　　　D. 财务费用
5. 主营销售汽车的4S店，销售配件贷方科目计入（　　）。
   A. 本年利润　　　　B. 其他业务收入　　C. 主营业务收入　　D. 利润分配

二、多项选择题

1. 按会计准则要求，月末结转存货销售成本可以采用（　　）。
   A. 先进先出法　　　B. 后进先出法　　　C. 加权平均法　　　D. 个别计价法
2. 需要计提折旧的有（　　）固定资产。
   A. 在用的　　　　　B. 不需用的　　　　C. 季节性停用的　　D. 未使用的
3. 普通销售模式支持（　　）。
   A. 先货后票　　　　B. 先票后货　　　　C. 分期收款销售　　D. 直运销售
4. 采购订单可以参照（　　）生成。
   A. 请购单　　　　　B. 到货单　　　　　C. 入库单　　　　　D. 采购发票
5. 以下（　　）属于库存管理系统其他出库单业务范畴。
   A. 调拨出库　　　　B. 盘亏出库　　　　C. 销售出库　　　　D. 材料出库

第七章 期末管理

结账是在把一定会计期间内发生的全部经济业务登记入账的基础上,据以编制报表,一般分为月度结账、年度结账。直观地说,就是结算各种账簿记录,将一定会计期间内所发生的全部经济业务登记入账,结算出本期发生额和期末余额,并结转下期或新的账簿的经济行为。

第一节 期末概述

企业月末结账的时点一般都是自然月末,月结用于核算、记录本月发生额和期末余额。实际工作中,有些单位由于业务量比较大,可根据实际工作需要,自定义结账日,如以每月 25 日为结账日等。

一、结账准备

应检查本月业务工作是否已全部完成,确保各子系统业务均处理完毕。由于结账工作的重要性和高度专业技术要求,结账工作应指定双人负责。在月末结账前,应结束所有 ERP 子系统的功能模块。结账前应该检查本会计月业务是否已经全部结束,只有在本月所有工作全部结束的前提下,才能结账,否则会遗漏某些业务。月末结账前一定要执行数据备份,否则数据一旦发生错误,将造成难以挽回的后果。

二、结账流程

本月业务处理完毕,进入采购管理,先核查是否期初记账,然后再执行"月末结账"。双击打开销售管理月末结账窗口,系统会自动选择要结账的月份。确认采购管理、销售管理均已正常月末结账后(否则,ERP 系统提示必须先行处理),可执行库存管理"月末结账",选择所要结账的月份,点击"结账"即可。存货核算日常业务处理完毕后,应该先对仓库进行期末处理,再执行"月末结账"。应付款管理通过"期末处理",执行"月末结账"。应收款管理结账流程同应付款管理。当固定资产本月折旧分配完毕后,执行"月末结账"。薪资管理对本月分摊分配结束,执行"月末处理",选择清零项目,结账完毕。总账系统结账是 ERP 系统结账的最后一个环节。上述所有的 ERP 子系统月末结账全部结束,才能进入总账系统执行"期末"的对账、结账工作。

三、流程图

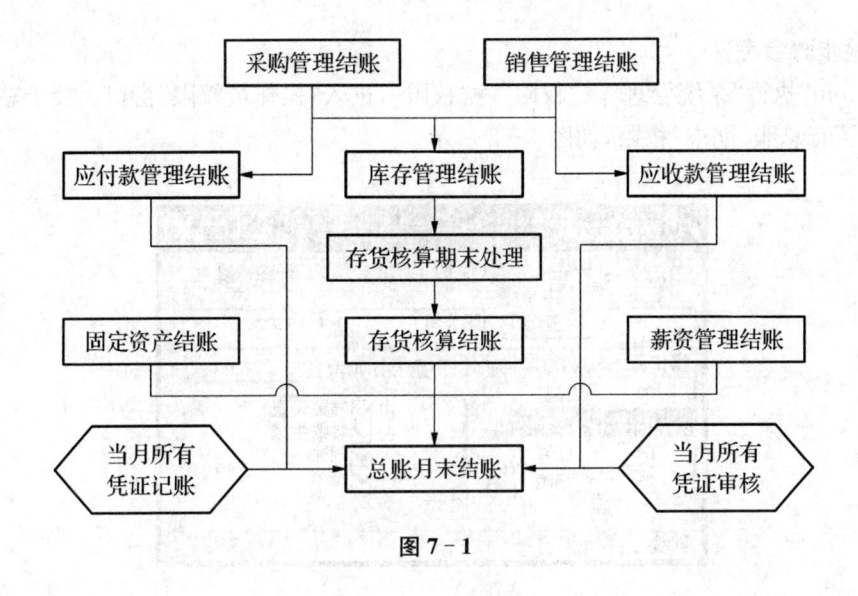

图 7－1

第二节　期末权限

一、实验目标

授予操作员期末权限。

二、资料

表 7－1

编号	人员	权限
03	王平	总账期末
05	汤艳	应收款管理期末处理、应付款管理期末处理
06	孙浩	采购管理期末结账
09	孙艺	销售管理期末结账
12	桑军威	库存管理（存货核算）期末结账、存货核算期末处理、资产期末处理
18	顾国丽	薪资管理月末处理

三、实验过程

实验步骤参考 1：

"admin"执行"系统管理"→"权限"→"权限",进入"操作员权限"窗口。授予总账会计"03 王平"有总账"期末"权限,如图 7-2 所示。

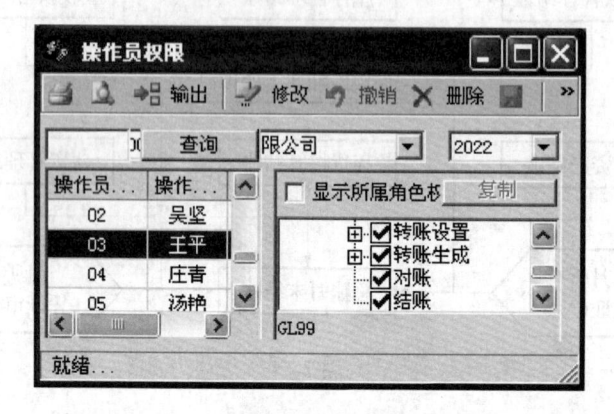

图 7-2

实验步骤参考 2：

"admin"执行"系统管理"→"权限"→"权限",进入"操作员权限"窗口。授予财务人员"05 汤艳"有应收(付)款管理"期末处理"权限,如图 7-3 所示。

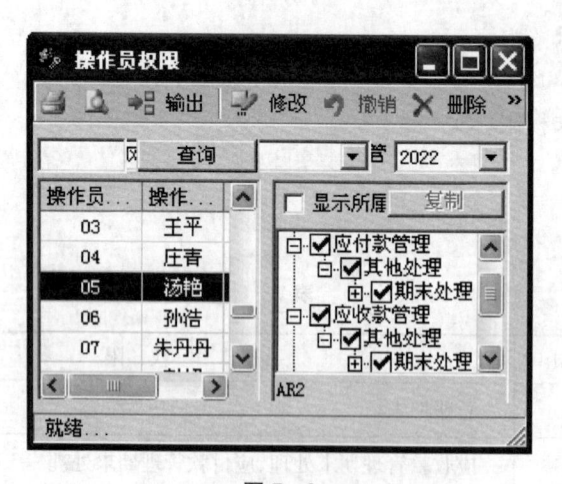

图 7-3

实验步骤参考 3：

"admin"执行"系统管理"→"权限"→"权限",进入"操作员权限"窗口。授予采购主管"06 孙浩"有采购管理"月末结账"权限,如图 7-4 所示。

图 7-4

实验步骤参考 4：

"admin"执行"系统管理"→"权限"→"权限"，进入"操作员权限"窗口。授予销售主管"09 孙艺"有销售管理"销售月末结账"权限，如图 7-5 所示。

图 7-5

实验步骤参考 5：

"admin"执行"系统管理"→"权限"→"权限"，进入"操作员权限"窗口。授予仓库主管"12 桑军威"有固定资产"月末结账"、存货核算"期末处理"及"月末结账"、库存管理"月末结账"权限，如图 7-6 所示。

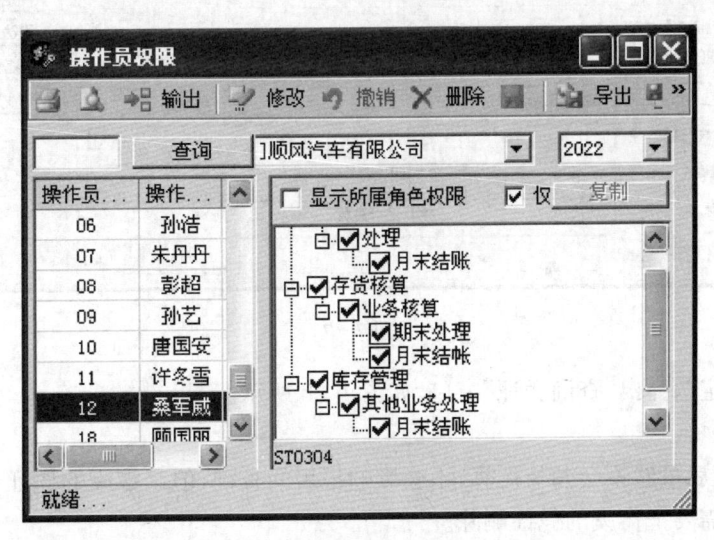

图 7-6

实验步骤参考 6：

"admin"执行"系统管理"→"权限"→"权限"，进入"操作员权限"窗口。授予人事主管"18 顾国丽"有薪资管理"月末处理"权限。点击"保存"。

第三节　期末处理

一、实验目标

期末结账。

二、实验准备

引入"E:\分配管理案例分析备份"，系统日期调整为"2022 年 3 月 25 日"。

三、实验过程

实验步骤参考 1：

总账会计"03 王平"执行"财务会计"→"总账"→"凭证"→"查询凭证"，弹出"凭证查询"窗口。选中"作废凭证"，如图 7-7 所示。

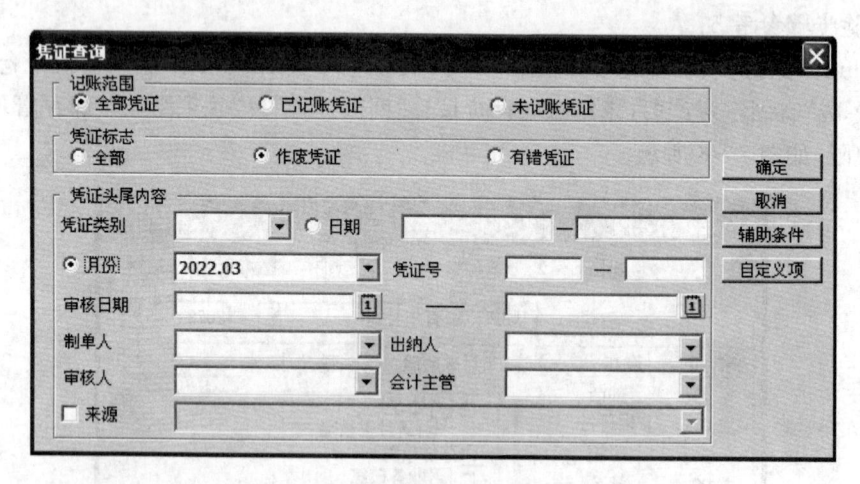

图 7-7

点击"确定"，弹出"查询凭证"窗口，如图 7-8 所示。

备注：

凭证作废后虽然不会参与运算，不会影响报表的查询，但是作废的凭证会一直留有痕迹在软件中，需要把作废的凭证删除。

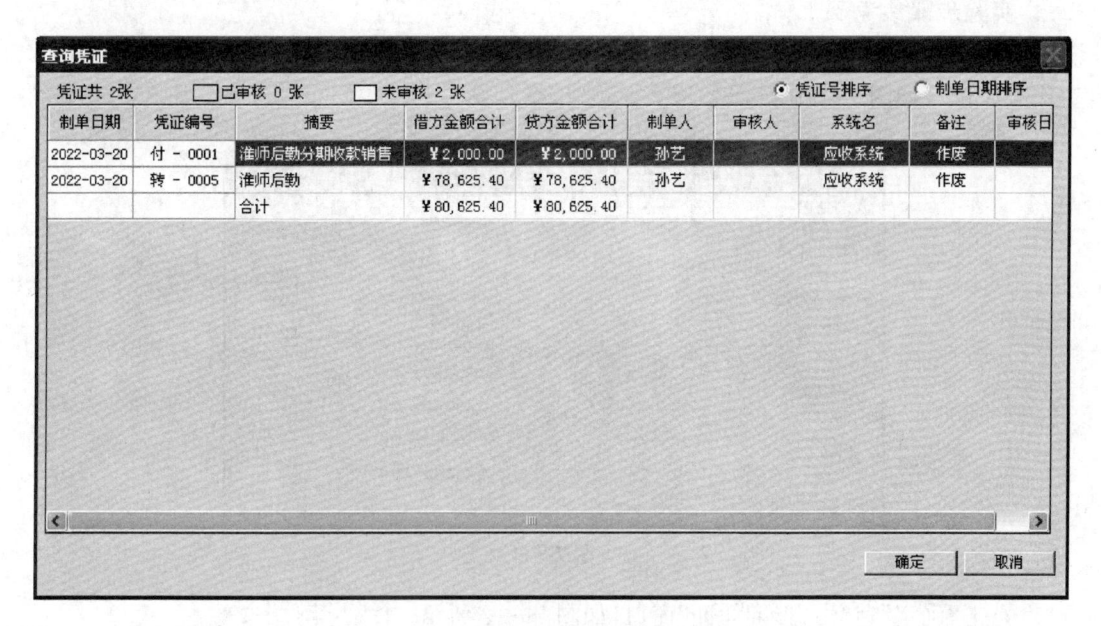

图 7-8

点击"确定"。

实验步骤参考 2：

总账会计"03 王平"执行"总账"→"凭证"→"填制凭证"，弹出"填制凭证"窗口。执行"制单"→"整理凭证"，弹出"凭证期间选择"窗口，如图 7-9 所示。

图 7-9

点击"确定"，弹出"提示"窗口，如图 7-10 所示。

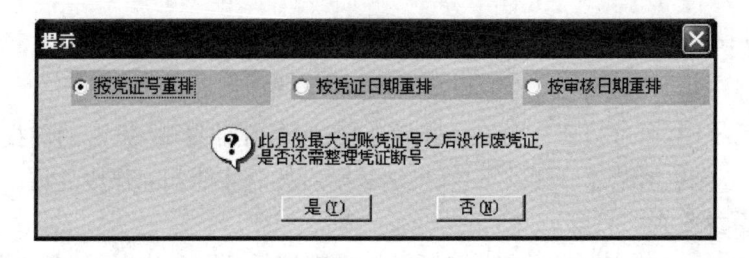

图 7-10

点击"是"。

实验步骤参考 3：

总账会计"03 王平"执行"总账"→"凭证"→"查询凭证"，弹出"凭证查询"窗口。选中"作废凭证"，如图 7 – 11 所示。

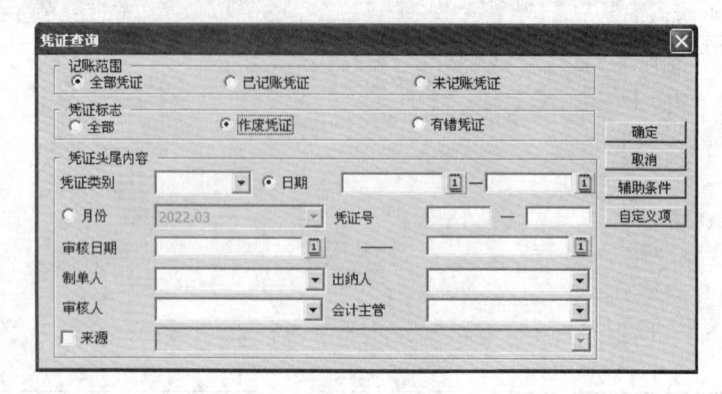

图 7 – 11

点击"确定"，弹出"查询凭证"窗口，如图 7 – 12 所示。

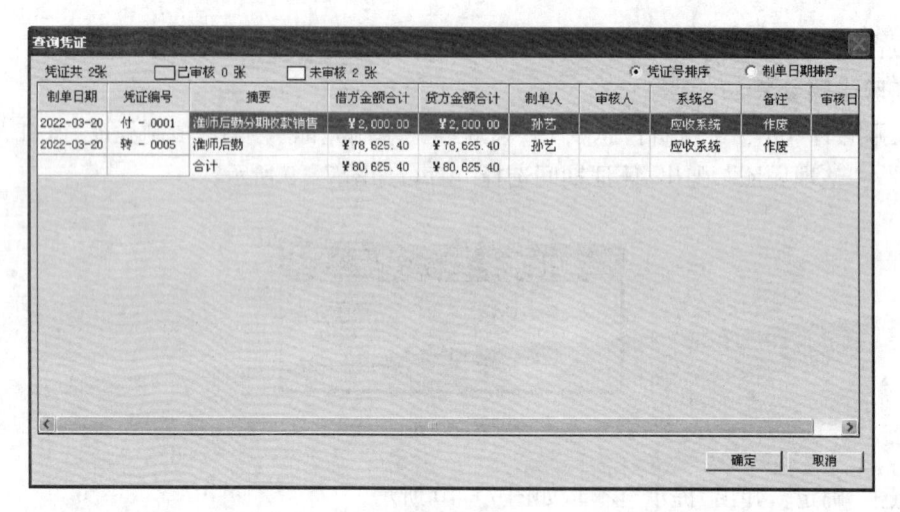

图 7 – 12

点击"确定"。

备注：

在总账系统中，通过整理来删除作废凭证，必须是在非结账、记账的前提下。如欲删除作废凭证，应先取消结账、记账、审核（出纳签字），然后才能删除作废凭证。

实验步骤参考 4：

总账会计"03 王平"执行"总账"→"凭证"→"查询凭证"，弹出"凭证查询"窗口。选中"已记账凭证"，如图 7 – 13 所示。

点击"确定"，弹出"查询凭证"窗口，如图 7 – 14 所示。

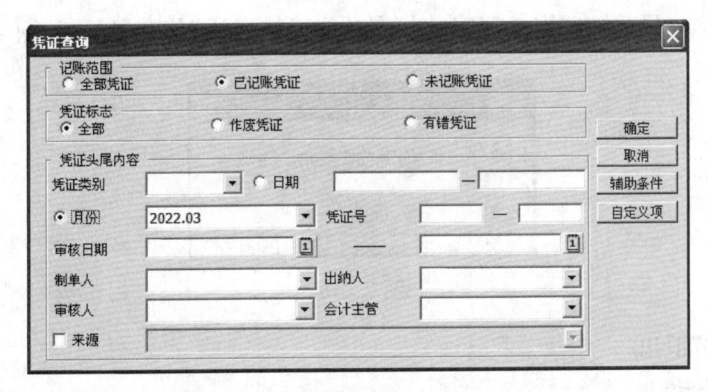

图 7-13

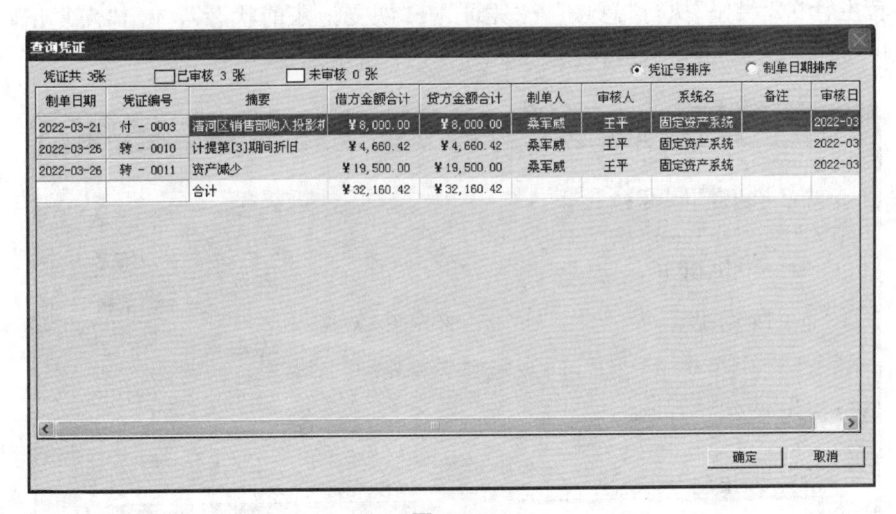

图 7-14

实验步骤参考 5：

账套主管"02 吴坚"执行"总账"→"期末"→"对账"，弹出"对账"窗口。选中"2022.03"的对账结果，如图 7-15 所示。

图 7-15

同时按 Ctrl＋H,弹出"恢复记账前状态功能已被激活"信息提示,如图 7-16 所示。

图 7-16

点击"确定"退出。

实验步骤参考 6：

账套主管"02 吴坚"执行"总账"→"凭证"→"恢复记账前状态",弹出"恢复记账前状态"窗口。选中"2022 年 03 月初状态",如图 7-17 所示。

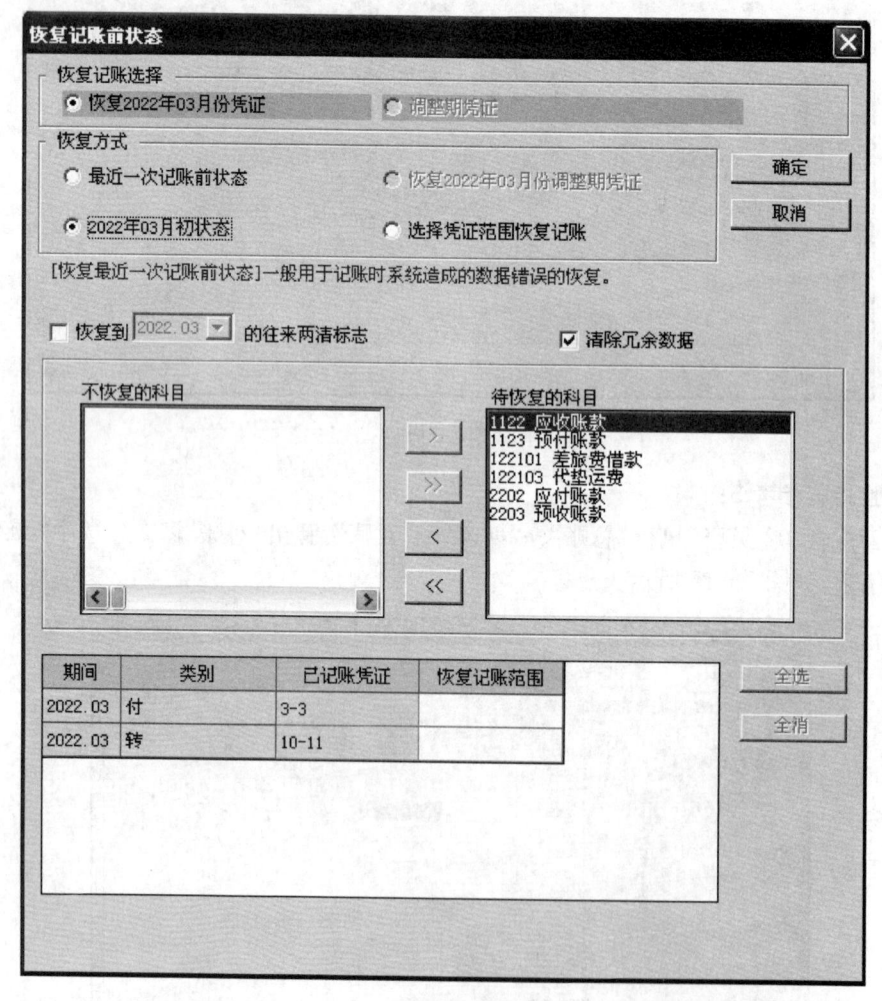

图 7-17

点击"确定",弹出"输入"窗口,如图 7-18 所示。

图 7－18

点击"确定",弹出"恢复记账完毕!"提示信息。点击"确定"。

实验步骤参考 7:

总账会计"03 王平"执行"总账"→"凭证"→"填制凭证",弹出"填制凭证"窗口。执行"制单"→"整理凭证",弹出"凭证期间选择"窗口。点击"确定",弹出"作废凭证表"窗口,如图 7－19 所示。

图 7－19

点击"全选",单击"确定",弹出"是否还需整理凭证断号"信息提示,勾选"按凭证号重排",如图 7－20 所示。

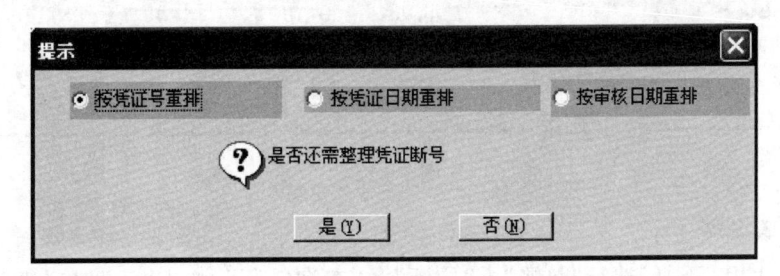

图 7－20

点击"是"。

271

实验步骤参考 8：

总账会计"03 王平"执行"总账"→"凭证"→"查询凭证"，弹出"凭证查询"窗口。勾选"作废凭证"，点击"确定"，弹出"没有符合条件的凭证"信息提示，如图 7-21 所示。

图 7-21

点击"确定"。

实验步骤参考 9：

总账会计"03 王平"执行"总账"→"凭证"→"查询凭证"，弹出"凭证查询"窗口。记账范围选中"已记账凭证"，点击"确定"，弹出"没有符合条件的凭证"信息提示，如图 7-22 所示。

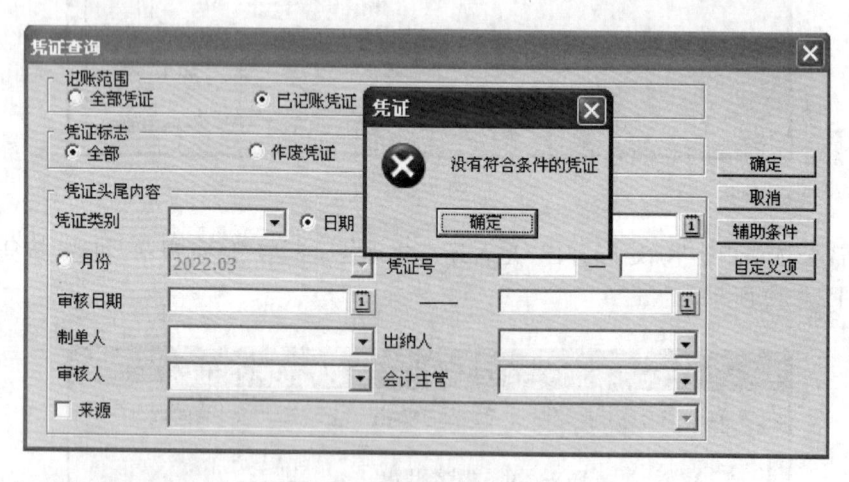

图 7-22

实验步骤参考 10：

总账会计"03 王平"执行"总账"→"凭证"→"查询凭证"，弹出"凭证查询"窗口。出纳人选择"未签字凭证"，点击"确定"，弹出"出纳签字"窗口，凭证标志选择"全部"，如图 7-23 所示。

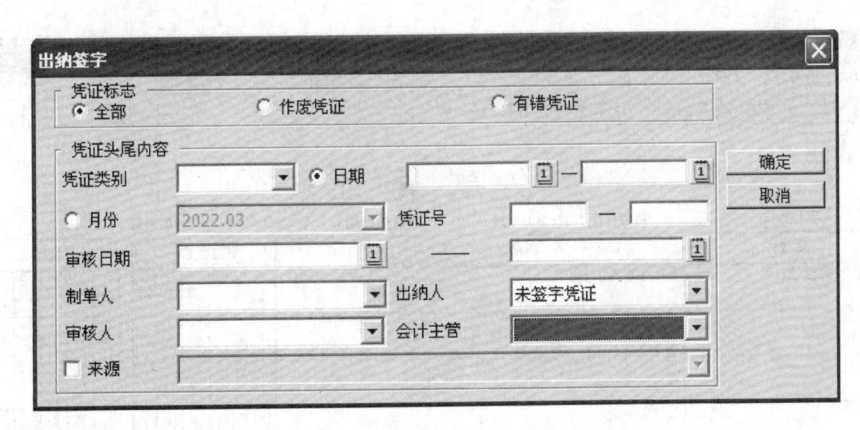

图 7-23

点击"确定",进入"查询凭证"窗口,如图 7-24 所示。

图 7-24

点击"取消"。

实验步骤参考 11：

出纳"04 庄青"执行"总账"→"凭证"→"出纳签字",弹出"出纳签字"窗口。图 7-25 中,点击"上一张凭证""下一张凭证",执行"签字"功能后,"出纳"后出现签字人"庄青",如图 7-26 所示。

备注：

出纳凭证必须经由出纳签字。若收(付)款凭证必须要出纳人员核对、签字后才能记账,则选择"出纳凭证必须经由出纳签字"。

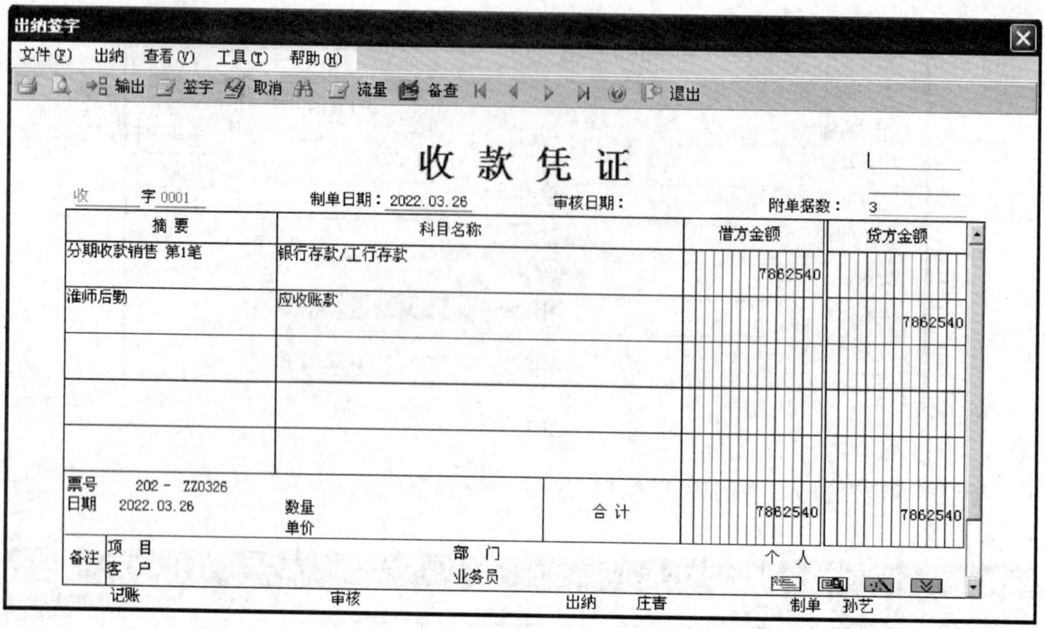

图 7-25

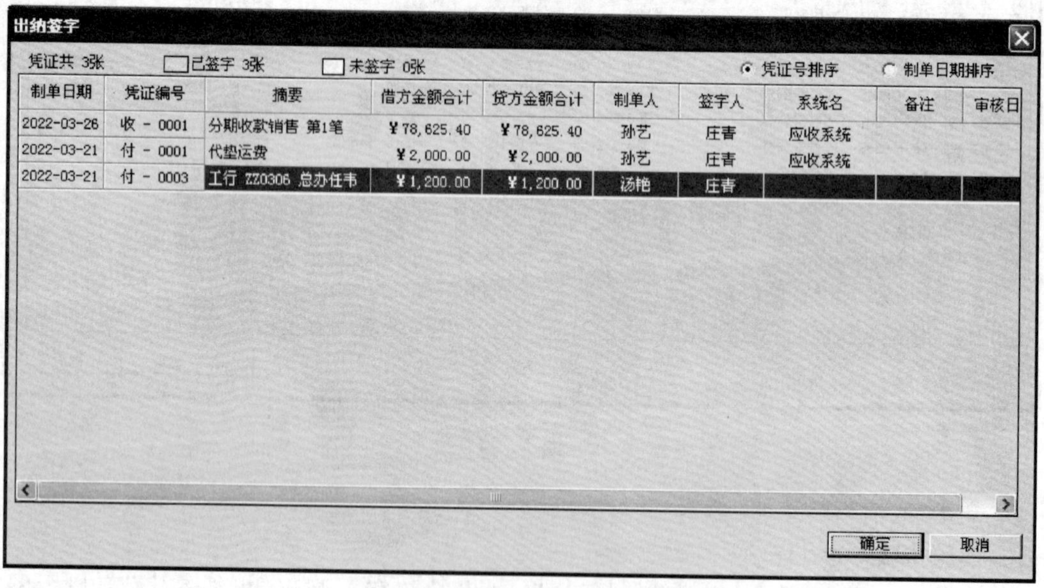

图 7-26

实验步骤参考 12：

总账会计"03 王平"执行"财务会计"→"总账"→"凭证"→"查询凭证"，弹出"凭证查询"窗口。审核人选择"已审核凭证"，如图 7-27 所示。

点击"确定"，弹出"没有符合条件的凭证"信息提示，如图 7-28 所示。

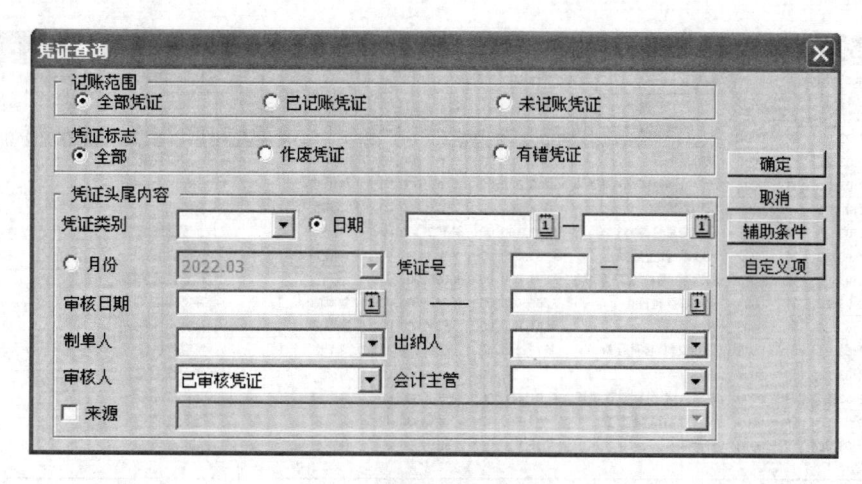

图 7–27

图 7–28

实验步骤参考 13：

总账会计"03 王平"执行"总账"→"凭证"→"查询凭证",弹出"凭证查询"窗口。审核人选择"未审核凭证",如图 7–29 所示。

图 7–29

点击"确定",进入"查询凭证"窗口,如图 7–30 所示。

图 7-30

点击"取消"。

备注：

(1) 图 7-30 中，制单人有"03 王平""09 孙艺""12 桑军威""05 汤艳"等；

(2) 图 7-30 中，有应收系统、应付系统、存货核算系统、固定资产系统等。

实验步骤参考 14：

总账会计"03 王平"执行"总账"→"凭证"→"审核凭证"，弹出"凭证查询"窗口。月份选择"2022.03"，审核人选择"未审核凭证"，如图 7-31 所示。

图 7-31

点击"确定"，进入"凭证审核"窗口。执行"审核"。

在图 7-32 中，执行"审核"后，"审核"后出现审核人"王平"。对其中一张凭证执行"审核"时，弹出"制单人与审核人不能同为一人"信息提示，如图 7-33 所示。

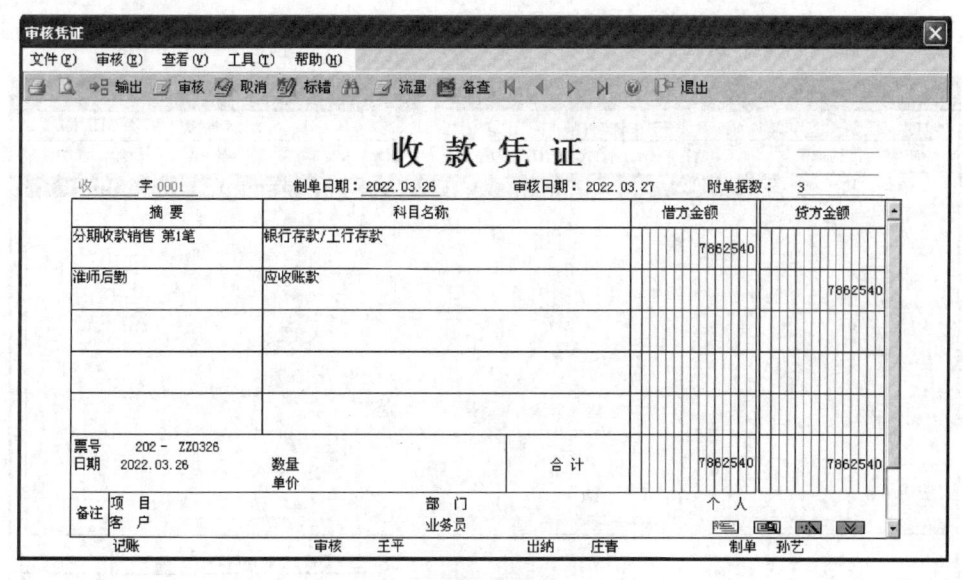

图 7-32

图 7-33

点击"确定"。

备注：

（1）被审核凭证中，由操作员"03 王平"填制凭证。按内控原则，制单人不能审核自制的凭证。

（2）从研究角度，制单人可实现审核自己填制的凭证。步骤是：操作员"02 吴坚"执行"系统服务"→"权限"→"数据权限分配"，授予"03 王平"有审核"03 王平"凭证权限。

实验步骤参考 15：

财务人员"05 汤艳"执行"总账"→"凭证"→"审核凭证"，弹出"凭证审核"窗口。审核人选择"未审核凭证"，如图 7-34 所示。

图 7-34

点击"确定",进入"凭证审核"窗口,如图7-35所示。

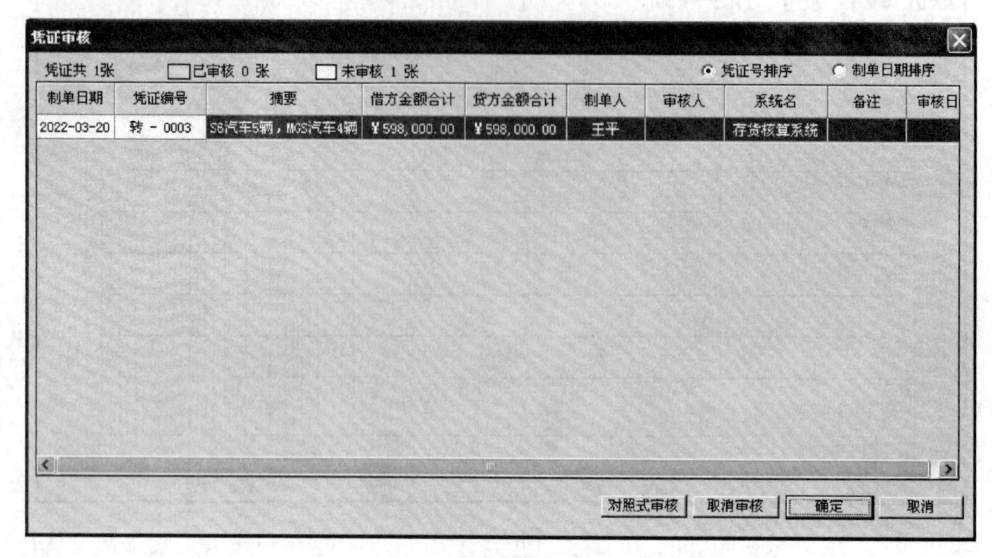

图 7-35

点击"确定",进入"审核凭证"窗口。执行"审核",如图7-36所示。

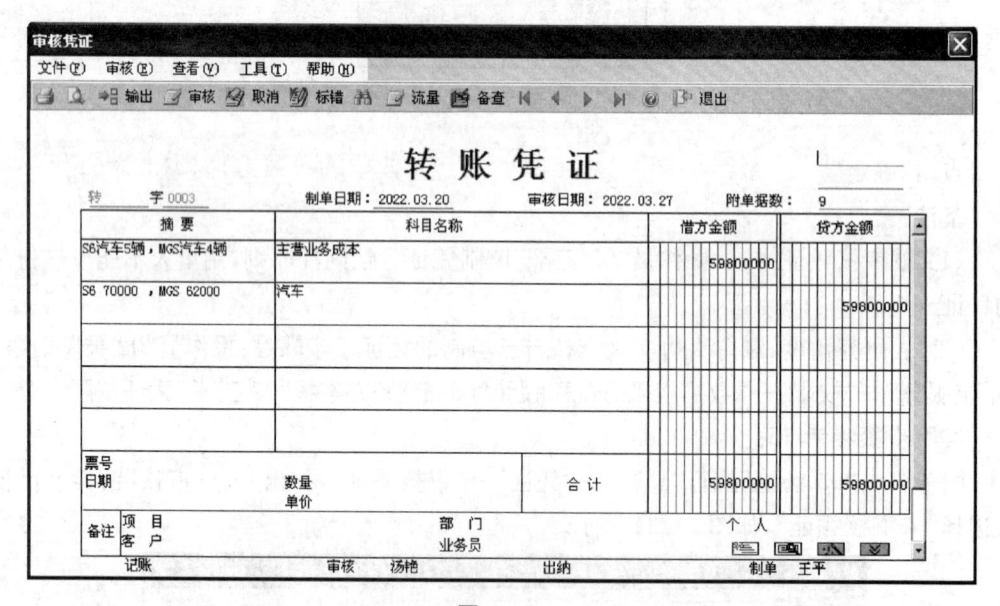

图 7-36

实验步骤参考 16:

财务人员"05 汤艳"执行"总账"→"凭证"→"审核凭证",弹出"凭证审核"窗口。审核人选择"未审核凭证",点击"确定",弹出"没有符合条件的凭证"信息提示。

实验步骤参考 17:

总账会计"03 王平"执行"财务会计"→"总账"→"凭证"→"记账",弹出"记账"窗口,如图7-37所示。

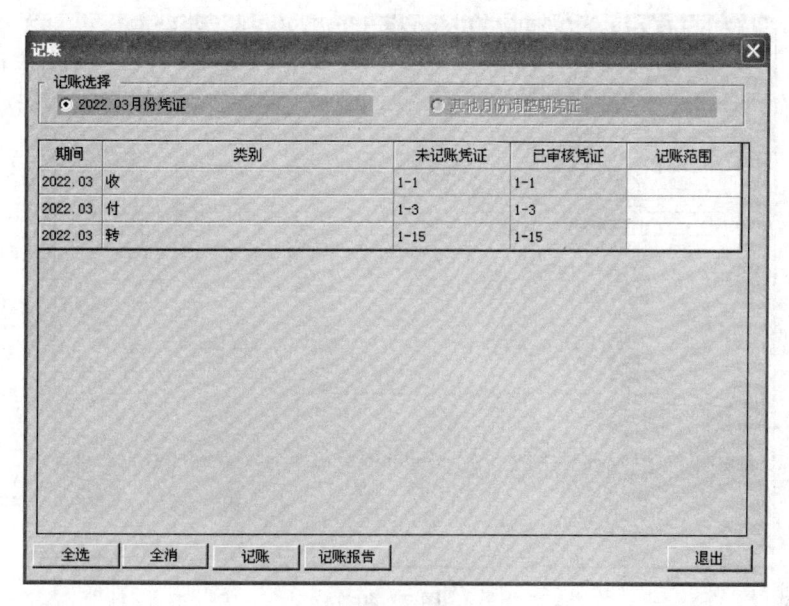

图 7-37

类别"收"的记账范围输入"1-1",类别"付"的记账范围输入"1-3",类别"转"的记账范围输入"1-15"。点击"记账",如图 7-38 所示。

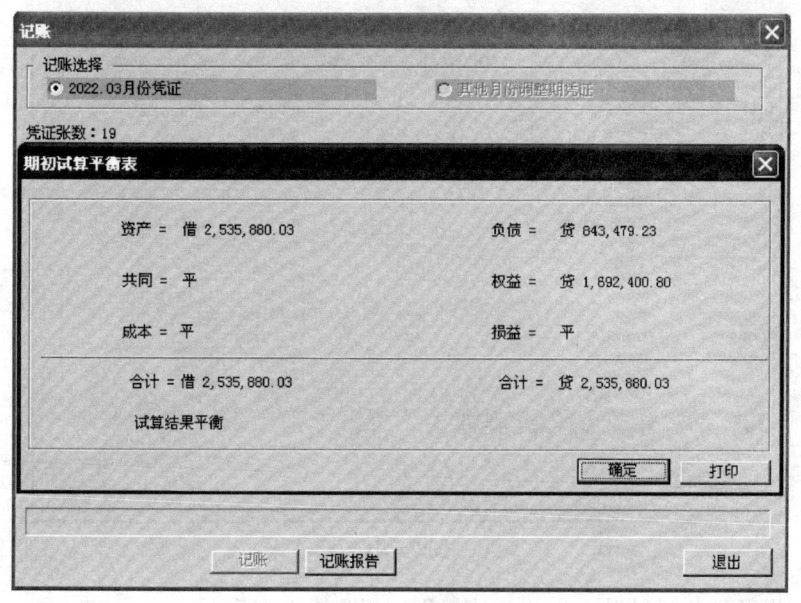

图 7-38

点击"确定",弹出"记账完毕!"信息提示,如图 7-39 所示。

实验步骤参考 18:

总账会计"03 王平"执行"财务会计"→"总账"→"期末"→"转账定义"→"期间损益",弹出"期间损益结转设置"窗口,如图7-40 所示。

图 7-39

图 7-40

凭证类别选择"转 转账凭证",本年利润科目选择"4103 本年利润",如图 7-41 所示。

图 7-41

有一些损益类科目结转未进行正确设置,如图 7-42 所示。

图 7-42

解决方案：

一是直接输入 4103；二是参照选择会计科目。

实验步骤参考 19：

总账会计"03 王平"执行"财务会计"→"总账"→"期末"→"转账生成"，弹出"转账生成"窗口，如图 7-43 所示。

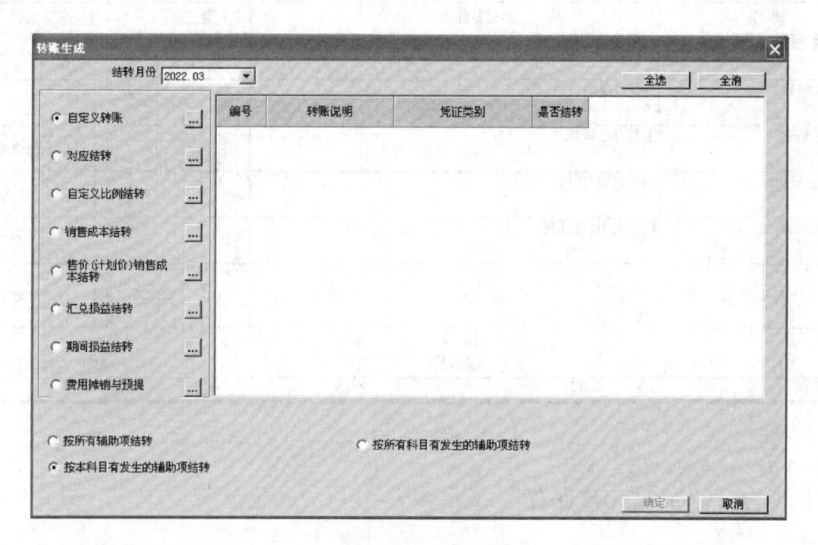

图 7-43

选中"期间损益结转"，点击"全选"，如图 7-44 所示。

图 7-44

点击"确定"，弹出"转账"窗口，如图 7-45 所示。

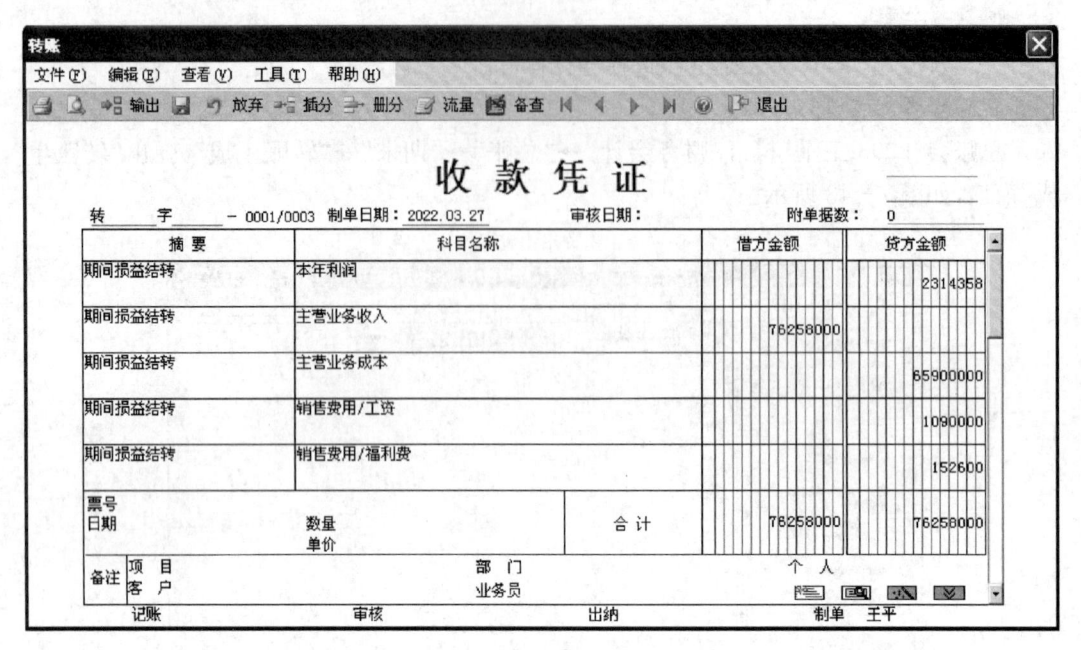

图 7-45

"收"字改为"转"字,点击"保存"。

备注:

会计科目借方和贷方均非库存现金和银行存款,应为转账凭证。

实验步骤参考 20:

财务人员"05 汤艳"执行"总账"→"凭证"→"审核凭证",弹出"凭证审核"窗口。制单人选择"王平",审核人选择"未审核凭证",如图 7-46 所示。

图 7-46

点击"确定",弹出"凭证审核"窗口,如图 7-47 所示。

点击"确定",弹出"审核凭证"窗口。执行"审核","审核"后出现审核人"05 汤艳",如图 7-48 所示。

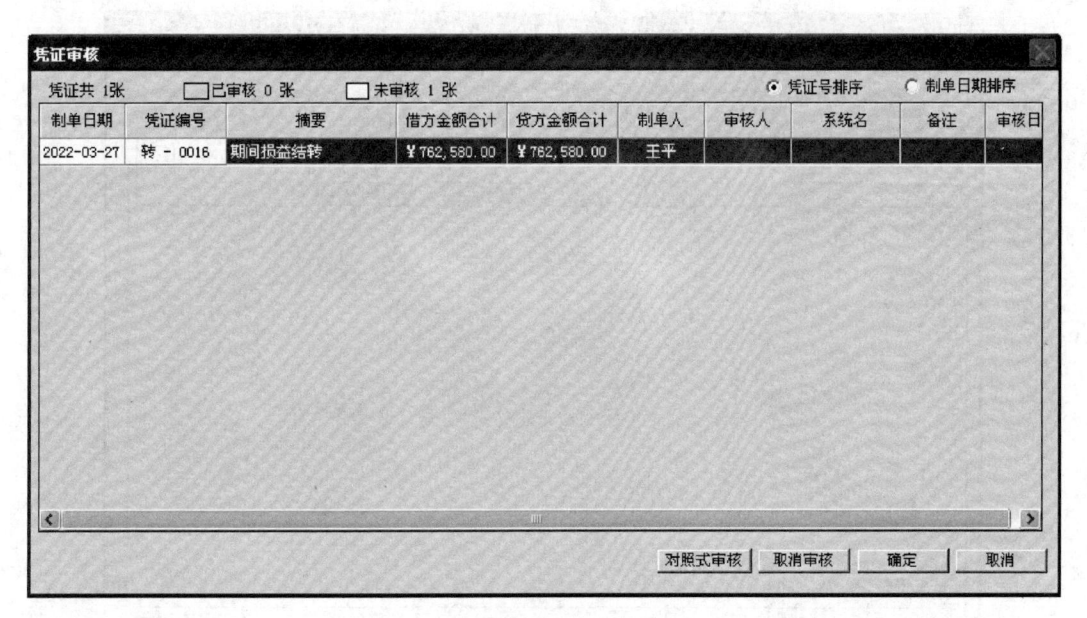

图 7-47

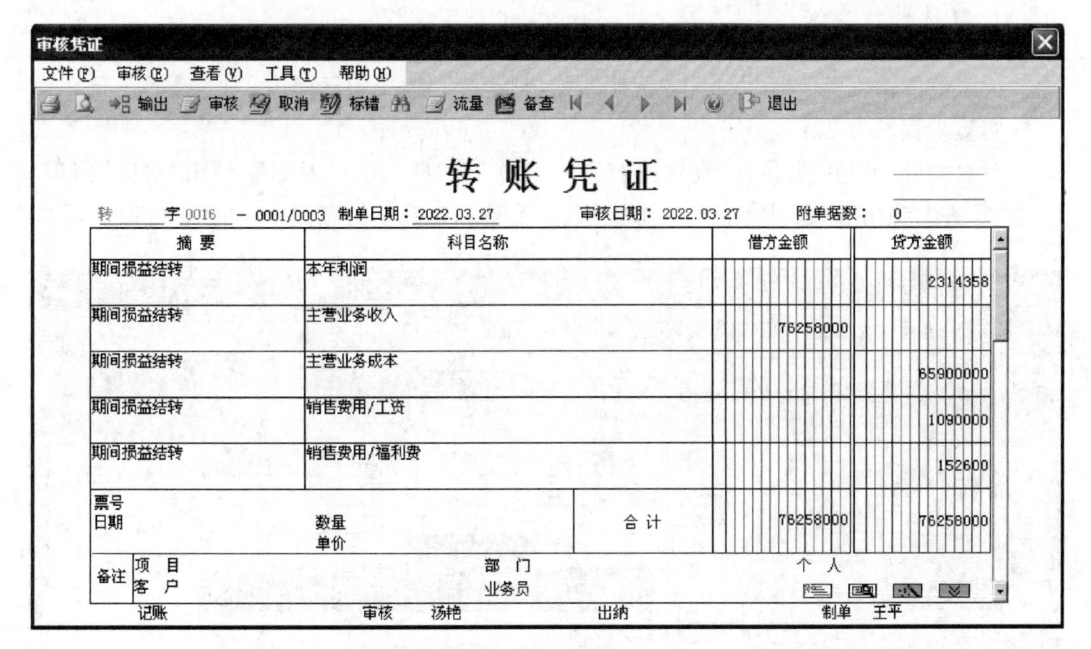

图 7-48

点击"退出"。

实验步骤参考 21：

总账会计"03 王平"执行"财务会计"→"总账"→"凭证"→"记账"，弹出"记账"窗口，如图 7-49 所示。

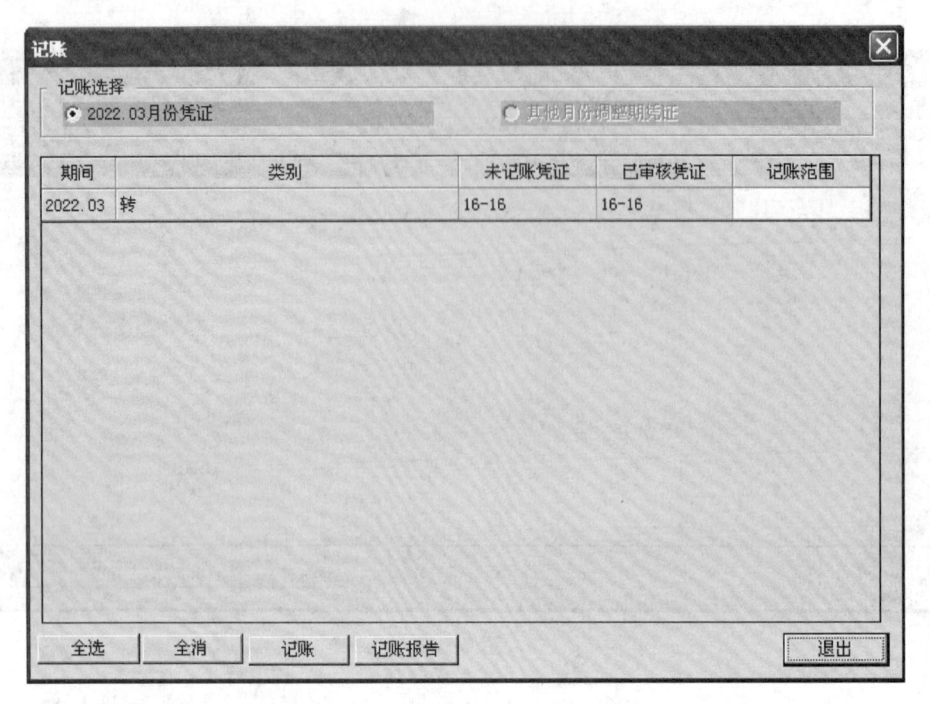

图 7-49

记账范围输入"16-16",点击"记账",弹出"记账完毕!"信息提示。

实验步骤参考 22:

总账会计"03 王平"执行"财务会计"→"总账"→"期末"→"对账",弹出"对账"窗口。点击"检查",弹出"总账、辅助账、多辅助账、凭证数据正确!"信息提示,如图 7-50 所示。

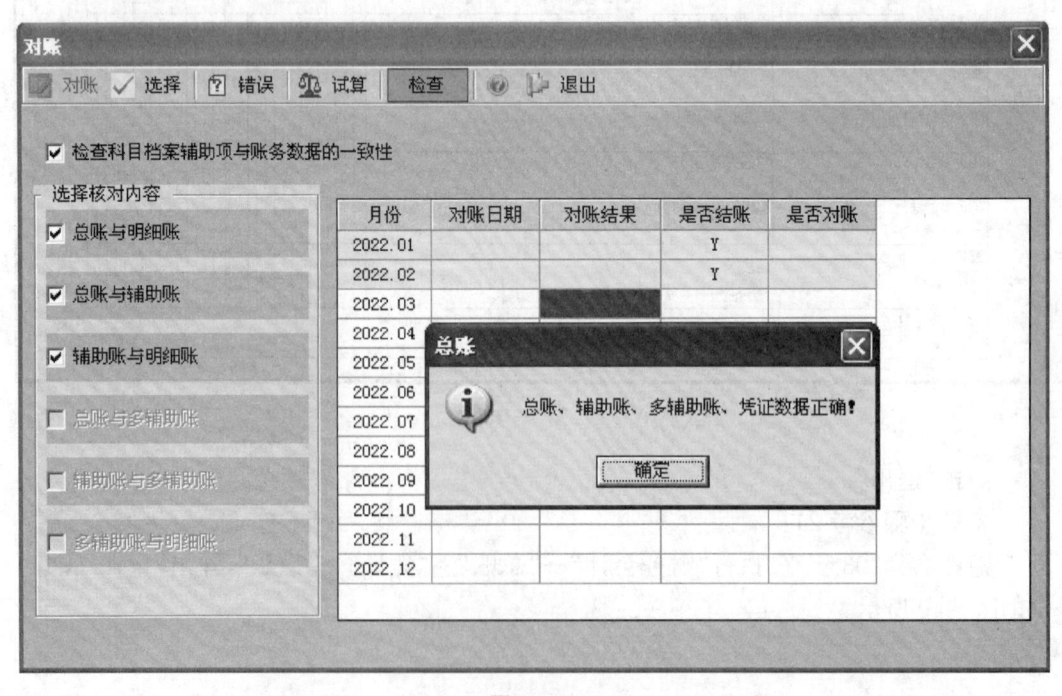

图 7-50

点击"确定"。

※知识点：

(1) 明细账是按明细分类账户登记的账簿。

(2) 辅助账是对总账和明细账没有记录的内容所做的辅助记录。

(3) 明细账中的科目名字需要依照会计制度规定和企业现有管理制度进行设立，明细账一般采用的是活页式账簿形式。

实验步骤参考 23：

总账会计"03 王平"执行"财务会计"→"总账"→"期末"→"结账"，弹出"结账"窗口，如图 7-51 所示。

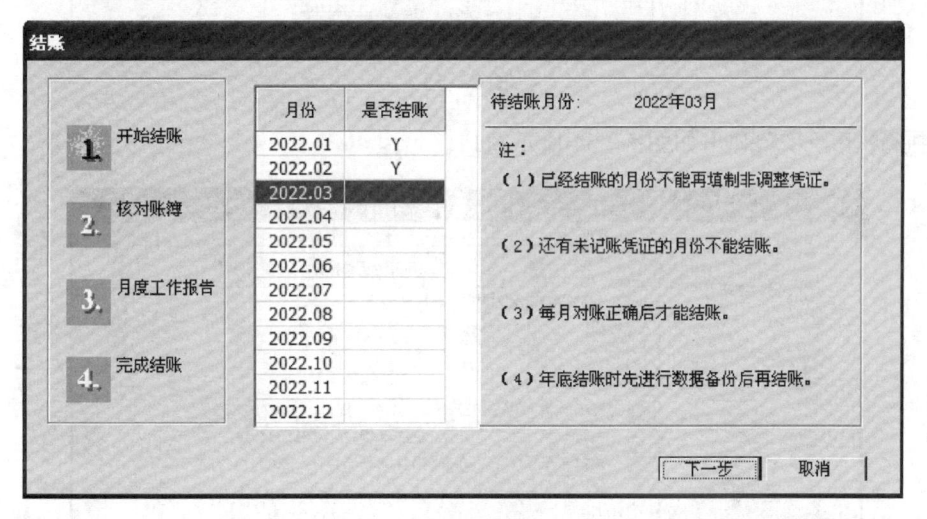

图 7-51

在图 7-51 中，选中"2022.03"，执行"下一步"，弹出如图 7-52 所示窗口。

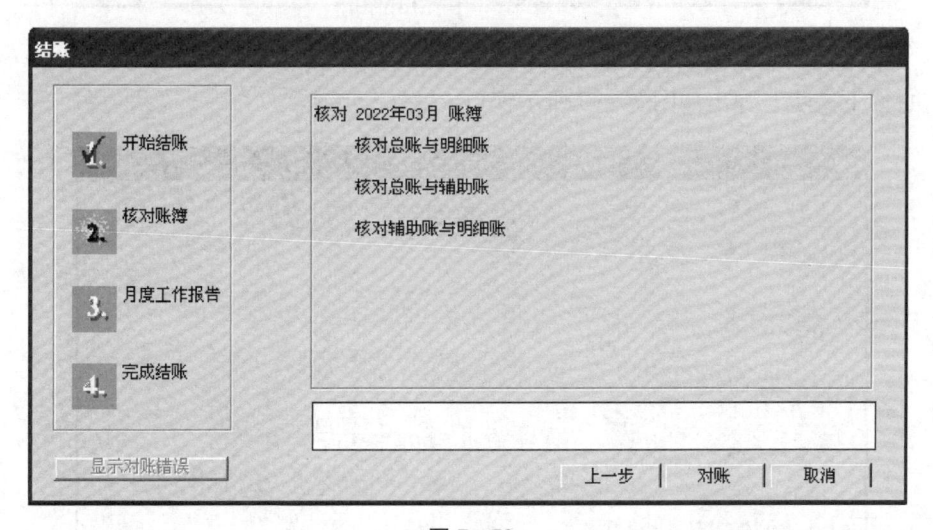

图 7-52

执行"对账"，弹出如图 7-53 所示窗口。

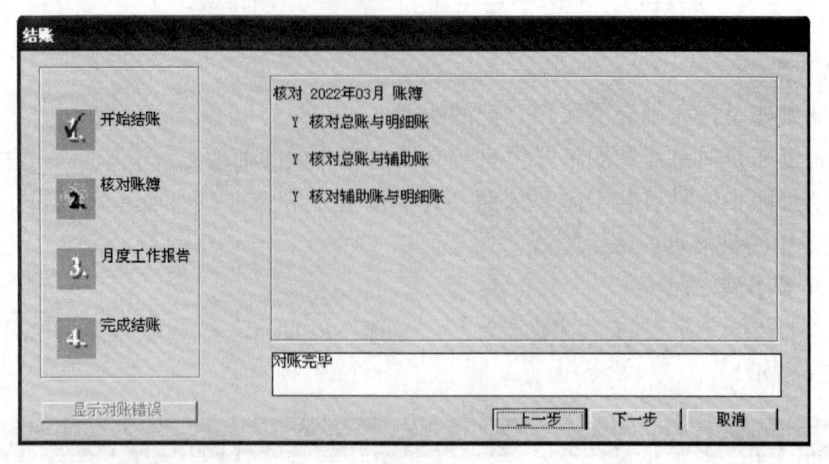

图 7-53

执行"下一步",弹出如图 7-54 所示窗口。

图 7-54

执行"下一步",弹出如图 7-55 所示窗口。

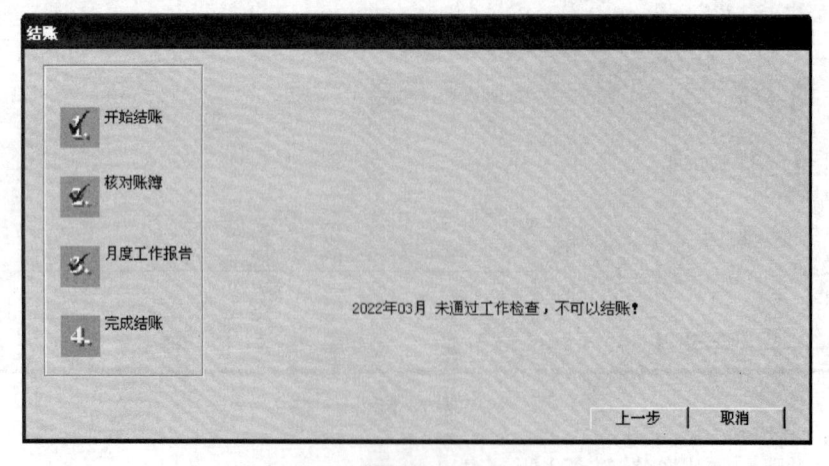

图 7-55

执行"上一步",弹出如图7-56所示窗口。

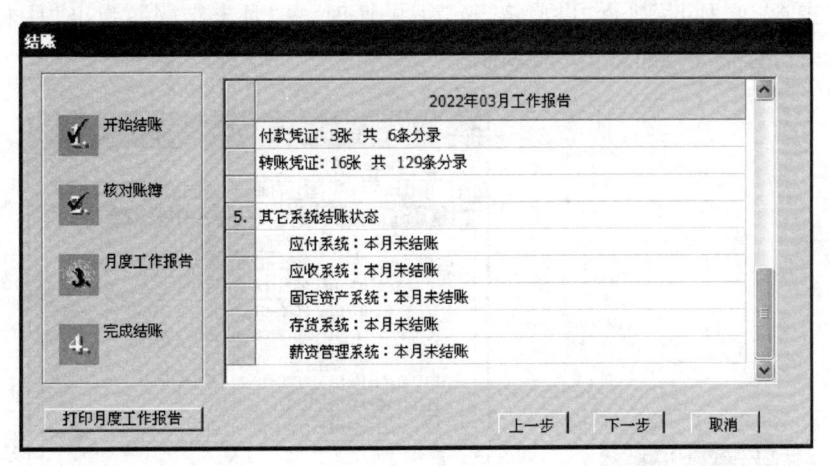

图 7-56

点击"取消",退出结账。

※知识点:
(1) 总账结账前,其他系统必须提前结账;
(2) 图7-56显示,2022年03月工作报告中,流程1至4正确,流程5有误。

实验步骤参考24:
采购主管"06 孙浩"执行"供应链"→"采购管理"→"月末结账",弹出"月末结账"窗口。会计月份选中"3",选择标记出现"选中",如图7-57所示。

图 7-57

点击"结账",弹出"月末结账完毕!"信息提示,如图7-58所示。
点击"确定"。

实验步骤参考 25：

销售主管"09 孙艺"执行"供应链"→"销售管理"→"月末结账",弹出"月末结账"窗口。会计月份选中"3",如图 7-59 所示。

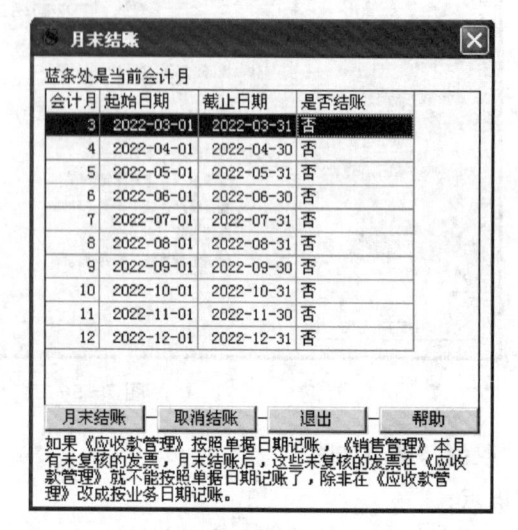

图 7-58

图 7-59

执行"月末结账"。

※知识点：

进入销售管理月末结账对话框,点击"结账"按钮,系统执行合法性检查。检查通过后系统立即进行结账操作,结账月份显示为是;如果检查未通过,可查看未能结账的原因。结账发生错误后,可以点击"取消结账"按钮,正确处理后再结账。

实验步骤参考 26：

仓库主管"12 桑军威"执行"供应链"→"库存管理"→"月末结账",弹出"结账处理"窗口。选中"2022-03-01"—"2022-03-31",如图 7-60 所示。

图 7-60

执行"结账"。

实验步骤参考 27：

仓库主管"12 桑军威"执行"供应链"→"存货核算"→"业务核算"→"月末结账",弹出

"月末结账"窗口。选中"月末结账",如图7-61所示。

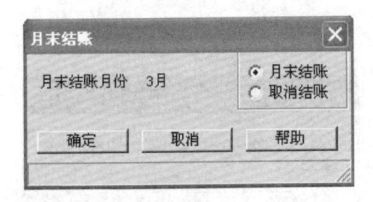

图7-61

点击"确定",弹出"有仓库未进行期末处理,不能结账!"信息提示,如图7-62所示。

图7-62

※**知识点**:
(1) 对账是仓库期末处理的主要功能。
(2) 在仓库期末处理后,可查看本期业务,但不能处理当期业务。
(3) 存货核算在期末结账前,必须先执行仓库月末结账。

实验步骤参考28:

仓库主管"12 桑军威"执行"供应链"→"存货核算"→"业务核算"→"期末处理",弹出"期末处理"窗口,如图7-63所示。

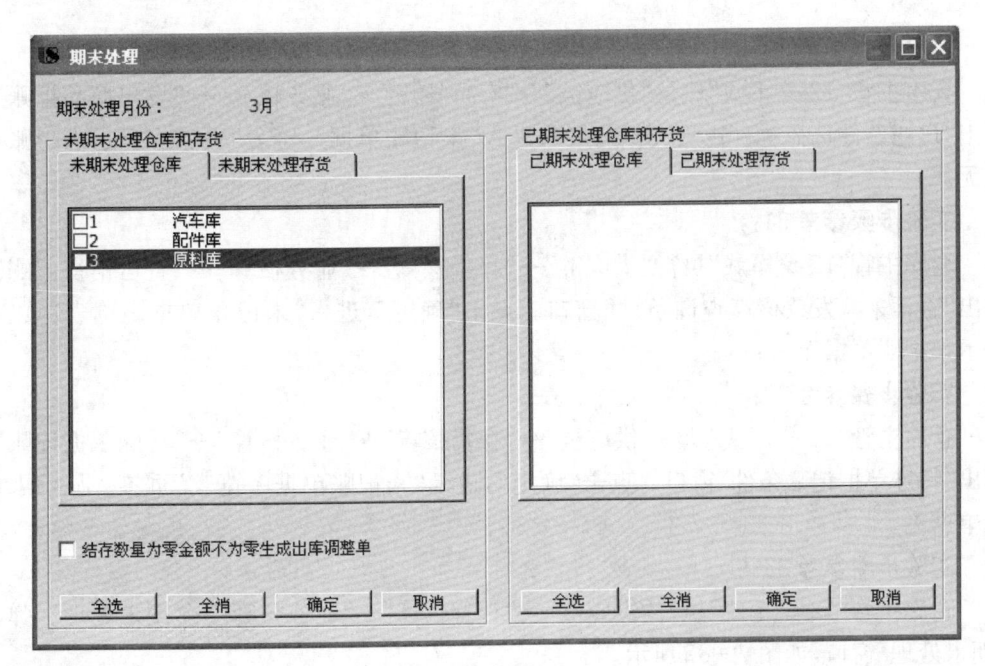

图7-63

点击"全选",点击"确定",弹出"期末处理有未记账单据,是否继续?"信息提示,如图7-64所示。

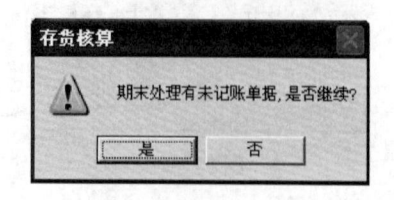

图7-64

点击"否"退出。

实验步骤参考 29:

仓库主管"12 桑军威"执行"存货核算"→"业务核算"→"正常单据记账",弹出"过滤条件选择"窗口。点击"过滤",进入"未记账单据一览表",如图7-65所示。

点击"全选",点击"记账",弹出"记账成功"信息提示,如图7-66所示。

图7-65   图7-66

实验步骤参考 30:

仓库主管"12 桑军威"执行"供应链"→"存货核算"→"业务核算"→"发出商品记账",弹出"过滤条件选择"窗口。点击"确定",进入"未记账单据一览表"页签。显示未记账单据无。

实验步骤参考 31:

仓库主管"12 桑军威"执行"供应链"→"存货核算"→"业务核算"→"直运销售记账",弹出"直运采购发票核算查询条件"窗口。点击"确定",进入"未记账单据一览表"页签。显示未记账单据无。

实验步骤参考 32:

仓库主管"12 桑军威"执行"供应链"→"存货核算"→"业务核算"→"特殊单据记账",弹出"特殊单据记账条件"窗口。点击"确定",进入"未记账单据一览表"页签。显示未记账单据无。

实验步骤参考 33:

仓库主管"12 桑军威"执行"供应链"→"存货核算"→"业务核算"→"期末处理",弹出"期末处理"窗口,如图7-67所示。

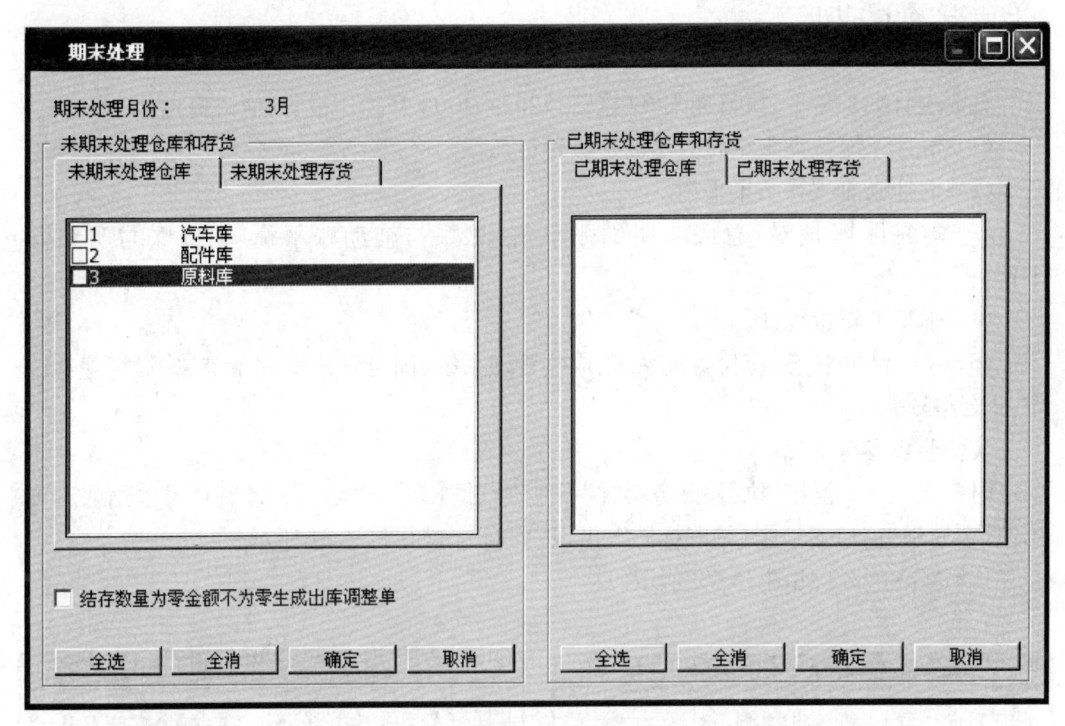

图 7-67

点击"全选",点击"确定",弹出"期末处理完毕!"信息提示,如图 7-68 所示。
点击"确定"。

实验步骤参考 34：

仓库主管"12 桑军威"执行"供应链"→"存货核算"→"业务核算"→"月末结账",弹出"月末结账"窗口,如图 7-69 所示。

图 7-68 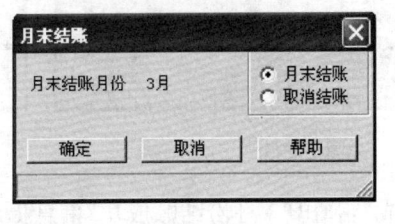   图 7-69

点击"确定",弹出"月末结账完成!"信息提示,如图 7-70 所示。

图 7-70

点击"确定"退出。

实验步骤参考 35：

总账会计"03 王平"执行期末"结账"。"2022 年 03 月工作报告"窗口提示：

（1）本月无损益类未结转为零的一级科目。

（2）本月账面试算结果平衡。

（3）本月账账核对：总账与明细账平衡、总账与辅助账平衡、辅助账与明细账平衡。

（4）本月工作量统计。

（5）系统结账状态：应付管理系统、应收管理系统、固定资产管理系统、薪资管理系统本月未结账等。

实验步骤参考 36：

财务人员"05 汤艳"执行"财务会计"→"应收款管理"→"期末处理"→"月末结账"，弹出"月末处理"窗口。点击"结账标志"，出现"Y"标志，如图 7-71 所示。

执行"下一步"，如图 7-72 所示。

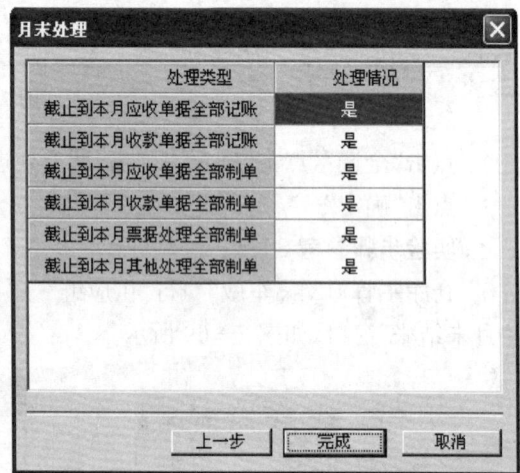

图 7-71

图 7-72

点击"完成"，弹出"3 月份结账成功"信息提示，如图 7-73 所示。

实验步骤参考 37：

财务人员"05 汤艳"执行"财务会计"→"应付款管理"→"期末处理"→"月末结账"，弹出"月末处理"窗口。点击"结账标志"，如图 7-74 所示。

执行"下一步"，如图 7-75 所示。

图 7-73

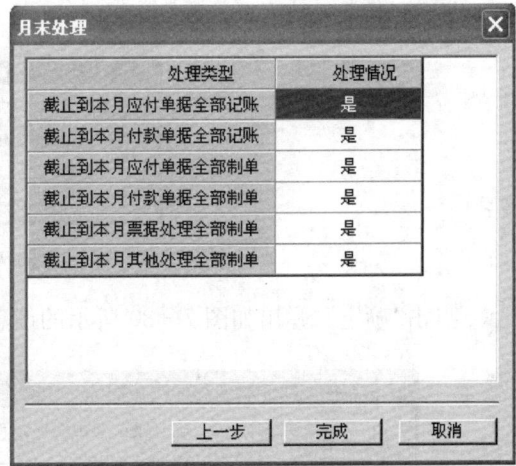

图 7-74　　　　　　　　　　　图 7-75

点击"完成",弹出"3月份结账成功"信息提示,如图7-76所示。

实验步骤参考 38:

资产会计"12 桑军威"执行"财务会计"→"固定资产"→"处理"→"月末结账",弹出"月末结账"窗口,如图 7-77 所示。

图 7-76

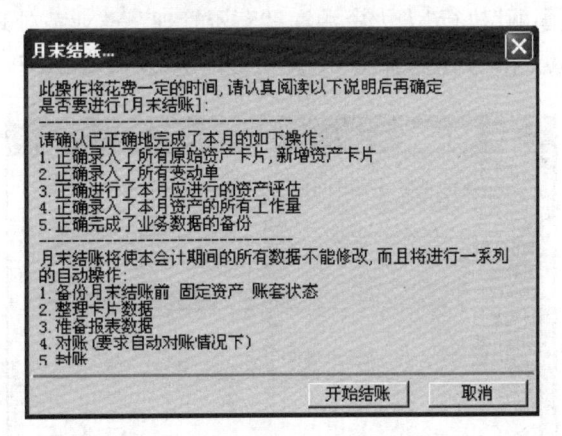

图 7-77

执行"开始结账",弹出"与账务对账结果"窗口,如图 7-78 所示。

图 7-78

点击"确定",弹出"月末结账成功完成!"信息提示,如图 7-79 所示。

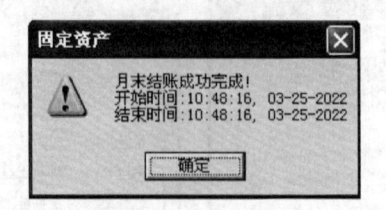

图 7-79

点击"确定",弹出如图 7-80 所示的信息提示。

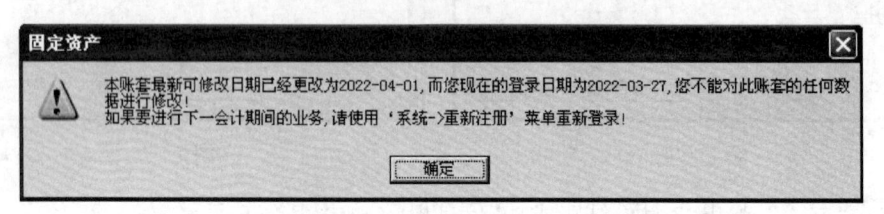

图 7-80

点击"确定"。

实验步骤参考 39:

人事主管"18 顾国丽"执行"人力资源"→"薪资管理"→"业务处理"→"工资变动",进入"工资变动"窗口。点击"锁定",弹出"工资项目锁定"窗口,如图 7-81 所示。

图 7-81

点击"确定"。

实验步骤参考 40:

人事主管"18 顾国丽"执行"人力资源"→"薪资管理"→"业务处理"→"月末结账",弹出"月末处理"窗口,如图 7-82 所示。

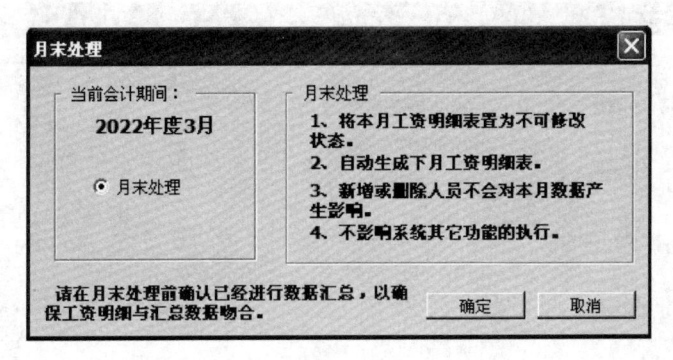

图 7-82

点击"确定",弹出"月末处理之后,本月工资将不许变动!继续月末处理吗?"信息提示,如图 7-83 所示。

点击"是",弹出"是否选择清零项?"信息提示。点击"是",弹出"选择清零项目"窗口。选择"事假天数",点击"确定",弹出"月末处理完毕!"信息提示,如图 7-84 所示。

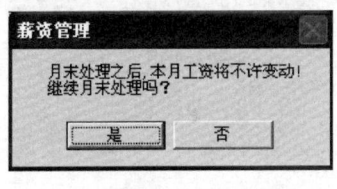

图 7-83　　　　　图 7-84

实验步骤参考 41:

总账会计"03 王平"执行"财务会计"→"总账"→"期末"→"结账",弹出"结账"窗口,如图 7-85 所示。

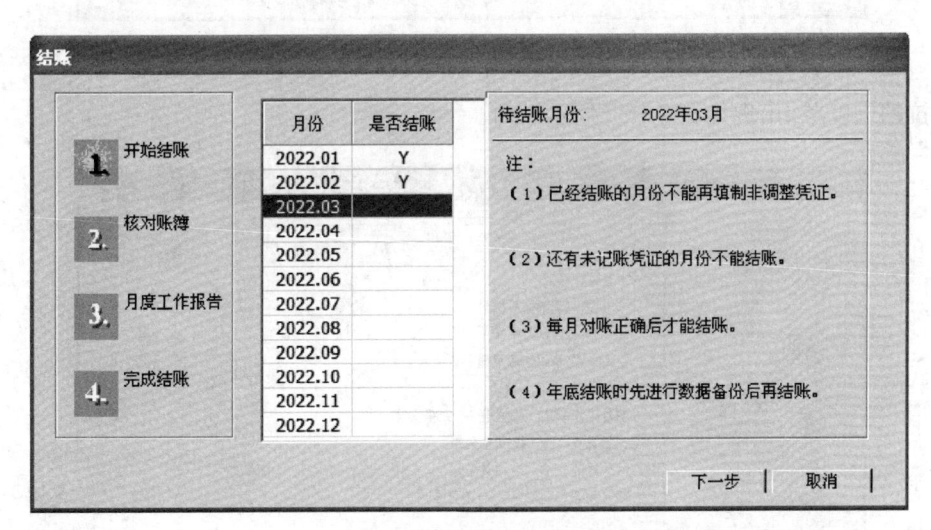

图 7-85

执行"下一步",弹出"结账"窗口。点击"对账",弹出如图 7-86 所示窗口。

295

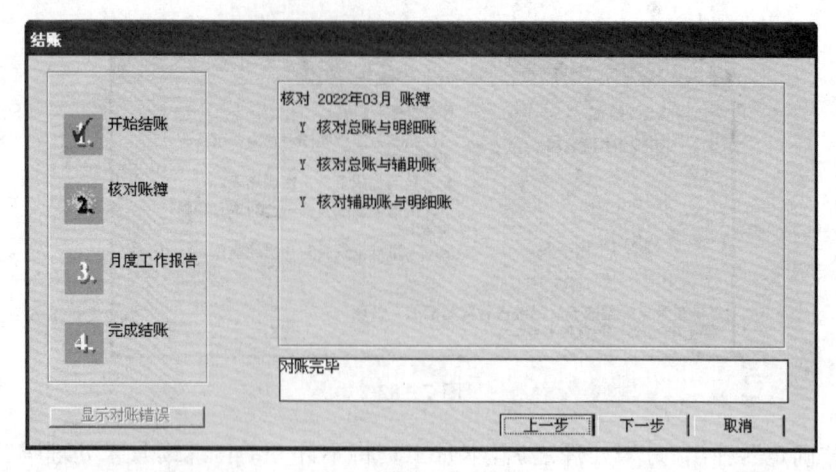

图 7-86

执行"下一步",弹出如图 7-87 所示窗口。

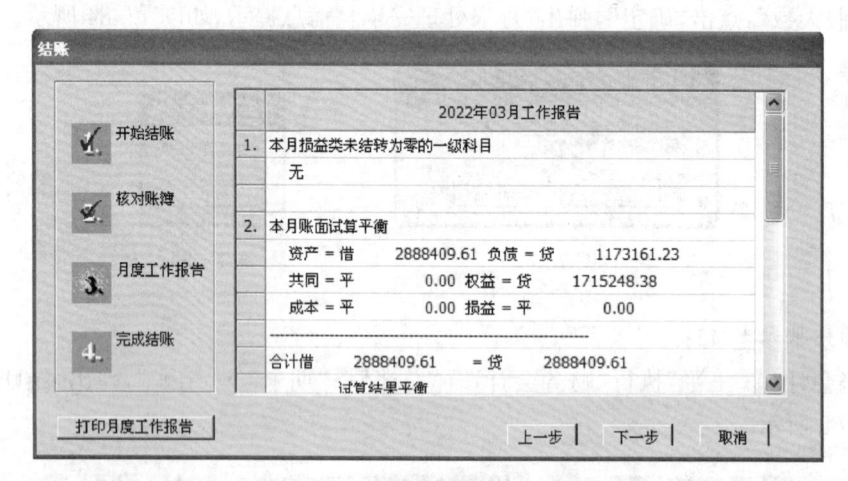

图 7-87

拉动进度条,出现如图 7-88 所示窗口。

图 7-88

执行"下一步",弹出如图 7-89 所示窗口。

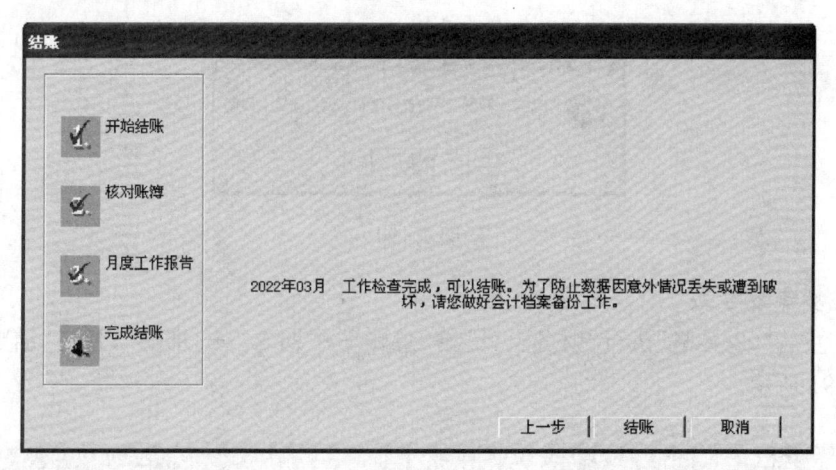

图 7-89

执行"结账"。

※知识点：

在图 7-89 中,点击"结账"后,如发现相关模块存在错误,可通过"反结账"功能,解决错误后再执行月末"结账"。

四、账套备份

在"E:\2022顺风公司账套备份"文件夹中建立"期末管理备份"子文件夹。"admin"执行备份。

第四节 案例分析

一、实验资料

内部审计:2022 年 3 月 25 日,在对开发区销售部报废的投影机的损坏进行清理时,未对清理费用 100 元、清理残值收入现金 500 元进行业务处理。

二、实验过程

实验步骤参考 1：

财务人员"05 汤艳"执行"财务会计"→"总账"→"凭证"→"填制凭证",弹出"填制凭证"窗口。执行"制单"→"增加凭证",录入实验内容时,弹出"制单日期所在月份已经结账,请重新输入日期"信息提示,如图 7-90 所示。

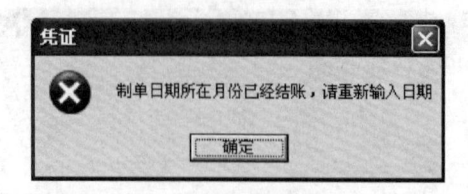

图 7-90

实验步骤参考 2：

账套主管"02 吴坚"执行"财务会计"→"总账"→"期末"→"结账",弹出"结账"窗口,如图 7-91 所示。

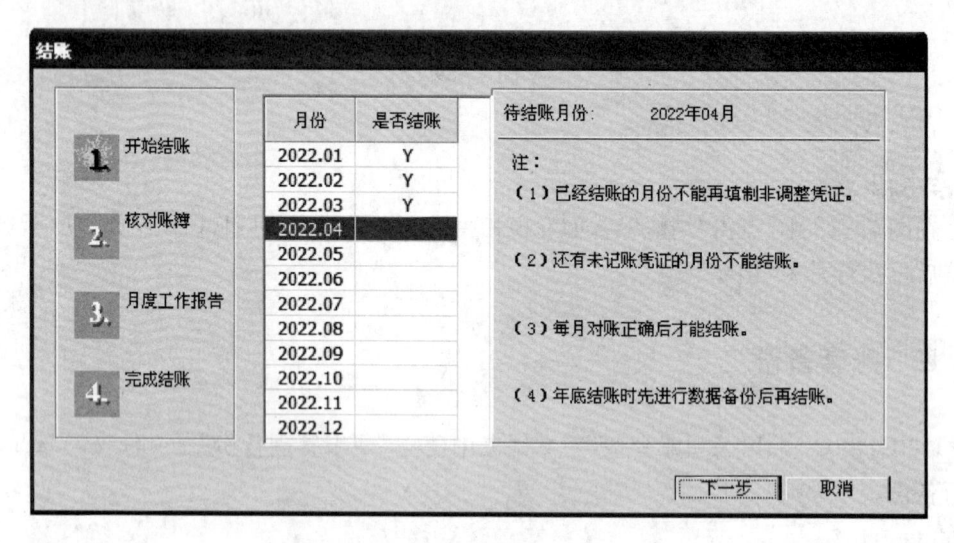

图 7-91

选中"2022.03"的 Y,同时按 Ctrl+Shift+F6,弹出"确认口令"窗口,如图 7-92 所示。

图 7-92

输入口令,点击"确定",弹出"结账"窗口,如图 7-93 所示。

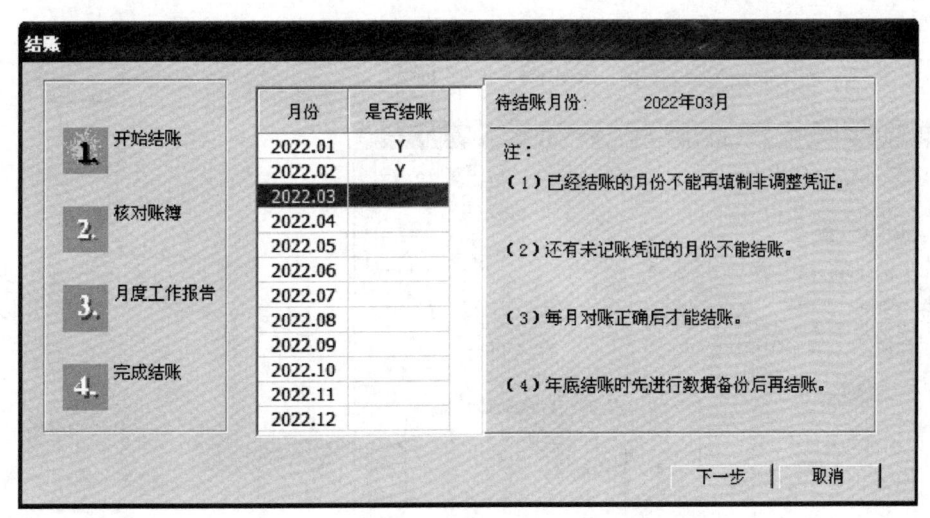

图 7-93

点击"取消"。

实验步骤参考 3：

账套主管"02 吴坚"执行"财务会计"→"总账"→"期末"→"对账"，弹出"对账"窗口。选中"2022.03"的对账结果，同时按 Ctrl+H，弹出"恢复记账前状态功能已被激活"信息提示，如图 7-94 所示。

图 7-94

点击"确定"。

实验步骤参考 4：

账套主管"02 吴坚"执行"财务会计"→"总账"→"凭证"→"恢复记账前状态"，如图 7-95 所示。

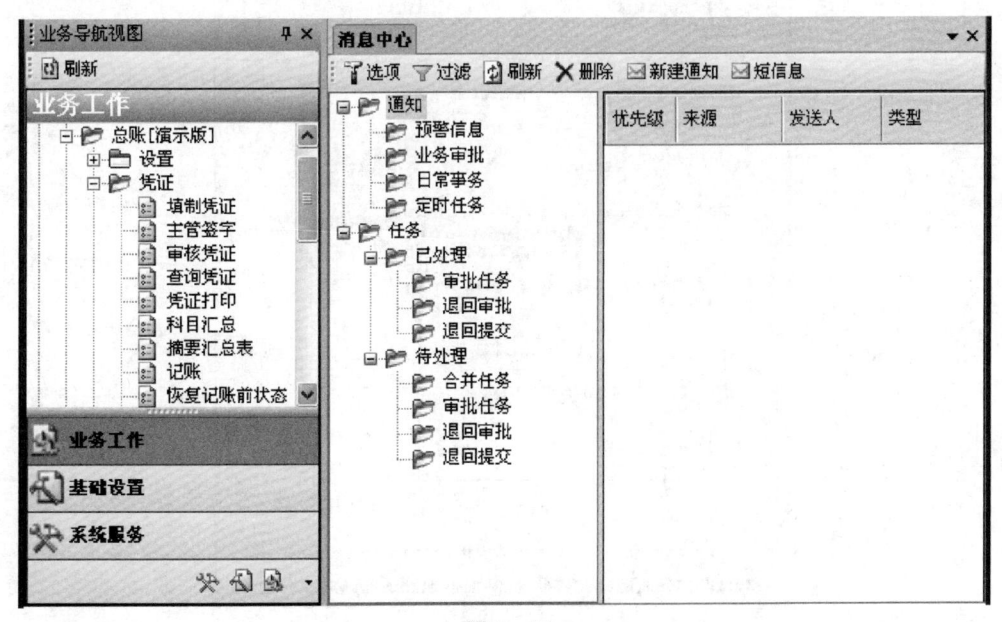

图 7-95

点击"恢复记账前状态",弹出"恢复记账前状态"窗口,如图 7-96 所示。

点击"确定",弹出"输入"窗口,如图 7-97 所示。

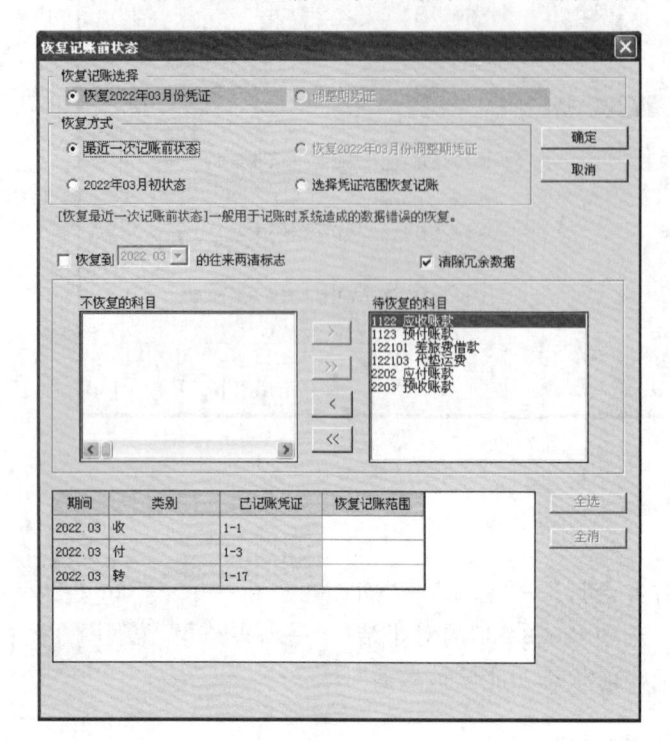

图 7-96

图 7-97

输入口令,点击"确定",弹出"恢复记账完毕!"信息提示,如图 7-98 所示。

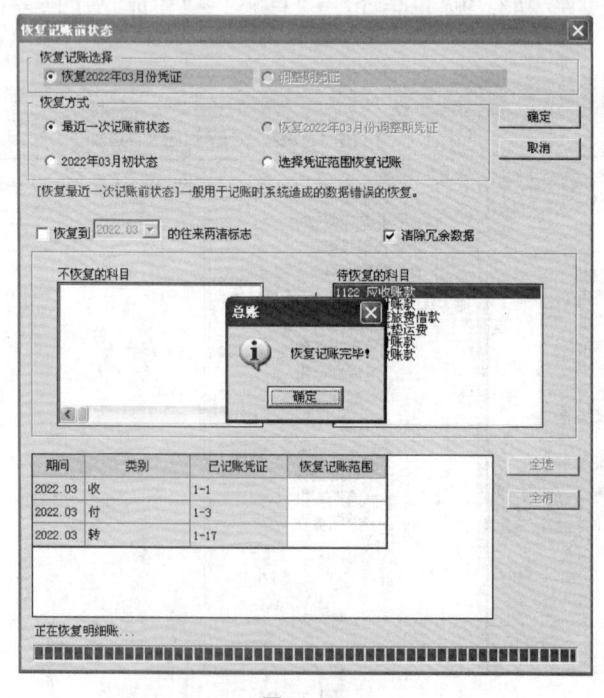

图 7-98

点击"确定"。

实验步骤参考 5：

财务人员"05 汤艳"执行"总账"→"凭证"→"填制凭证"，弹出"填制凭证"窗口。执行"制单"→"增加凭证"，录入实验内容，点击"保存"，如图 7-99 所示。

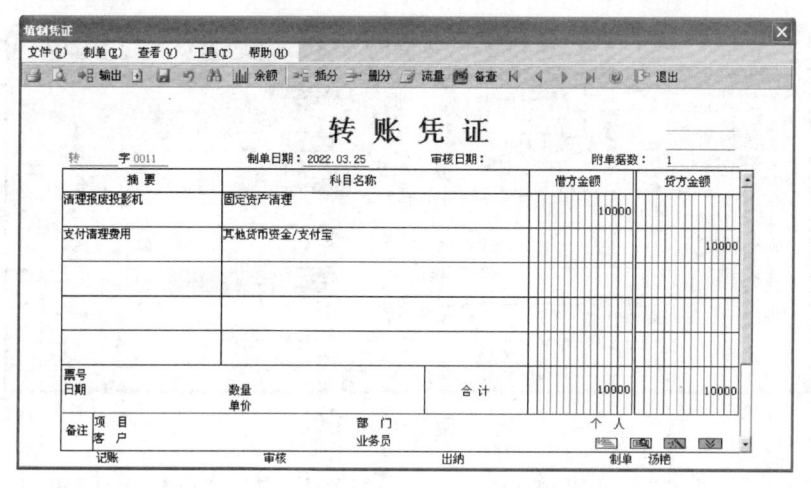

图 7-99

实验步骤参考 6：

财务人员"05 汤艳"执行"总账"→"凭证"→"填制凭证"，弹出"填制凭证"窗口。执行"制单"→"增加凭证"，弹出"填制凭证"窗口。录入会计分录：

借：其他货币资金——支付宝　　　500
　　贷：固定资产清理　　　　　　　　　500

实验步骤参考 7：

财务人员"05 汤艳"执行"总账"→"凭证"→"填制凭证"，弹出"填制凭证"窗口。执行"制单"→"增加凭证"，弹出"填制凭证"窗口，如图 7-100 所示。

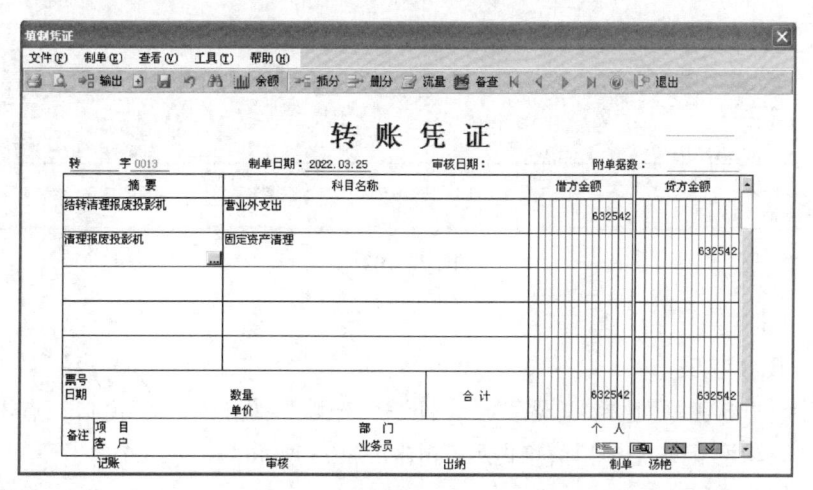

图 7-100

点击"退出"。

实验步骤参考8：

总账会计"03 王平"执行"财务会计"→"总账"→"凭证"→"审核凭证"，弹出"凭证审核"窗口，如图7-101所示。

图7-101

点击"确定"，进入"凭证审核"窗口。点击"确定"，进入"审核凭证"窗口。执行"审核"，返回"凭证审核"窗口，如图7-102所示。

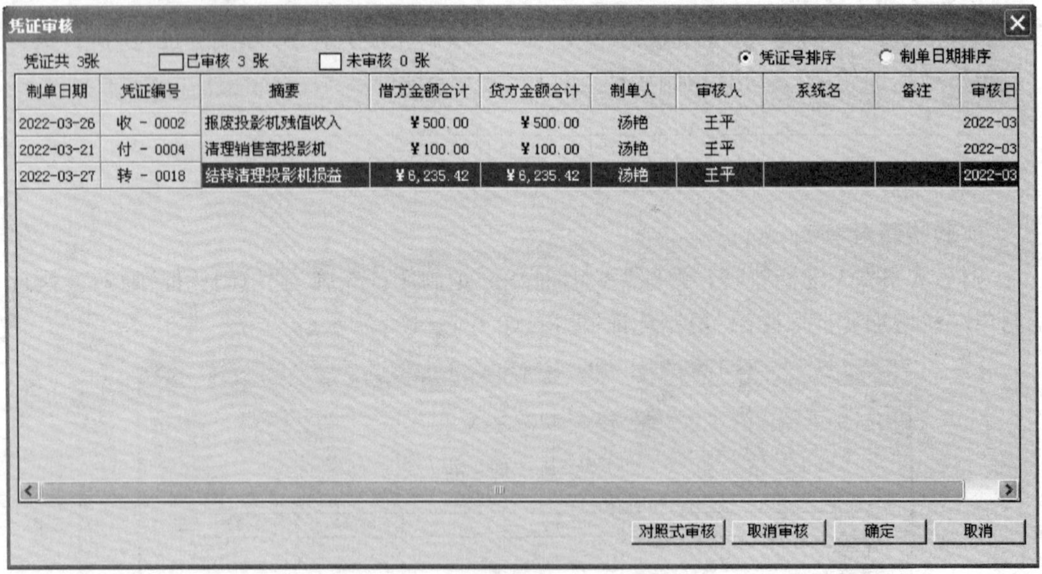

图7-102

点击"确定"。

实验步骤参考9：

总账会计"03 王平"执行"总账"→"凭证"→"记账"，弹出"记账"窗口。点击"全选"，点击"记账"，弹出"记账完毕！"信息提示，如图7-103所示。

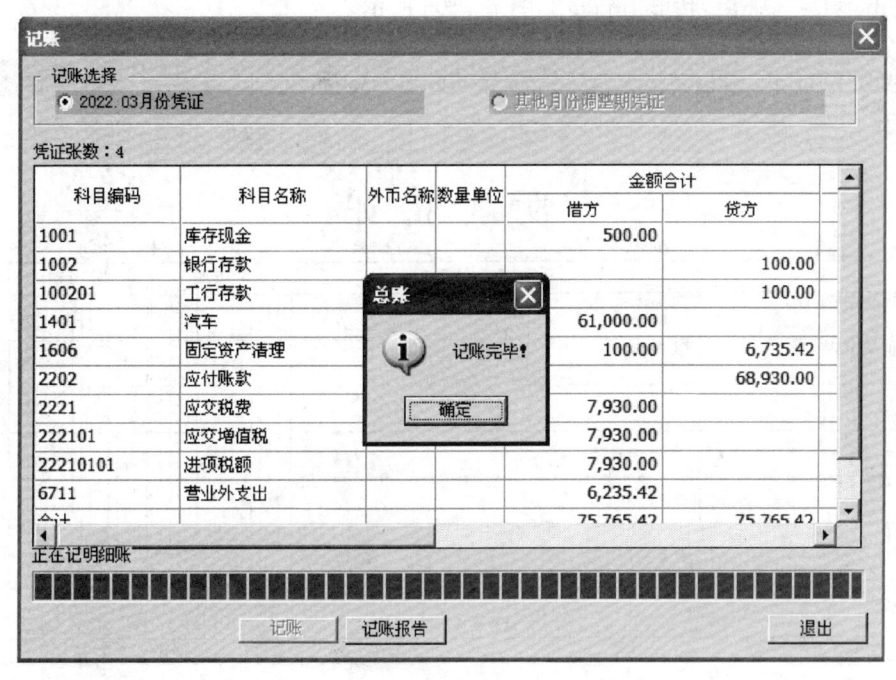

图 7-103

实验步骤参考 10：

总账会计"03 王平"执行"总账"→"期末"→"转账生成"，弹出"转账生成"窗口。选中"期间损益结转"，点击"全选"，如图 7-104 所示。

图 7-104

点击"确定",弹出"转账"窗口,如图 7-105 所示。

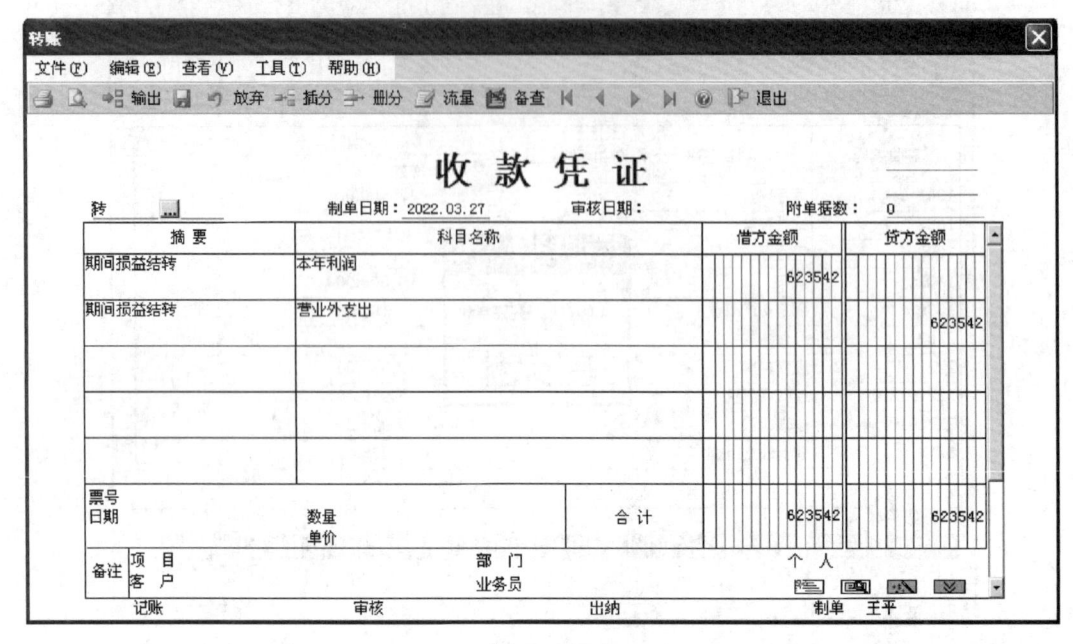

图 7-105

点击"退出"。

实验步骤参考 11：

财务人员"05 汤艳"执行"总账"→"凭证"→"审核凭证",弹出"凭证审核"窗口。制单人选择"王平",月份选择"2022.03",凭证标志选择"全部",审核人选择"未审核凭证",如图 7-106 所示。

图 7-106

点击"确定",进入"凭证审核"窗口。点击"确定",进入"审核凭证"窗口。执行"审核",如图 7-107 所示。

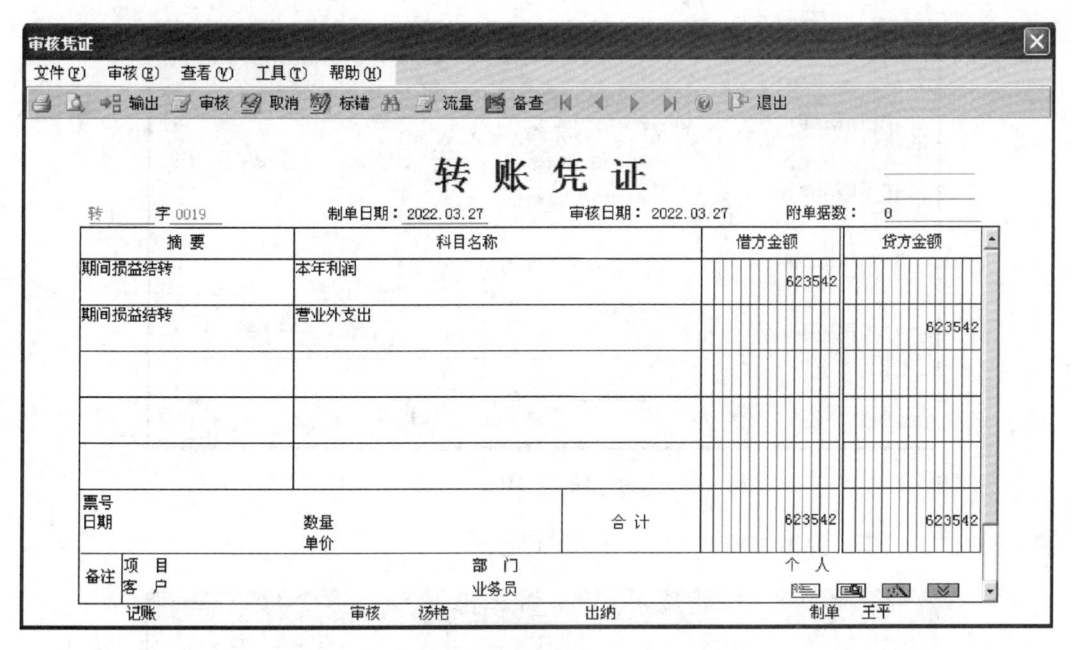

图 7-107

实验步骤参考 12：

总账会计"03 王平"执行"总账"→"凭证"→"记账"，弹出"记账"窗口。点击"全选"，执行"记账"，弹出"记账完毕！"信息提示，如图 7-108 所示。

实验步骤参考 13：

总账会计"03 王平"执行"总账"→"期末"→"结账"，弹出"结账"窗口，如图 7-109 所示。

图 7-108

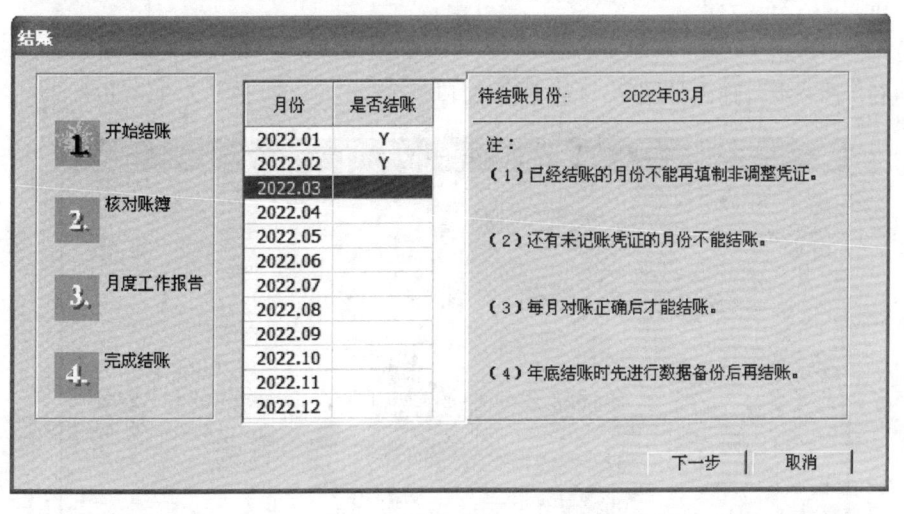

图 7-109

执行"下一步"，点击"对账"，弹出如图 7-110 所示窗口。

305

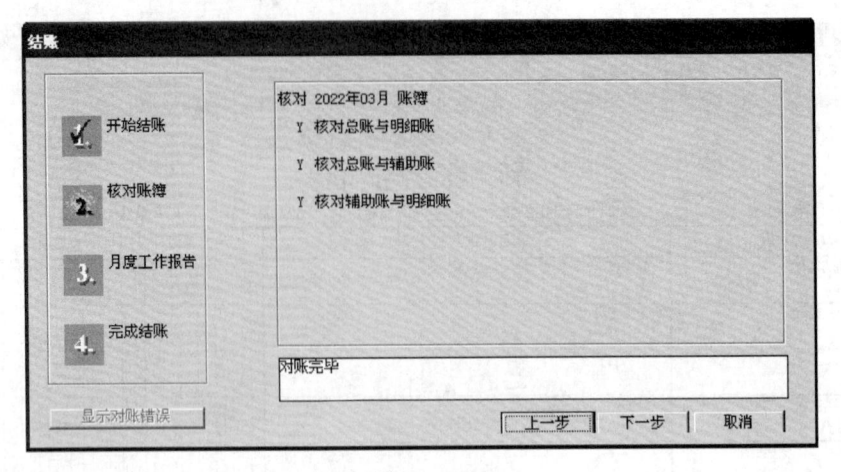

图 7-110

执行"下一步",弹出如图 7-111 所示窗口。

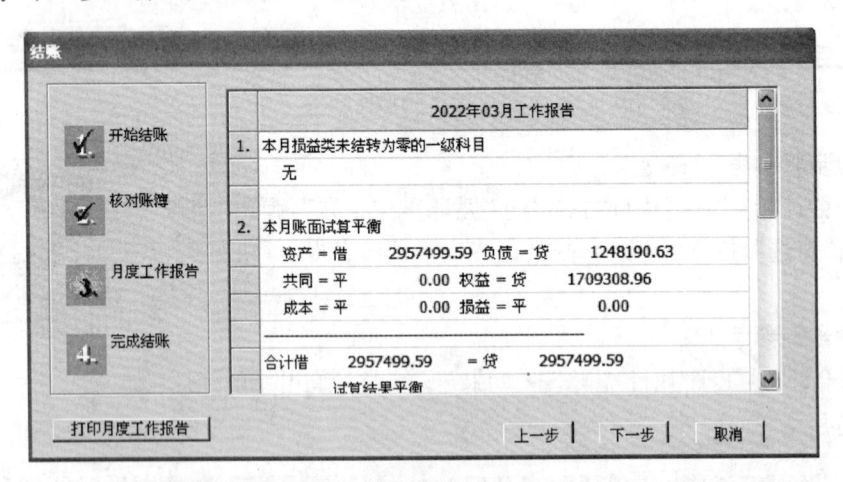

图 7-111

执行"下一步",弹出如图 7-112 所示窗口。

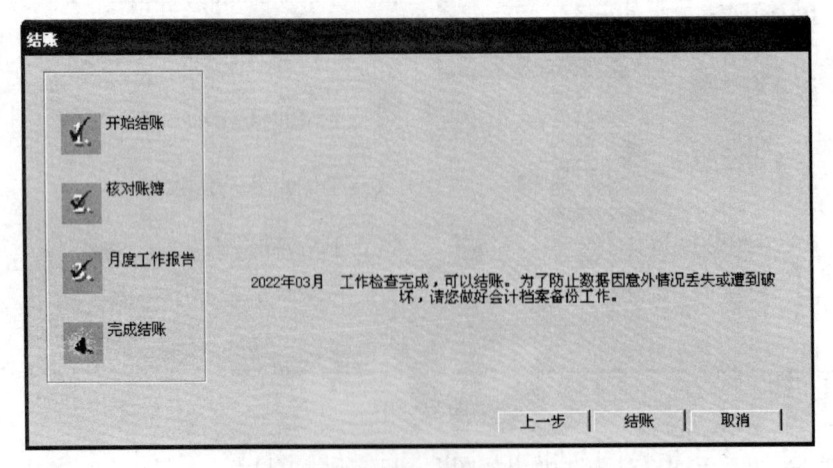

图 7-112

三、账套备份

在"E:\2022 顺风公司账套备份"文件夹中建立"期末管理案例分析备份"子文件夹。"admin"执行备份。

第五节　问题探讨

一、实验内容

模板公式错误。

二、实验过程

实验步骤参考 1：

"03 王平"进入"UFO"窗口，新建"资产负债表"，执行"格式"→"报表模板"，弹出"报表模板"窗口。执行设置，如图 7-113 所示。

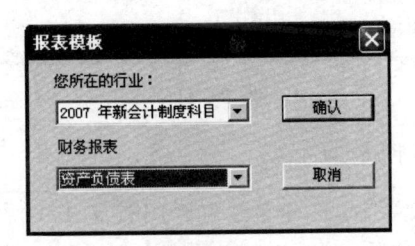

图 7-113

点击"确认"，弹出"模板格式将覆盖本表格式！是否继续？"信息提示，如图 7-114 所示。

图 7-114

点击"确定"，生成"资产负债表"。点击"格式/数据"，如图 7-115 所示。

图 7-115

实验步骤参考 2：

双击存货"年初数"公式单元，弹出"定义公式"窗口，如图 7-116 所示。

图 7-116

复制公式，如图 7-117 所示。

QC("1401",全年,,,年,,)+QC("1402",全年,,,年,,)+QC("1403",全年,,,年,,)+QC("1404",全年,,,年,,)+QC("1405",全年,,,年,,)+QC("1406",全年,,,年,,)+QC("1407",全年,,,年,,)+QC("1408",全年,,,年,,)+QC("1421",全年,,,年,,)+QC("1411",全年,,,年,,)+QC("1431",全年,,,年,,)+QC("1441",全年,,,年,,)+QC("1451",全年,,,年,,)+QC("1461",全年,,,年,,)−QC("1471",全年,,,年,,)

图 7-117

进行设置，如图 7-118 所示。

QC("1401",全年,,,年,,)+QC("1402",全年,,,年,,)+QC("1403",全年,,,年,,)+QC("1404",全年,,,年,,)+QC("1405",全年,,,年,,)+QC("1406",全年,,,年,,)+QC("1407",全年,,,年,,)+QC("1408",全年,,,年,,)+QC("1421",全年,,,年,,)+QC("1411",全年,,,年,,)+QC("1431",全年,,,年,,)+QC("1441",全年,,,年,,)+QC("1451",全年,,,年,,)+QC("1461",全年,,,年,,)+QC("5001",全年,,,年,,)−QC("1471",全年,,,年,,)

图 7-118

实验步骤参考 3：

双击存货"期末数"公式单元，弹出"定义公式"窗口。复制公式，如图 7－119 所示。

QM("1401",月,,,年,,)+QM("1402",月,,,年,,)+QM("1403",月,,,年,,)+QM("1404",月,,,年,,)+QM("1405",月,,,年,,)+QM("1406",月,,,年,,)+QM("1407",月,,,年,,)+QM("1408",月,,,年,,)+QM("1421",月,,,年,,)+QM("1411",月,,,年,,)+QM("1431",月,,,年,,)+QM("1441",月,,,年,,)+QM("1451",月,,,年,,)+QM("1461",月,,,年,,)－QM("1471",月,,,年,,)

图 7－119

进行设置，如图 7－120 所示。

QM("1401",月,,,年,,)+QM("1402",月,,,年,,)+QM("1403",月,,,年,,)+QM("1404",月,,,年,,)+QM("1405",月,,,年,,)+QM("1406",月,,,年,,)+QM("1407",月,,,年,,)+QM("1408",月,,,年,,)+QM("1421",月,,,年,,)+QM("1411",月,,,年,,)+QM("1431",月,,,年,,)+QM("1441",月,,,年,,)+QM("1451",月,,,年,,)+QM("1461",月,,,年,,)+QM("5001",月,,,年,,)－QM("1471",月,,,年,,)

图 7－120

实验步骤参考 4：

双击未分配利润"年初数"公式单元，弹出"定义公式"窗口，如图 7－121 所示。

图 7－121

进行设置，如图 7－122 所示。

图 7－122

执行"文件"→"保存"。

实验步骤参考 5：

在数据状态下，执行"数据"→"关键字"→"录入"，弹出"录入关键字"窗口。执行设置，如图 7－123 所示。

点击"确认"，弹出"是否重算第 1 页？"信息提示，如图 7－124 所示。

图 7 - 123

图 7 - 124

点击"是",如图 7 - 125 所示。

图 7 - 125

实验步骤参考 6:利润表

执行"财务会计"→"UFO 报表",弹出"UFO 报表"窗口,点击"关闭"。执行"文件"→"新建",文件命名为"2022 利润表",如图 7 - 126 所示,点击"另存为"保存,执行"格式"→"报表模板",弹出"报表模板"窗口。分别选择"2007 年新会计制度科目""利润表",点击"确认",弹出"模板格式将覆盖本表格式!是否继续?"信息提示。点击"确定",进入"2013 利润表"窗口。在"数据"状态下,执行"数据"→"表页重算",弹出"是否重算第 1 页?"信息提示,如图 7 - 127 所示。

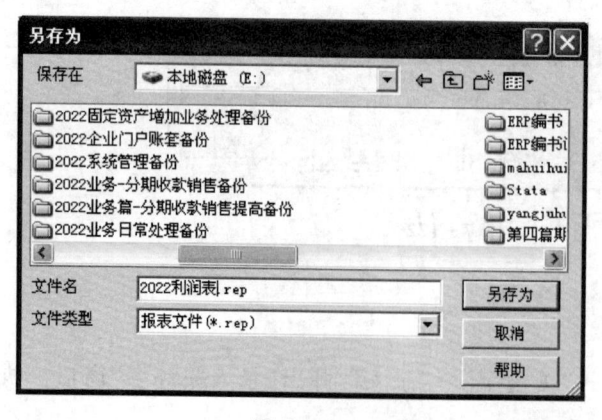

图 7 - 126

图 7 - 127

点击“是”，生成“2013 利润表”，如图 7－128 所示。

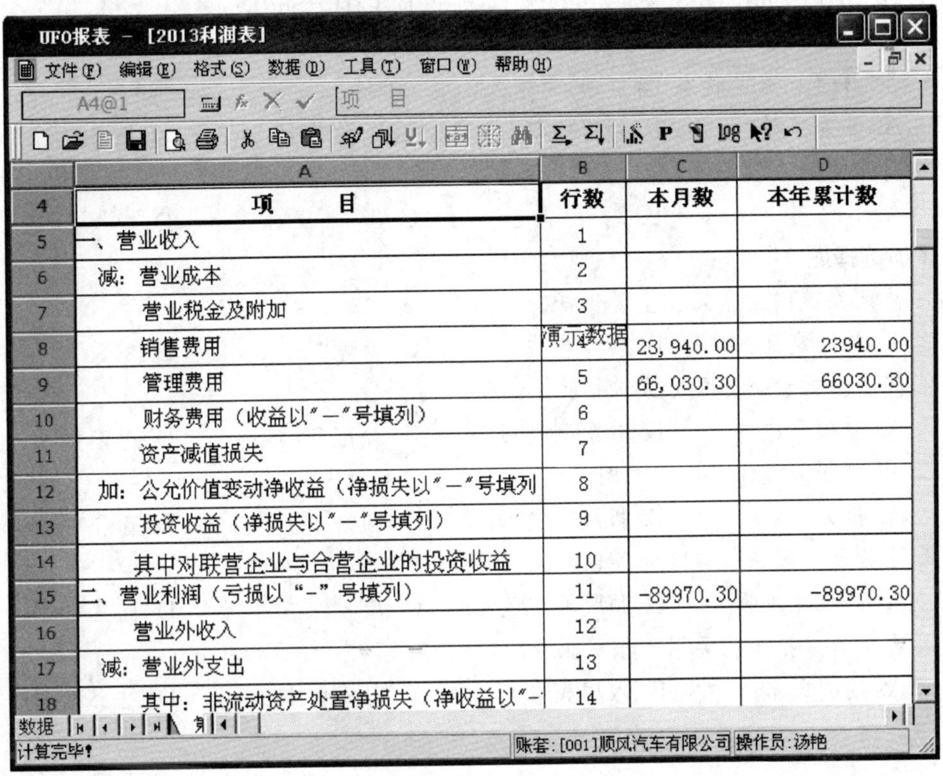

项　目	行数	本月数	本年累计数
一、营业收入	1		
减：营业成本	2		
营业税金及附加	3		
销售费用	演示数据4	23,940.00	23940.00
管理费用	5	66,030.30	66030.30
财务费用（收益以“－”号填列）	6		
资产减值损失	7		
加：公允价值变动净收益（净损失以“－”号填列	8		
投资收益（净损失以“－”号填列）	9		
其中对联营企业与合营企业的投资收益	10		
二、营业利润（亏损以“－”号填列）	11	-89970.30	-89970.30
营业外收入	12		
减：营业外支出	13		
其中：非流动资产处置净损失（净收益以“－	14		

图 7－128

思考题

1. 简述总账期末处理流程。
2. 简述固定资产期末处理流程。
3. 简述采购管理期末处理流程。
4. 简述销售管理期末处理流程。
5. 简述应收款管理期末处理流程。
6. 简述应付款管理期末处理流程。

选择题

一、单项选择题

1. 激活总账系统“恢复记账前状态”，按(　　)。

A. Ctrl+C　　B. Ctrl+V　　C. Ctrl+H　　D. Ctrl+Z

2. (　　)系统反结账，需要跨月执行操作。

A. 采购管理　　B. 销售管理　　C. 库存管理　　D. 存货核算

3. 总账系统反结账需同时按( )。
   A. Ctrl+Shift+F3　　　　　　　　　B. Ctrl+Shift+F4
   C. Ctrl+Shift+F5　　　　　　　　　D. Ctrl+Shift+F6
4. 在"恢复记账前状态"窗口中,需输入( )口令。
   A. 账套主管　　B. 财务主管　　C. 总账会计　　D. 财务会计
5. 月末总账系统结账,需对凭证执行( )次记账。
   A. 1　　　　　B. 2　　　　　C. 3　　　　　D. 4

二、多项选择题

1. 总账系统的期末工作主要包括( )。
   A. 转账定义　　B. 转账生成　　C. 对账　　　　D. 结账
2. 工资分摊计提分配方式包括( )。
   A. 分配到成本　B. 分配到费用　C. 分配到部门　D. 分配到个人
3. UFO报表提供了( )图。
   A. 折方　　　　B. 折线　　　　C. 圆饼　　　　D. 面积
4. 应收款管理系统转账业务包括( )。
   A. 应收冲应收　B. 预收冲应收　C. 应收冲应付　D. 红票对冲
5. 存货核算系统主要用于核算企业的( )。
   A. 期间成本　　B. 入库成本　　C. 出库成本　　D. 结余成本

图书在版编目(CIP)数据

ERP 原理及应用/蒋苏娅,皮一芒主编. —2 版. —南京:南京大学出版社,2022.3
ISBN 978-7-305-24602-9

Ⅰ. ①E… Ⅱ. ①蒋… ②皮… Ⅲ. ①企业管理－计算机管理系统－高等学校－教材 Ⅳ. ①F272.7

中国版本图书馆 CIP 数据核字(2021)第 126957 号

出版发行	南京大学出版社		
社　　址	南京市汉口路 22 号	邮　编	210093
出 版 人	金鑫荣		

书　　名　**ERP 原理及应用**
主　　编　蒋苏娅　皮一芒
责任编辑　武　坦　　　　　　　　编辑热线　025-83592315

照　　排　南京开卷文化传媒有限公司
印　　刷　南京百花彩色印刷广告制作有限责任公司
开　　本　787×1092　1/16　印张 20　字数 486 千
版　　次　2022 年 3 月第 2 版　2022 年 3 月第 1 次印刷
ISBN 978-7-305-24602-9
定　　价　58.00 元

网　　址:http://www.njupco.com
官方微博:http://weibo.com/njupco
微信服务号:njuyuexue
销售咨询热线:(025)83594756

* 版权所有,侵权必究
* 凡购买南大版图书,如有印装质量问题,请与所购
　图书销售部门联系调换